Das Geheimnis von Herrn Marx

E. Phillips Oppenheim

Writat

Diese Ausgabe erschien im Jahr 2024

ISBN: 9789359943800

Herausgegeben von
Writat
E-Mail: info@writat.com

Inhalt

KAPITEL I.
NACHRICHTEN AUS DEM PAZIFIK.

Mein Zuhause war ein malerisches, dreistöckiges, mit Efeu bewachsenes Bauernhaus in einem Midland County. Es lag in einer Mulde, dicht an Rothland Wood geschmiegt, dessen dunkle, dicht stehende Bäume einen malerischen Hintergrund für den abgenutzten grauen Stein bildeten, aus dem es gefertigt war.

Vorne, gleich auf der anderen Straßenseite, befand sich die Begrenzungsmauer des Ravenor Parks mit seinen schwarzen Tannenwäldern, riesigen, mit Flechten bedeckten Felsmassen, klaren Fischteichen und luftigen Hügeln, von deren Gipfeln das düstere Grau sichtbar war Türme von Ravenor Castle, die sich mit düsterer, rauer Kühnheit vom Himmel abheben.

Obwohl es sich um verbotenes Gelände handelte, gab es bis zum inneren Grenzzaun keinen Meter des Parks, den ich nicht kannte; kein Spinnentier, in dem ich nicht nach Vogelnestern gesucht oder auf der Suche nach der ersten Primel geplündert hätte; kein Hügel, auf dem ich nicht einen Teil eines Sommernachmittags verbracht hätte.

Ich war natürlich ein Eindringling; aber ich war der Sohn von Farmer Morton, einem alten Pächter des Anwesens, und bei den Besitzern sehr beliebt, weil er ein berühmtes Gebräu hatte, das er einem durstigen Mann jederzeit anzubieten oder selbst zu trinken bereit war. „Mortons junges Mädchen" blieb also unbehelligt; und bis auf eine gelegentliche gut gelaunte Warnung von Crooks, dem Oberwildhüter, während der Brutzeit hatte ich die Kontrolle über den Ort.

Darüber hinaus kannten die großen Anwesen, deren Zentrum Ravenor Park war, zu dieser Zeit keinen anderen Herrn als einen Anwalt mit nicht sportlichen Neigungen, so dass die Schutzgebiete nur aus formalen Gründen gepflegt wurden.

Ich war acht Jahre alt und ein ungewöhnlich heißer Sommer war auf seinem Höhepunkt. Es war nach Mittag, und ich war gerade aus dem Haus gekommen, mit der Absicht, mich für eine Nachmittagslektüre in einer schattigen Ecke des Obstgartens niederzulassen. Ich hatte das Tor des Stapelhofs erreicht, als ich plötzlich stehen blieb und meine Hand auf dem Verschluss lag.

Ein höchst ungewöhnliches Geräusch schwebte über die Wiesen, durch die atemlose Luft. Die Kirchenglocken von Rothland, dem Dorf auf der anderen Seite des Waldes, waren plötzlich in wildes, klirrendes Freudengeläut ausgebrochen.

Auf dem Land kennt jeder die Angelegenheiten des anderen; und obwohl ich noch ein Kind war, wusste ich, dass keine Hochzeit stattfinden würde.

Ich stand verwundert da und lauschte, denn so etwas hatte ich noch nie zuvor gehört; und während ich verweilte, ertönten die Glocken aus Annerley, einem etwas weiter entfernten Dorf, und die großartigen, sanft klingenden Glockenspiele der Kapelle von Ravenor Castle, die das Schweigen vieler Jahre durchbrachen, und den trägen Sommer Der Tag schien plötzlich in einem Zustand unerklärlicher Freude zu erwachen.

Ich rannte zurück zum Haus und traf meine Mutter, die auf der kühlen Steinveranda stand. Die Männer auf der Farm waren alle in Gruppen versammelt und wunderten sich. Niemand hatte die geringste Ahnung, was passiert war.

Und dann rief Jim Harrison, der Fuhrmann, der gerade von der heimischen Wiese hereingekommen war, schnell und zeigte mit dem Finger; und weit weg, entlang der weißen, staubigen Straße, konnten wir die Gestalt eines Mannes zu Pferd sehen, der in wütendem Galopp auf uns zukam.

„Es ist der Meister!" er weinte aufgeregt. „Es ist auf jeden Fall der Meister! Der Galopp von Brown Bess ist unverkennbar. Herr, gnädig! Wie geht es dir, sie zu reiten!"

Wir machten uns alle auf den Weg, um meinen Vater zu treffen, und waren gespannt auf die Neuigkeiten. Wenige Augenblicke später erreichte er uns und brachte Brown Bess zum Stehen, in Schweiß und Staub gebadet und am ganzen Körper zitternd.

„Hurra, Jungs!" schrie er und schwang seine Peitsche über seinem Kopf. "Hurra! Es gab noch nie so viele Neuigkeiten wie ich für Sie! Ganz Mellborough wird verrückt danach sein!"

„Was ist los, Georg? Warum sagst du es uns nicht?" fragte meine Mutter schnell. Und zu meiner Überraschung war ihre Hand, in der meine ruhte, trotz der Augusthitze eiskalt.

Er erhob sich in seinen Steigbügeln und rief, damit alle es hörten:

„Squire Ravenor wird wieder zum Leben erweckt! Sie haben ihn auf einer Insel im Pazifik gefunden, nahe am Korallenriff, wo seine Yacht vor sechs Jahren unterging! Er ist wieder auf dem Weg nach Hause, Jungs. Denken Sie daran! Sal, Mädel, bring uns eine Gallone Bier hoch und noch eine danach. Wir werden auf seine Heimkehr anstoßen, Jungs!"

Es gab tosenden Applaus und viele Ausrufe des Staunens. Die Hand meiner Mutter hatte sich wie unbewusst zu meiner Schulter bewegt und stützte sich schwer auf mich.

„Wo hast du das gehört, George?" fragte sie in gedämpftem Ton.

„Na ja, es steht heute Morgen in allen Londoner Zeitungen", antwortete er, nahm seinen Hut ab und wischte sich die Stirn. „Der Dampfer, der ihn nach Hause bringt, hat eine Nachricht von einem ausländischen Hafen geschickt, und Rechtsanwalt Cox hat eine Nachricht erhalten, und alles steht groß geschrieben an den Wänden der Kornbörse. Ich schätze, das wird diese dämlichen Anwälte aufhorchen lassen!" kicherte mein Vater, als er langsam abstieg.

„Gnädiger Herr! Nur zum Nachdenken! Sechs Jahre auf einem kleinen Inselchen und keine lebende Menschenseele, mit der man ein Wort sprechen könnte! Und nun ist er wieder auf dem Weg nach Hause. Es übertrifft alles Geschichtenerzählen, das ich je gehört habe. „Warum, Alice, Mädchen, es hat dich ziemlich aufgeregt", fügte er hinzu und sah meine Mutter besorgt an. „Ihr seid alle weiß und voller Angst. Fühlst du dich schlecht?"

Sie stand mit dem Rücken zu uns und als sie sich umdrehte, schien es mir, als hätte sich eine Veränderung in ihr Gesicht eingeschlichen.

„Es ist die Hitze und Aufregung", sagte sie leise. „Das sind seltsame Neuigkeiten. Ich denke, dass ich hineingehen und mich ausruhen werde."

„Alles klar, Mädchen! Gehen Sie ins Haus und legen Sie sich eine Weile hin. Na dann, Jungs. Hurra für den Knappen und ein langes Leben für ihn! Gieß es aus, Jim – gieß es aus! Hab keine Angst davor. Solche Nachrichten kommen nicht alle Tage."

Und mit der Vision meines tapferen Freibauernvaters, der im Mittelpunkt einer kleinen Gruppe von Landarbeitern steht, sein schäumendes Glas hoch über dem Kopf hält und dessen ehrliches

Gesicht vor Hitze und Aufregung gerötet ist, werden meine
Erinnerungen an diese Szene trübe und verblassen weg.

KAPITEL II.
HERR. FRANCIS.

Ich war allein mit meinem Vater in der Küche und er sah aus, wie ich ihn noch nie zuvor gesehen hatte. Es war später Nachmittag – soweit ich mich erinnern kann, etwa sechs Wochen, nachdem uns die Nachricht von Mr. Ravenors wunderbaren Abenteuern erreicht hatte. Er war gerade zum Tee hereingekommen, rot vor Anstrengung und harter Arbeit in der heißen Sonne. Aber als er vor mir auf den Fahnen stand und einen Brief las, der aus dem Dorf heraufgeschickt worden war, schien die Glut aus seinem Gesicht zu erlöschen und seine starken, rauen Hände zitterten.

"Es ist eine Lüge!" Ich hörte ihn mit heiserem Flüstern vor sich hin murmeln: „Eine böse Lüge!“

Dann ließ er sich in einen der Hochlehner zurücksinken und ich beobachtete ihn erschrocken.

„Philip, Junge“, sagte er zu mir, sprach langsam und doch mit einer gewissen Begeisterung im Ton, „hatte deine Mutter in letzter Zeit Besuch, während ich auf der Farm war?“

Ich schüttelte den Kopf.

„Niemand außer Mr. Francis“, fügte ich zweifelnd hinzu.

Er stöhnte und verbarg für einen Moment sein Gesicht.

„Wie oft war er hier?“ fragte er nach einer Weile. „Wann kam er zuerst? Erinnerst du dich?“

„Ja“, antwortete ich prompt, „es war an dem Tag, als Tom Foulds vom Haferhaufen fiel und sich das Bein brach. Damals war noch ein anderer Herr bei ihm. Ich sah, wie sie durch das Tor zum Obstgarten hineinschauten, also fragte ich sie, ob sie etwas wollten, und der fremde Herr sagte, er sei durstig und hätte gerne etwas Milch, also nahm ich ihn mit in die Molkerei; und ich denke, dass die Mutter ihn schon vorher gekannt haben muss, denn sie schien so überrascht zu sein, ihn zu sehen.

„Er hat mir auch eine halbe Krone gegeben“, fuhr ich fort, „um wegzulaufen und nach einem seiner Freunde Ausschau zu halten.“ Aber der Freund kam nie, obwohl ich so lange gewartet habe. Er war seitdem oft dort; aber ich mag ihn nicht und –“

Ich brach plötzlich bestürzt ab. Hatte meine Mutter mir nicht verboten, diese Besuche irgendjemandem gegenüber zu erwähnen? Was hatte ich getan? Ich begann leise zu weinen.

Mein Vater erhob sich von seinem Stuhl und lehnte sich mit dem Rücken zu mir an den eichenen Kaminsims.

„Er ist es, ganz bestimmt!" Er hat tief eingeatmet. „Der Himmel vergib ihr! Aber er – er –"

Seine Stimme schien vor Leidenschaft erstickt zu sein und er beendete seinen Satz nicht. Ich wusste, dass ich Unrecht getan hatte, und schnell beschlich mich die vage Befürchtung, dass mir etwas Böses drohte. Aber ich saß still und wartete.

Es dauerte lange, bis sich mein Vater umdrehte und wieder sprach. Als er das tat, kannte ich ihn kaum, denn auf seiner Stirn zeichneten sich tiefe Falten ab, und die gesunde, sonnenverbrannte Bräune schien aus seinem Gesicht verschwunden zu sein. Er sah zehn Jahre älter aus und ich zitterte, als er sprach.

„Hör zu, Philip, Junge!" sagte er ernst. „Deine Mutter denkt, ich wäre sofort zu Farmer Woods gegangen, um nach dem Hengstfohlen zu sehen, nicht wahr?"

Ich nickte stumm. Wir hatten ihn erst am späten Abend wieder zu Hause erwartet.

„Jetzt schau mal, Philip", fuhr er fort. „Sie ist mit Kopfschmerzen zu Bett gegangen, sagen Sie? Sehr gut. Versprich mir nur, dass du nicht in ihre Nähe kommst."

Ich habe es bereitwillig versprochen. Dann bat er mich, meinen Tee zu holen, und sank wieder in seinen Stuhl zurück. Einmal fragte ich ihn schüchtern, ob er nicht welche haben wollte, aber er beachtete es nicht. Als ich fertig war, führte er mich sanft nach oben und schloss mich in meinem Zimmer ein. Bis heute habe ich den trüben Ausdruck hoffnungsloser Qual in seinem Gesicht nie vergessen, als er sich abwandte und mich verließ.

KAPITEL III.
Der Mord in den Schiefergruben.

Es war spät am selben Abend. Den ganzen Tag hatte der Donner gegrollt und grollt, und jetzt schien der Sturm nahe zu sein.

Ich hatte mich teilweise ausgezogen, aber es war zu heiß, um ins Bett zu gehen, also lehnte ich mich aus meinem weit geöffneten Fenster, beobachtete die schwarzen Wolken, die vom Himmel herabhingen, und lauschte dem Rascheln der Blätter im Wald – ein sicheres Zeichen dafür der kommende Sturm.

Die Luft war stickig; und in fieberhafter Sehnsucht nach dem Regen saß ich auf dem tiefen Fensterbrett und blickte in die duftende Dunkelheit hinaus, denn Geißblatt und Clematis hingen um mein Fenster herum, und der Garten darunter war mit heimeligen, süß duftenden Blumen überwuchert.

Plötzlich fing ich an. Ich konnte schnell hören, und ich hatte deutlich das Geräusch eines leichten, festen Schritts wahrgenommen, der den Gartenweg hinunterging. Mein erster Impuls war, etwas zu rufen, aber ich unterdrückte es, als ich die große, anmutige Gestalt erkannte, die sich schnell über den Kiesweg im Schatten der Eibenhecke bewegte. Es war meine Mutter!

Ich beobachtete sie und traute meinen Augen kaum. Was könnte sie sich zu dieser Zeit im Garten wünschen? Und während ich auf dem Fensterrahmen saß und nachdachte, überlief mich ein kalter Schauer der Angst, denn ich sah einen Mann heimlich aus dem Wald schleichen und über das kleine Wiesenstück zum Gartentor eilen, wo sie stand.

Der Mond schien mit einem kränklichen Licht durch einen dichten Nebelkranz und ich konnte gerade noch die Gestalten meiner Mutter und dieses Mannes erkennen, die Seite an Seite ernsthaft redeten. Ich beobachtete sie mit gefesselten Augen, bis ich hinter mir einen schnellen Schritt auf dem Boden hörte und eine Hand auf meinen Mund gelegt wurde, die meinen Überraschungsschrei unterdrückte.

„Ich bin's nur, Philip, Junge", flüsterte eine heisere, zitternde Stimme. „Ich wollte nicht, dass du schreist – das ist alles. Hast du schon einmal etwas davon gesehen?" Und er zeigte mit zitterndem Finger auf das Fenster, von dem er mich ein wenig zurückgezogen hatte.

Ich sah ihn an und ein großes Entsetzen überkam mich. Sein rötliches Gesicht war bleich und angespannt, als ob es vor Schmerz stünde; und da war ein schreckliches Leuchten in seinen Augen. Ich hatte Angst und war fast geneigt zu weinen.

„Nein", stockte ich. „Es ist nur Mr. Francis, nicht wahr?"

„Nur Herr Francis!" Ich hörte meinen Vater stöhnend wiederholen. „Oh, Alice, Mädchen – Alice! Wie konntest du?"

Er taumelte blind zur Tür. Ich stürmte hinter ihm her und rief ihn mitleiderregend zurück, aber er stieß mich unsanft ab und eilte hinaus.

Ich hörte ihn das Haus verlassen, aber er ging nicht in den Garten. Dann, nach ein paar Minuten, die mir jeweils wie eine Stunde vorkamen, verstummten die leisen Stimmen am Tor und meine Mutter kam langsam den Weg zum Haus hinauf.

Ich eilte nach unten und traf sie im Flur. Sie schien halb überrascht, halb wütend, mich zu sehen.

„Philip", rief sie, „ich dachte, du wärst schon lange im Bett! Was machst du hier?"

"Ich fürchte mich!" Ich schluchzte. „Vater war in meinem Zimmer und hat dich am Tor beobachtet und er hat so seltsam geredet. Er ist sehr wütend und sieht aus, als würde er jemandem wehtun."

Meine Mutter lehnte an der Wand, jede Spur von Farbe war aus ihrem Gesicht verschwunden und ihre Hand war an ihre Seite gedrückt. Sie verstand es damals besser als ich.

"Wo ist er jetzt?" sie fragte hysterisch. „Schnell, Philip – schnell! Sag mir!"

„Er ist weg", antwortete ich. „Er ging durch die Haustür hinaus und die Straße hinauf."

Eine plötzliche Ruhe schien in sie einzudringen und sie stand einen Moment lang da und dachte laut nach.

„Er ist zum Holztor hinaufgegangen! Sie werden sich im Wald treffen. Oh, Himmel, verhindere es!" sie weinte leidenschaftlich.

Sie drehte sich um und stürmte in den Garten, den Weg hinunter und durch das Tor zum Wald. Ich folgte ihr aus Angst, allein zu bleiben. Eine riesige Masse tintenschwarzer Wolken war vor dem Mond gesegelt und die Dunkelheit, besonders im Wald, war intensiv.

Mehr als einmal stürzte ich kopfüber hinab und kratzte mir im Brombeergestrüpp Gesicht und Hände auf; aber jedes Mal war ich sofort auf den Beinen und war mir des Schmerzes in meinem wilden Wunsch, in der Nähe meiner Mutter zu bleiben, kaum bewusst.

Wie sie ihren Weg gefunden hat, kann ich nicht sagen. Große Teile ihres Kleides wurden abgerissen und blieben an den Büschen hängen, in die sie trat; und oft sah ich sie gegen einen Baum rennen und vor Schreck halb benommen zurückweichen.

Dennoch kamen wir voran und kamen schließlich an einen Teil des Waldes, wo die Bäume und das Unterholz weniger dicht waren und es einen steilen Anstieg gab. Wir rannten hinauf und als wir oben ankamen, blieb meine Mutter stehen und lauschte, während ich atemlos an ihrer Seite stand.

Abgesehen davon, dass sich die Blätter über uns mit einer seltsamen Bewegung bewegten, war im ganzen Wald kein Geräusch zu hören. Vögel und Tiere, sogar Insekten, schienen sich vor dem kommenden Sturm in ihre Höhlen verkrochen zu haben. Wir konnten nichts sehen, denn ein dicker Mantel aus Dunkelheit – eine Dunkelheit, die man fast spüren konnte – hatte sich auf die Erde gelegt. Wir standen zusammengekauert, zitternd und ängstlich.

„Gott sei Dank für die Dunkelheit!" murmelte meine Mutter vor sich hin. „Philip", fuhr sie fort, beugte sich herab und tastete nach meiner Hand, „weißt du, wo wir sind? Wir sollten in der Nähe der Schiefergruben sein."

Ich wollte ihr gerade antworten, doch die Worte verklangen auf meinen geöffneten Lippen. Ein solcher Anblick, wie er sich uns in diesem Moment bot, hätte einen starken Mann vielleicht in den Wahnsinn getrieben.

Obwohl ein halbes Leben vergangen ist, kann ich es jetzt wie in diesem Moment sehen. Aber ich kann es nicht beschreiben, denn keine meiner Worte könnte die atemberaubende Schönheit und gleichzeitig den atemlosen Schrecken der Szene beschreiben, die sich wie ein Blitz vor uns abspielte.

Bäume, Himmel und Weltraum wurden plötzlich in ein strahlendes, grelles Licht getaucht, wie ich es seitdem nie wieder gesehen habe und auch nie wieder sehen werde. Es kam und ging in einer Zeitspanne, die nur der Gedanke messen konnte; und das hat es uns gezeigt:—

Zu unseren Füßen gähnten die tiefe Grube und das trübe Wasser des Steinbruchs, denn wir waren kaum einen einzigen Schritt vom steilen Rand entfernt; die riesigen Schieferhaufen und die Schuppen mit den verstreuten Werkzeugen der Arbeiter; und mein Vater, dessen Arme vor Schmerz nach oben geworfen waren und ein wilder Schrei aus seinen Lippen kam, genau in dem Moment, als er über die gegenüberliegende Seite des Abgrunds geschleudert wurde!

Wir sahen die hektischen Zufälle der Verzweiflung auf seinem aschfahlen Gesicht, wie seine Augen aus ihren Höhlen aufsprangen, als er spürte, wie er ins Leere fiel; und wir sahen die undeutlichen Umrisse eines anderen Mannes, der mit vor dem Gesicht ausgestreckten Händen vom Abgrund zurücktaumelte, voller Entsetzen über das, was er getan hatte.

Dann, so plötzlich, wie es gekommen war, verschwand der grelle Glanz. Der Himmel – nur einen Moment bevor er sich öffnete und das Land mit Schichten lebendigen Feuers überflutete – war schwarz und undurchdringlich, und der donnernde Donner erschütterte die Luft und ließ die Erde erzittern, als ob sie sich aufspaltete und die Elemente selbst aufgelöst würden .

Mit einem Schrei, dessen herzzerreißende Qual mir für immer in den Ohren klingen wird, sank meine Mutter zu Boden, ein weißer, verängstigter Haufen; und ich kauerte hilflos neben ihr, meine Glieder waren entspannt und meine Sinne waren betäubt. Dann fiel der Regen und es herrschte Stille.

KAPITEL IV.
DIE WARNUNG MEINER MUTTER.

Nach dieser schrecklichen Nacht in Rothland Wood lag ich viele Wochen lang mit heftigem Fieber da und meine Genesung grenzte an ein Wunder. Eine gesunde Konstitution und sorgfältige Pflege führten mich jedoch zu neuem Leben, und eines sonnigen Morgens öffnete ich meine Augen in einer Welt, die mir fast wie eine neue Welt vorkam.

Das erste, woran ich mich deutlich erinnern kann, nachdem ich wieder zu Bewusstsein kam, war die außergewöhnliche Veränderung, die bei meiner Mutter stattgefunden hatte. Von einer schönen, aktiven Frau schien sie sich in eine strenge, kalte Statue verwandelt zu haben.

Ich kann mich noch heute daran erinnern, welche Angst ich in den ersten Tagen meiner Genesung vor ihr hatte und wie ich mit namenloser Angst vor ihrer ständigen Anwesenheit an meinem Bett zurückschreckte.

Die Veränderung betraf sowohl ihr Aussehen als auch ihr Verhalten. Ihr sattes braunes Haar war völlig ergraut, und in ihrem Gesicht lag ein eisiger, starrer Ausdruck, ohne jeglichen Ausdruck oder Zuneigung, der mir jedes Mal einen Schauer über den Rücken lief, wenn ich hineinschaute. Es war das Gesicht — nicht meiner Mutter, sondern eines Fremden.

Als ich wieder zu Kräften kam und die Ärzte mich für geeignet erklärten, das Krankenzimmer zu verlassen, zeigte sie Anzeichen von Unbehagen und sah mich oft auf eine seltsame Art und Weise an, als würde sie mir etwas sagen .

Und eines Nachts wachte ich plötzlich auf und sah sie an meinem Bett stehen, in einen langen Morgenmantel gehüllt, ihr graues Haar fiel ihr über den Rücken und ein wildes Leuchten in ihren brennenden Augen. Ich sprang mit einem Angstschrei im Bett auf, aber sie streckte ihre Hand mit einer Geste aus, die sie beruhigen wollte.

„Nichts ist los, Philip", sagte sie. „Leg dich hin, aber hör zu."

Ich gehorchte, und wenn sie mich genau gesehen hätte, hätte sie gesehen, dass ich zitterte; denn ihr seltsames Aussehen und der völlige Mangel an Zuneigung in ihrem Verhalten hatten mich mit etwas fast Entsetzen erfüllt.

„Philip, es wird dir bald gut genug gehen, um auszugehen", fuhr sie fort. „Die Leute werden dir Fragen zu dieser Nacht stellen."

Es war das erste Mal, dass das Thema zwischen uns angesprochen wurde. Ich richtete mich im Bett ein wenig auf und blickte sie mit bleichen Wangen und faszinierten Augen an.

„Hör zu, Philipp! Du darfst dich an nichts erinnern. Verstehst du mich?"

„Ja", antwortete ich schwach.

„Du musst vergessen, dass du mich im Garten gesehen hast; Du musst alles vergessen, was dein Vater zu dir gesagt hat. Hörst du?"

„Ja", wiederholte ich. „Aber – aber, Mutter –"

"Also?"

„Wird er gefasst – der Mann, der Vater getötet hat?" Ich fragte schüchtern. „Oh, ich hoffe, er wird es tun!"

Ihre Lippen öffneten sich langsam und sie lachte – ein bitteres, hysterisches Lachen, das mir das schrecklichste Geräusch vorkam, das ich je gehört hatte.

"Hoffnung! Ja; Sie können hoffen – hoffen, wenn Sie wollen!" Sie weinte; „Aber denk daran, Junge: Wenn deine Hoffnung wahr wird, wird es ein böser Tag für dich und für mich sein! Erinnern!"

Dann drehte sie sich um und ging ohne ein weiteres Wort zur Tür. Ich saß im Bett und beobachtete sie mitleiderregend, mit einem großen Kloß im Hals und schmerzendem Herzen. Das Mondlicht strömte durch mein Gitterfenster herein und fiel voll auf die langen, anmutigen Linien ihrer stattlichen Figur und ihres harten, kalten Gesichts. Ich war verlassen und unglücklich, aber als ich sie ansah, erstarrten die Worte auf meinen Lippen.

Gnadenlos und grausam kamen mir ihre Gesichtszüge vor. Es gab kein Mitleid, keine Liebe, nicht den Hauch einer Reaktion auf meine halbherzige, appellierende Geste. Ich ließ sie los und sank in meine Kissen zurück, weinte bitterlich, mit einem tiefen Gefühl völliger Einsamkeit und Trostlosigkeit.

Am nächsten Tag durfte ich mein Zimmer verlassen und konnte mich schon bald auf den Weg machen. Wie meine Mutter erwartet hatte, stellten mir viele Menschen Fragen zu den Ereignissen dieser schrecklichen Nacht. Für alle war meine Antwort dieselbe. Ich erinnerte mich an nichts. Meine Krankheit hatte meine Erinnerung leer hinterlassen.

Lange danach erkannte ich deutlicher, wie gut es war, dass ich den Anweisungen meiner Mutter Folge geleistet hatte.

Ein kurzer Auszug aus einer Bezirkszeitung wird ausreichen, um zu zeigen, wie die allgemeine Meinung zum Mord an meinem Vater war. Ich kopiere es hier:

„In einer anderen Spalte finden Sie einen Bericht über die Untersuchung der Leiche von George Morton, einem verstorbenen Landwirt von der Rothland Wood Farm. Das Urteil der Jury – nämlich „vorsätzlicher Mord an John Francis" – war angesichts der Beweise das einzig mögliche; und alle müssen gemeinsam hoffen, dass die Bemühungen der Polizei erfolgreich sein werden und der Verbrecher nicht entkommen kann. Die Fakten sind einfach und schlüssig.

„Aus den Aussagen von Herrn Bullson, dem Vermieter des George Hotels in Mellborough, und mehreren anderen *Stammgästen* des Ortes geht hervor, dass es nur wenige Tage vor der Begehung der Tat einen heftigen Streit zwischen dem Verstorbenen und Francis gab und so weiter." Drohungen wurden auf beiden Seiten frei verwendet. In der fraglichen Nacht brach Francis kurz nach neun Uhr vom Dorf Rothland auf, mit der Absicht, durch den Wald nach Ravenor Castle zu gelangen. Zweifellos scheint er sich aufgrund der außergewöhnlichen Dunkelheit der Nacht verirrt zu haben und von Mrs. Morton geleitet worden zu sein, die ihn in der Nähe ihres Gartentors umherirren sah.

"Frau. Morton lehnt es aus Dunkelheit ab, auf seine Identität zu schwören. aber angesichts der anderen Umstände dürfte dies kaum zu seinen Gunsten zählen. Er wurde auch von dem Verstorbenen gesehen, der, wütend darüber, ihn auf seinem Land zu finden und sich an seine Frau wandte, die Verfolgung aufnahm, gefolgt von Mrs. Morton und ihrem kleinen Jungen, die rechtzeitig an den Schiefergruben ankamen, um Zeuge zu werden, aber auch zu spät, um die schreckliche Tragödie zu verhindern, über die wir vor einigen Tagen ausführlich berichtet haben.

„Angesichts der Flucht des Mannes Francis und der bekannten Tatsache, dass er sich in dieser Nacht im Wald aufhielt, gibt es wenig Raum für Zweifel daran, dass er der tatsächliche Täter der Tat ist, obwohl die Einzelheiten des Kampfes bleiben müssen." vorerst in Geheimnisse gehüllt. Herr Ravenor, der gerade in England angekommen ist, hat eine Belohnung von 500 Pfund für Informationen ausgesetzt, die zur Verhaftung von Francis führen, der ein Diener im Schloss war."

KAPITEL V.
RAVENOR VON RAVENOR.

Es wurde allgemein erwartet, dass meine Mutter so schnell wie möglich aus einem Viertel wegziehen würde, das so schreckliche Assoziationen mit ihr hatte. Tatsächlich zeigte sie keinerlei Absicht, etwas Derartiges zu tun. Damals habe ich mich darüber eher gewundert, aber jetzt bin ich in der Lage, ihren Grund zu erraten.

Zufälligerweise wurde die Farm, deren Pächter mein Vater seit fast einem Vierteljahrhundert war, von einem Nachbarn übernommen, der keinen Nutzen für das Haus hatte, und so wurde vereinbart, dass wir zu einer lediglich nominellen Miete weiterleben sollten. Dann begann ein Kapitel meines Lebens ohne Ereignisse, das ich schnell übergehen kann.

Jeden Morgen ging ich nach Rothland und erhielt zwei Stunden Unterricht vom Pfarrer, und nachmittags brachte mir meine Mutter moderne Sprachen bei. Den Rest des Tages verbrachte ich allein, wanderte umher, wohin ich wollte, blieb weg, so lange ich wollte, und kehrte zurück, wenn ich Lust dazu hatte. Die Ergebnisse eines solchen Lebens in meinem Alter zeigten sich bald. Ich wurde so etwas wie ein Menschenfeind, ein großartiger Leser und ein leidenschaftlicher Naturliebhaber. Auf jeden Fall war es gesund und meine Vorliebe für alle möglichen Outdoor-Sportarten verhinderte, dass ich zum Bücherwurm wurde.

Es hatte auch Einfluss auf mein Gemüt. Es stärkte und gab meiner Fantasie Farbe, erweiterte meinen Geist und erfüllte mich mit einer starken Liebe für alles, was in den Büchern, die ich las, kraftvoll, frisch und rein war.

Shakespeare und Goethe waren meine ersten Favoriten in der Literatur; Doch als ich älter wurde, erfasste mich die Faszination der Lyrik, und eine Zeit lang herrschten Shelley und Keats in meiner Fantasie. Aber mein Geschmack war katholisch. Ich las alles, was mir in den Weg kam, und war mit einem wunderbaren Gedächtnis gesegnet, das es mir ermöglichte, vieles zu behalten, was es wert war, behalten zu werden.

In der Zwischenzeit wurde der eher rein technische Teil meiner Ausbildung stetig weitergeführt; und so war ich nicht überrascht, obwohl es eher ein Schlag für mich war, als der Geistliche, der mein Lehrer gewesen war, eines Sommerabends mit mir durch den Wald nach Hause ging und meiner Mutter sagte, dass es sinnlos sei, wenn ich noch länger zu ihm gehe, denn ich wusste bereits alles, was er mir beibringen konnte.

Ich beobachtete sie heimlich und hoffte, dass sie sich über das, was ich als großes Kompliment empfand, freuen würde. Aber sie bemerkte lediglich, dass es ihrer Meinung nach in diesem Fall besser sei, die derzeitige Vereinbarung zu beenden, dankte ihm für die Mühe, die er sich um mich gemacht hatte, und wies die Angelegenheit ab. Vergeblich suchte ich in ihrem kalten, schönen Gesicht nach Anzeichen von Interesse. Die Wolke, die sich in der Nacht der Ermordung meines Vaters zwischen uns gelegt hatte, hatte sich nie lichten können.

Der Pfarrer blieb bei uns zum Tee, und anschließend ging ich mit ihm durch den Wald zurück, denn er war ein geselliger Kerl, der Gesellschaft liebte – sogar meine.

Als ich wieder zu Hause ankam, traf ich auf meine Mutter, die auf mich aufpasste, und ich wusste an ihrem Verhalten, dass sie mir etwas Wichtiges zu sagen hatte.

„Philip, ich habe heute gehört, dass Mr. Ravenor zu Hause erwartet wird", sagte sie langsam.

Ich zuckte zusammen und ein kleiner Freudenausruf entfuhr mir. Es gab keinen Mann, den ich so sehr sehen wollte. Was für einen Ruf hatte er! Ein Gelehrter von europäischem Ruhm, ein Dichter und ein großer Sünder; ein Krösus; manchmal ein rücksichtsloser Sybarit, manchmal ein Asket und Einsiedler; ein Schüler von Voltaire; der Begründer einer neuen Schule der Philosophie. All diese Dinge hatte ich zu unterschiedlichen Zeiten von ihm gehört, aber ich hatte ihn noch nie gesehen. Etwas mehr als nur meine Neugier war geweckt worden und ich freute mich nun auf die Befriedigung.

Meine Mutter nahm meinen Ausruf nicht zur Kenntnis, aber ihre Stirn verfinsterte sich. Wir standen zusammen auf dem Rasen vor dem Haus und sie befand sich im Schatten einer hohen Zypresse.

„Ich glaube nicht, dass er lange hier bleiben wird", fuhr sie in einem harten, angespannten Ton fort; „Aber während er im Schloss ist, wünsche ich mir, dass du den Park überhaupt nicht betrittst."

„Den Park nicht betreten!" Ich wiederholte die Worte und starrte meine Mutter voller Erstaunen an. Welchen Unterschied könnte Mr. Ravenors Anwesenheit für uns machen?

„Das meinst du doch sicher nicht so?" Ich weinte, bitter enttäuscht. „Ich freue mich schon seit Jahren darauf, Herrn Ravenor zu sehen! Er ist ein berühmter Mann!"

„Ich weiß es", unterbrach sie, „und es ist sehr gefährlich. Ich möchte nicht, dass du ihn triffst. Die Chancen stehen gut, dass er Sie nicht bemerken würde, wenn er Sie sehen würde, aber es ist besser, kein Risiko einzugehen. Erinnern Sie sich, was ich gesagt habe? Einen Mann mit seinen seltsamen Ansichten und Prinzipien sollte man meiden – besonders von einem leicht zu beeinflussenden Jungen wie Ihnen."

Sie ließ mich sprachlos zurück, überquerte mit sanften, gleichmäßigen Schritten den Rasen und betrat das Haus. Ich sah zu, wie sie verstört und unruhig verschwand; Irgendetwas an ihrem Verhalten hatte einen seltsamen Eindruck auf mich erweckt. Ich kam nicht umhin zu glauben, dass sie andere Gründe als die von ihr genannten hatte, Mr. Ravenor und mich getrennt zu halten. Auf den ersten Blick schien es eine sehr absurde Vorstellung zu sein, aber sie hatte mich erfasst und ihr späteres Verhalten trug nicht dazu bei, sie zu zerstreuen.

Am Nachmittag seiner erwarteten Ankunft blieb ich stundenlang im Obstgarten herum und hoffte, einen Blick auf ihn zu erhaschen, denn die Parktore gegenüber unserem Haus waren dem Bahnhof Mellborough am nächsten. Aber ich war enttäuscht. Er kam zwar, aber in einem geschlossenen Brougham, gezogen von zwei schnellen, hochspringenden Braunen, die wie ein Blitz an der Hecke vorbeisausten, über die ich blickte, und eine verwirrte Erinnerung an glitzerndes Geschirr, hübsche Livreen zurückließen. und ein dunkles, edles Gesicht, teilweise mir zugewandt, aber unvollkommen gesehen. Es war ein flüchtiger Blick, der mein Interesse nur steigerte; doch wie ich angesichts der Wünsche meiner Mutter meine Neugier befriedigen sollte, konnte ich nicht sagen.

In dieser Nacht erneuerte sie ihr Verbot. Sie kam zu mir in das kleine Zimmer, in dem ich meine Bücher und Penaten aufbewahrte, und legte ihre Hand auf meine Schulter. Mr. Ravenor sei zurückgekehrt, sagte sie – woher konnte sie das wissen, außer dass auch sie zugesehen hatte, denn die Flagge war noch nicht gehisst? – und sie hoffte, dass ich mich an ihre Wünsche erinnern würde.

Ich versprach, sie so weit wie möglich zu beachten, obwohl sie mir lächerlich vorkamen, und ich zögerte nicht, darauf hinzuweisen. Was wäre unwahrscheinlicher, als dass Mr. Ravenor, ein angesehener Mann von Welt, auch nur die geringste Notiz von einem Landjungen nehmen würde, geschweige denn versuchen würde, irgendeinen Einfluss auf ihn zu gewinnen? Je mehr ich darüber und über die nervösen Ängste meiner Mutter nachdachte, desto mehr wurde ich gegen meinen Willen von einem anderen Motiv überzeugt, das vor mir geheim gehalten werden sollte.

Eine Woche verging und kaum jemand sah Mr. Ravenor. Wie üblich wurden viele Gerüchte verbreitet und diskutiert. Berichten zufolge hatte er sich in seiner Bibliothek eingeschlossen und allen Besuchern den Zutritt verweigert. Er lebte wie ein Einsiedler, fastete und arbeitete hart, umgeben von Büchern und Manuskripten den ganzen Tag und die Nacht und bis weit in die frühen Morgenstunden. Er büßte die jüngsten Exzesse; er bereitete sich auf einige wilde Orgien vor; er schrieb einen Roman, eine philosophische Broschüre, einen Artikel für die Zeitschriften oder einen anderen Gedichtband.

Unter allen Klassen unserer Nachbarn wurde über nichts anderes gesprochen als über die Taten oder angeblichen Taten von Herrn Ravenor.

Eines Nachmittags führte mich ein Zufall in das kleine Zimmer, das meine Mutter ihr Eigen nannte und das ich selten betrat. Auf dem Tisch lag ein kleiner Band, den ich achtlos aufnahm und einen Blick auf den Titel warf. Dann trug ich es mit einem kurzen Freudenausruf mit mir fort. Es war Mr. Ravenors erster kleiner Gedichtband, den ich vergeblich zu bekommen versucht hatte. Der Mellborough-Buchhändler, bei dem ich es bestellt hatte, teilte mir mit, dass es vergriffen sei. Die erste Auflage war längst aufgebraucht und der Autor hatte die Herausgabe einer zweiten Auflage abgelehnt.

Ich traf meine Mutter im Flur und hielt ihr den Band hin.

„Sie haben mir nie gesagt, dass Sie ein Exemplar von Mr. Ravenors Gedichten haben", sagte ich vorwurfsvoll. „Ich habe es gerade in deinem Zimmer gefunden."

Sie zuckte zusammen, und einen Moment lang befürchtete ich, dass sie darauf bestehen würde, dass ich das Buch aufgeben würde. Sie tat dies jedoch nicht; aber ich bemerkte, dass die Hand, die auf dem Geländer ruhte, nervös das Geländer umklammerte, als wollte sie sich stützen, und dass sie bis zu den Lippen weiß war.

"NEIN; „Ich hatte es vergessen", sagte sie langsam, „ich meine, ich hatte vergessen, dass Sie jemals darum gebeten hatten. Kümmere dich darum, Philip, und gib es mir heute Abend zurück. Es wurde mir von einem Freund geschenkt und ich schätze es."

Ich versprach es und verließ das Haus. Mein Vergnügungsspektrum war in mancher Hinsicht begrenzt, was mich aber nicht davon abhielt, in Bezug auf deren Genuss ein Genießer zu sein. Obwohl ich mich danach gesehnt hätte, warf ich keinen Blick in das Buch, bis ich fünf oder sechs Meilen gelaufen war und einen meiner Lieblingsrastplätze erreicht hatte. Dann warf ich mich in den Schatten eines großen Felsens auf dem Gipfel des Beacon Hill und holte den Band aus meiner Tasche.

Es war ein kleines, olivgrünes Buch, sorgfältig gebunden und auf rauem Papier gedruckt. Es war offensichtlich meiner Mutter geschenkt worden, denn ihr Vorname war darin in feiner, schneidiger Handschrift geschrieben, und darunter befanden sich einige Initialen, die undeutlich geworden waren. Nachdem ich mich davon überzeugt und einige Augenblicke damit beschäftigt hatte, blätterte ich schnell die Seiten um und begann zu lesen.

Der erste Teil bestand fast ausschließlich aus Sonetten und Liebesgedichten. Eines nach dem anderen las ich sie und wunderte mich. Hier gab es nichts Amateurhaftes, nichts Schwaches. Sie waren voller leuchtender Bilder, leuchtender Farben, Leidenschaft und Feuer. Einige von ihnen kamen mir, der ich keine moderne Poesie gelesen hatte und viele Sonette von Shakespeare und Milton auswendig kannte, etwas grob vor; aber dennoch voller Genialität und mit einem warmen Lebenshauch in ihnen.

Der zweite Teil war längeren Gedichten gewidmet und diese gefielen mir am besten. In manchen steckte mehr als nur ein Hauch der anmutigen, faszinierenden Mystik Shelleys, der leidenschaftliche Aufschrei eines starken, edlen Geistes, der der

Natur ihre gewaltigen Geheimnisse entreißen und die Mysterien der Existenz ergründen wollte; das Wehklagen einer verwirrten, edlen Seele, die sich verzweifelt von den kalten Glaubensbekenntnissen der modernen Religion abwendet, um eine andere und höhere Form des spirituellen Lebens zu suchen.

Ich las weiter, bis die Sonne untergegangen war und die Schatten der Dämmerung das Nachglühen vom westlichen Himmel vertrieben hatten. Dann schloss ich das Buch und erhob mich plötzlich mit einem tollen Start.

Kaum ein Dutzend Meter entfernt, auf dem äußersten Gipfel des Hügels, saß ein Mann zu Pferd und beobachtete mich. Seine ungewöhnlich große Gestalt und die schöne Gestalt des pechschwarzen Pferdes, auf dem er ritt, hoben sich mit einer Lebendigkeit vom Hintergrund des fernen Himmels ab, die fast mehr als natürlich wirkte. Solch ein Gesicht wie seines hatte ich noch nie gesehen und mir nie vorgestellt. Ich konnte es weder beschreiben, noch fiel mir irgendetwas ein, womit ich es vergleichen könnte.

Dunkelhäutig, mit pechschwarzem Haar und vollkommen klarem Teint, aber von der Sonne des Südens gebräunt; ein kleiner, fester Mund; eine hohe, nachdenklich gerunzelte Stirn; Adlernase; Graublaue Augen, kraftvoll und ausdrucksstark – so könnte man jeden Mann beschreiben, und doch fehlt ihnen der wunderbare Charme des Gesichts, in das ich blickte. Es war die seltene Kombination perfekter klassischer Modellierung mit Intensität des Charakters und Adel des Intellekts. Es war das Gesicht eines Königs unter den Menschen; Und doch gab es Zeiten, in denen ein gewisses Lächeln um diese eisernen Lippen spielte und in diesen strahlenden Augen ein gewisses Licht aufblitzte, bei denen es mich erschauderte, wenn ich hineinschaute. Aber das war später.

Er starrte mich und ich ihn an, eine ganze Minute lang. Dann winkte er mir mit seiner Peitsche zu – eine leichte, aber herrische Geste. Ich stand auf und ging an seine Seite.

"Wer bist du?" fragte er knapp.

„Mein Name ist Philip Morton", antwortete ich. „Ich wohne im Rothland Wood Farmhouse."

„Sohn des Mannes, der ermordet wurde?"

Ich stimmte zu. Er blickte mich starr an, mit dem geringsten Ausdruck von Interesse in seinen trägen grauen Augen.

„Sie waren sehr auf Ihr Buch bedacht", bemerkte er. "Was war es?"

Ich habe es hochgehalten.

„Das sollten Sie wissen, Sir", antwortete ich.

Er warf einen Blick auf den Titel und zuckte leicht mit den Schultern. Auf seiner schönen Stirn waren Anzeichen eines Stirnrunzelns zu erkennen.

„Sie sollten Ihre Zeit besser nutzen können", sagte er.

„Das glaube ich nicht. „Ich lese gern – besonders Gedichte", antwortete ich.

Der Gedanke schien ihn zu amüsieren, denn er lächelte, und die Falten auf seinem Gesicht entspannten sich für einen Moment. Sobald er die Lippen öffnete, veränderte sich sein ganzer Gesichtsausdruck und ich verstand, was die Frauen meinten, als sie über die Faszination seines Gesichts sprachen.

„Lesen Sie gern, oder? Ein Dorfbücherwurm. Nun, man sagt, dass für Buchliebhaber jeder Band eine eigene Sprache und eine eigene Mission hat. Was sagen dir meine Schuljungenstimmen?"

„Dass du einmal verliebt warst", antwortete ich schnell.

Ein halb amüsierter, halb verächtlicher Ton huschte über sein Gesicht.

„Die Jugend hat ihre Torheiten, wie jede andere Lebensphase", sagte er. „Ich wage zu behaupten, dass ich den Luxus dieser Sensation einmal erlebt habe, aber das muss lange her sein. Komm, ist das alles, was es dir sagt?"

„Es sagt mir, dass Männer lügen, wenn sie dich einen Atheisten nennen."

Er saß ganz still auf seinem Pferd und das Lächeln auf seinen Lippen wurde zu einem spöttischen.

„Der Atheismus war völlig aus der Mode gekommen, als diese Verse geschrieben wurden", bemerkte er. „Jeder andere ‚Ismus' war populär genug, aber der Atheismus klang hässlich. Außerdem war ich damals noch ein Junge. Vielleicht hatte ich noch etwas

Fantasie übrig. Es ist ein Geschenk, das man im späteren Leben verliert."

„Aber Religion ist nicht auf Vorstellungskraft angewiesen."

"Ganz. Religion ist eine Anstrengung der Vorstellungskraft und daher mehr oder weniger eine Frage der Disposition. Das ist eine seiner größten Absurditäten. Frauen und sensible Jungen sind am stärksten davon betroffen. Männer mit starkem gesunden Menschenverstand, Männer mit Verstand und dem Wissen, ihn zu nutzen, sprengen jeden Tag die Fesseln einer abgestumpften Orthodoxie."

„Und was können ihnen ihr gesunder Menschenverstand und ihr Gehirn stattdessen geben?" Ich fragte. „Ich kann mir keine praktische Religion ohne Orthodoxie vorstellen."

„Ein kleines Maß an Philosophie. Es ist alles, was sie wollen. Nur schwache Nerven, die nicht den Mut haben, über die physische Vernichtung nachzudenken, trösten sich, indem sie einen hysterischen Glauben an ein unmögliches Jenseits aufbauen. Es gibt kein Jenseits."

„Ein schreckliches Glaubensbekenntnis!" rief ich aus.

"Auf keinen Fall. Mögen die Menschen die Hälfte der Zeit und Mühe, die sie dieser Religionsphantasie widmen, darauf verwenden, sich im philosophischen Denken zu schulen, und sie werden lernen, unbewegt darüber nachzudenken. Zu erkennen, dass das Ende des Lebens unvermeidlich ist, bedeutet, es der meisten seiner Schrecken zu berauben, außer für Feiglinge. Der Mann, der ein Gewebe seines Körpers verschwendet, indem er bereut, was er nicht verhindern kann, ist ein Narr. Vernichtung ist eine bequemere Lehre und auch eine vernünftigere. Stimmst du nicht mit mir überein, Junge?"

"NEIN; nicht mit einem einzigen Wort!" Ich weinte, wurde heiß und ein wenig wütend, denn ich konnte sehen, dass er es nur halb ernst meinte und ich keine Lust hatte, mich zum Hintern zu machen. „Phantasie ist nicht die Grundlage der Religion; gesunder Menschenverstand ist. Warum--"

„Oh, ersparen Sie mir die Standardargumente!" unterbrach er mit einem leichten Schaudern. „Behalten Sie Ihre Religion und umarmen Sie sie so sehr, wie Sie möchten, wenn Sie darin Trost finden. Wo warst du zur Schule?"

„Nirgendwo“, antwortete ich. „Ich habe mit Mr. Sands, dem Pfarrer von Rothland, gelesen.“

Er lachte leise vor sich hin, als würde ihn die Idee amüsieren, und sah mich die ganze Zeit an, als wäre ich eine Art natürliche Neugier.

„Lesen Sie gern, oder?“ fragte er unvermittelt.

"Ja. Lieber als alles andere.“

„Und deine Bücher – wo kommen sie her?“

„Wo immer ich welche bekommen kann. Die meisten stammen aus der Bibliothek in Mellborough oder von Mr. Sands. Er lachte erneut und wiederholte meine Worte, als wäre er amüsiert.

„Kein Wunder, dass Sie hinter der Zeit zurückbleiben“, bemerkte er. „Soll ich dir jetzt ein paar Bücher leihen?“

Ich schüttelte schwach den Kopf, denn ich sehnte mich danach, sein Angebot anzunehmen.

„Ich fürchte, Ihre Art von Büchern würde mir nicht passen“, sagte ich. „Ich möchte nicht von Ihrer Denkweise bekehrt werden. Mir kommt es so vor, als gäbe es so etwas wie eine Überschulung des Geistes.“

„Du siehst mich also als eine Art Mephistopheles an, nicht wahr? Nun ja, ich habe nicht den Ehrgeiz, Sie zu bekehren. Ein Pessimist zu sein heißt –“

„Ein unglücklicher Mann“, unterbrach ich eifrig, „und außerdem ein sehr engstirniger. Es ist ein in der Stadt geborenes Glaubensbekenntnis. Niemand könnte hier draußen auf dem Land leben und sich dafür einsetzen!“

„Junge, wie alt bist du?“ fragte er unvermittelt.

„Nächster Geburtstag siebzehn, Sir“, antwortete ich.

„Du hast eine glatte Zunge – das Zeichen eines leeren Kopfes, fürchte ich.“

„Besser leer als voller ungesunder Philosophie“, antwortete ich unverblümt.

Er lachte schallend.

„Die Landluft hat auf jeden Fall den Verstand geschärft“, sagte er. „Du bist ein Narr, Philip Morton; aber du wirst in deiner

Torheit glücklicher sein als andere Menschen in ihrer Weisheit. Unwissenheit ist sehr tröstlich."

Er nickte mir nachlässig, aber nicht unfreundlich zu, drehte sein großes Pferd mit einer Drehung des Handgelenks herum und galoppierte den Hang hinunter und über den weichen, schwammigen Rasen in einem Tempo, das ihn bald außer Sichtweite brachte. Aber ich stand eine Weile auf einem Stück zerbrochenem Fels auf dem Gipfel des Hügels und schaute seiner sich zurückziehenden Gestalt nach und beobachtete die funkelnden Lichter der vielen Dörfer, die sich unten im Tal erstreckten. Der Klang seiner tiefen, kräftigen Stimme vibrierte dennoch in meinen Ohren, und das traurige, schöne Gesicht mit seinen trägen grauen Augen und seinem müden Ausdruck schien immer noch an meiner Seite zu sein. Schon begann ich etwas von dem Einfluss zu spüren, den dieser Mann auf jeden auszuüben schien, dem er nahekam; und schon damals hatte ich das vage Gefühl, dass es zu einem allmächtigen Einfluss auf mich werden würde, wenn man es wachsen ließe.

Als ich zu Hause ankam, war es spät – so spät, dass meine Mutter, die selten Interesse oder Neugier an meinen Aktivitäten zeigte, mir Fragen stellte. Zuerst verspürte ich eine merkwürdige Abneigung, ihr zu sagen, mit wem ich gesprochen hatte, und das war gerechtfertigt, als ich sah, welche Wirkung meine Worte auf sie hatten. Ein fast entsetzter Ausdruck erfüllte ihre Augen und ihr Gesicht war weiß vor Wut. Es war, als wäre ein langersehnter Schlag gefallen.

"Zu guter Letzt! zu guter Letzt!" sie murmelte vor sich hin, als hätte sie meine Anwesenheit vergessen. Dann schlossen sich ihre Augen und ihre Lippen bewegten sich sanft. Es schien mir, als ob sie betete.

Ich war verwirrt und neigte dazu, wütend zu sein, dass sie ihre Abneigung gegen Mr. Ravenor so weit trieb. Dachte sie, dass ich so schwach und beeinflussbar sei, dass ein paar Minuten Gespräch mit irgendeinem Mann mir Schaden zufügen könnten?

„Du treibst deine Abneigung gegen Mr. Ravenor etwas zu weit, Mutter", wagte ich zu sagen. „Was können Sie so schlimm über ihn wissen, dass Sie eine Gefahr darin sehen, dass ich ein paar Minuten mit ihm gesprochen habe?"

Sie sah mich starr an und wurde gefasster.

„Jetzt ist es zu spät, Philip", sagte sie leise. „Das Unheil ist angerichtet. Wenn ich das hätte vorhersehen können, wären wir weggegangen."

„Mr. Ravenor aus dem Weg gegangen zu sein?" Ich weinte und fragte mich.

"Ja."

KAPITEL VI.
Ein zweifelhafter Besucher.

Am späten Nachmittag des folgenden Tages ritt ein Besucher durch den Stapelplatz und zügelte sein Pferd vor unserer Tür. Ich las in dem Zimmer, in dem hauptsächlich meine Mutter wohnte, und als ich aus dem Seitenfenster blickte, das von Jasminblüten und Geißblatt überdacht und verdunkelt war, erlebte ich eine große Überraschung. Das Buch fiel mir aus den Fingern und ich blieb einen Moment stehen, unsicher, was ich tun sollte. Denn draußen saß Mr. Ravenor gelassen auf seinem schönen schwarzen Pferd und überlegte offenbar, wie er seine Anwesenheit am besten bekannt machen könne.

Er sah mich und winkte mich mit einer knappen, aber nicht unhöflichen Kopfbewegung hinaus. Ich ging sofort hin und fand ihn abgestiegen und auf der Stufe stehend.

„Ich möchte deine Mutter sehen, Junge", sagte er scharf. „Gibt es niemanden, der mein Pferd halten kann? Wo sind all die Bauernmänner?"

Ich zögerte und stand einen Moment unbeholfen und verwirrt da. Die seltsamen Worte meiner Mutter über ihn hallten immer noch in meinen Ohren wider. Angenommen, sie weigerte sich, herunterzukommen und den Mann, von dem sie so geheimnisvolle Worte gesprochen hatte, als Besucher zu empfangen? Nichts erschien mir wahrscheinlicher. Und doch, was sollte ich tun?

Er beobachtete mich, als würde er meine Gedanken lesen. Dass er das tatsächlich tat, stellte ich sehr schnell fest.

„Schnell, Junge!" er sagte. „Ich bin es nicht gewohnt, warten zu müssen. Ich weiß genauso gut wie du, dass ich kein gern gesehener Besucher bin, aber deine Mutter wird mich trotzdem sehen. Rufen Sie einen der Männer!"

Ich ging durch den Garten und betrat den Hof. Jim, der Fuhrmann, war da und drehte einen Misthaufen um, und ich kehrte mit ihm auf den Fersen zurück. Mr. Ravenor warf ihm die Zügel zu und folgte mir tief gebückt in unser kleines Wohnzimmer.

Er legte seine Peitsche auf den Tisch, wählte den bequemsten Stuhl, setzte sich gemütlich hin und schlug die Beine übereinander. Er war natürlich völlig entspannt und beobachtete meine Verunsicherung mit einem ruhigen, spöttischen Lächeln.

„Jetzt geh und sag deiner Mutter, dass ich sie sehen möchte!" er befahl.

Mit langsamen Schritten wandte ich mich ab, stieg die Treppe hinauf und klopfte an ihre Tür.

„Mutter, unten ist ein Besucher!" Ich rief leise. "Es ist--"

„Ich weiß", antwortete sie ruhig. "Geh weg. Ich werde in ein paar Minuten unten sein."

Ich ging wieder nach unten ins Wohnzimmer und atmete freier. Mr. Ravenor hatte sich nicht gerührt, und als ich eintrat, schien er tief in Gedanken versunken zu sein. Als er jedoch meine Schritte hörte, veränderte sich sein Gesichtsausdruck sofort in die frühere Gleichgültigkeit. Er blickte sich mit einer Miene träger Neugier im Raum um und seine halb geschlossenen Augen ruhten auf meiner kleinen Bücherkiste.

„Was hast du da?" er erkundigte sich. „Lies mir die Titel vor."

Ich tat dies mit einem Anflug von Widerwillen, denn meine Sammlung war insgesamt eine zufällige, so wertvoll sie für mich auch war. Auf halbem Weg überprüfte er mich.

„So, das reicht!" rief er und lachte leise. „Das ist wirklich idyllisch. „Abercrombie" und „Robinson Crusoe", „Jeremy Taylor" und „Thomas à Kempis". Mein armer Junge, wenn du überhaupt eine Kopfbedeckung hast, wie muss sie geölt werden!"

Ich war ein wenig empört über seinen Ton und antwortete ihm schnell.

"Ich weiß nicht. Ich bin mir nicht sicher, ob mir Ihre Art von Büchern besonders am Herzen liegen sollte."

Er zog seine feinen Augenbrauen hoch und das Lächeln lag immer noch auf seinen Lippen.

"In der Tat! Und warum nicht? Und wie konnten Sie erraten, was für Bücher ich habe, ohne sie gesehen zu haben?"

„Na ja, das meine ich vielleicht nicht ganz so", antwortete ich, setzte mich auf die Tischkante und steckte die Hände tief in die Hosentaschen, mit dem unangenehmen Gefühl, mich lächerlich zu machen. „Das habe ich nach dem beurteilt, was du letzte Nacht gesagt hast. Wenn das Studium Sie nur zum Pessimismus gebracht hat, wäre ich lieber unwissend."

„Du bist wirklich ein wunderbar kluger Junge für deine Jahre", sagte er immer noch lächelnd. „Aber Sie müssen bedenken, dass es zwei unterschiedliche Studienzweige gibt. Die eine, die populärere und allgemein anerkanntere, führt zu erworbenem Wissen – der Kenntnis von Fakten, Wissenschaften und Sprachen; Das andere ist die reine Schärfung und Schulung des Geistes, indem man die Gedanken, Ideen und Theorien anderer Menschen liest – kurz gesagt, indem man Meister aller philosophischen Schriftsteller aller Nationen wird. Nun ist es das Letztere, das Sie vermeiden müssten, um Ihre derzeitige arkadische Einfachheit zu bewahren; aber ohne Ersteres steht der Mensch kaum über dem Niveau eines Tieres."

„Ich glaube, ich verstehe, was du meinst", gab ich zu. „Ich möchte ein guter klassischer Gelehrter und Mathematiker sein und viele Dinge wissen. „Mir scheint", fügte ich zögernd hinzu, „dass diese Art von Wissen völlig ausreicht, um den Geist zu stärken und zu schulen." Der andere würde es höchstwahrscheinlich überanstrengen und sich als ungesund erweisen, insbesondere wenn es jeden dorthin führt, wo es Sie geführt hat."

„Oh, ich wollte keine Führung!" sagte er leichthin. „Ich wurde als Pessimist geboren. Schopenhauer war mein frühester Freund, Voltaire mein Lehrer und Shelley mein Gott! Natürlich eine Frage der Disposition. Ich hatte zu wenig Vorstellungskraft, um mich für die Kultivierung einer Religion zu interessieren, und zu viel, um ein Moralist zu sein. Dann kommt deine Mutter endlich?"

Die Tür öffnete sich und ich sah besorgt auf. Die einleitenden Worte, die auf meinen Lippen zitterten, blieben unausgesprochen. Ich stand hilflos und sprachlos da wie ein Pflügerjunge, den Blick auf meine Mutter gerichtet.

Kapitel VII.
EIN TREFFEN UND EINE METAMORPHOSE.

Dass es meine Mutter war, konnte ich zunächst nicht glauben. Sie trug ein schlichtes dunkles Kleid und ein schwarzes Spitzentuch um den Hals; aber ein Kleid, so schlicht es auch war, von einem Stil und Material, wie ich es noch nie zuvor bei ihr gesehen hatte. Obwohl ich nichts über ihre Geschichte wusste, hatte ich immer vermutet, dass sie eine ganz andere Stellung hatte als die meines Vaters, und in diesem Moment wusste ich es, denn es schien, als hätte sie sich plötzlich dazu entschlossen ihre richtige Position. Nicht nur ihre Kleidung und die Art, ihr Haar zu frisieren, waren ungewöhnlich, auch ihre Manieren, ihre Stimme, ihre gesamte Haltung und ihr Aussehen waren völlig verändert. Es war, als hätte sie ohne die geringste Vorwarnung die Maske der langen Jahre abgelegt und wäre wie ein Blitz in die Persönlichkeit zurückgekehrt, die ihr gehörte.

Dies war jedoch nicht die einzige Änderung. Eine leichte Röte hatte die bleierne Blässe aus ihren Wangen vertrieben, und ihre Augen, die in letzter Zeit stumpf und schwer gewirkt hatten, waren voller funkelndem Licht und unterdrückter Lebhaftigkeit. Ihre Manieren und auch ihr persönliches Erscheinungsbild zeugten von einer verblüffenden Metamorphose. Ich war mehr als erstaunt; Ich war wie vom Donner gerührt. Was mir am wunderbarsten vorkam, war, dass der Besuch des Mannes, vor dem sie mich so feierlich und leidenschaftlich gewarnt hatte, sie auf diese Weise in einen anderen Seinszustand versetzt hätte.

Mr. Ravenor erhob sich bei ihrem Eintreten und verneigte sich mit der lockeren Anmut eines Mannes von Welt. Meine Mutter erwiderte seinen Gruß mit einer stattlichen Selbstbeherrschung, die seiner eigenen entsprach; Aber als ich sie beide genau beobachtete, fiel mir auf, dass er zwar völlig gefasst war, sie in Wirklichkeit jedoch weit davon entfernt war. Ich konnte sehen, wie sich die zarten weißen Finger ihrer linken Hand krampfhaft um das Spitzentaschentuch legten, das sie trug, und als sie einsetzte, schüttelte sie ein Schauer — der augenblicklich verschwand und nur für mich wahrnehmbar war, weil meine Augen auf sie gerichtet waren schlanke, geschmeidige Figur.

Aber in den wenigen alltäglichen Bemerkungen, die zunächst zwischen ihnen ausgetauscht wurden, war weder in der Sprache noch in der Art etwas zu erkennen, das auch nur die geringste Verlegenheit verriet. Sie antwortete ihm gnädig als eine seiner Artgenossen, ließ ihn aber nur erkennen, dass sein Besuch eine Überraschung für sie war und dass sie von ihm erwartete, dass er seinen Zweck erklärte. Ich habe mich ein wenig mit dieser Begegnung beschäftigt, und zwar aus Gründen, die mir am Ende meiner Geschichte deutlich werden.

Nach ein paar Bemerkungen über den Hof, die Ernte und das günstige Wetter gab er die gewünschte Erklärung.

„Ich bin gekommen, um Ihnen ein paar Worte über Ihren Sohn zu sagen, Mrs. Morton", begann er abrupt.

Sie und ich sahen gleichermaßen erstaunt aus.

„Ich bin ein Mann weniger Worte", fuhr er fort. „Die wenigen Dinge, die ich zu diesem Thema sagen möchte, sollten meiner Meinung nach besser nur Ihnen gesagt werden, Mrs. Morton."

Ich hätte das Zimmer sofort verlassen, aber meine Mutter hielt mich davon ab. Sie legte eine zitternde Hand auf meine Schulter und zog mich näher an sich heran.

„Sie können mir nichts zu sagen haben, Mr. Ravenor, was es für ihn nicht besser wäre, es zu hören, zumal Sie sagen, dass es ihn betrifft."

Er zuckte mit seinen hohen, breiten Schultern, als wäre er gleichgültig; aber ich hatte trotzdem den Eindruck, dass in seinem Gesicht für einen Moment ein Anflug von Verärgerung verweilte.

"Sehr gut!" sagte er kurz. „Gerüchten zufolge, Mrs. Morton, wenn Sie so etwas jemals hören, bin ich ein sehr böser Mann. Möglicherweise! Ich leugne es nicht! Auf jeden Fall bin ich aufgrund meiner Veranlagung und Gewohnheit zutiefst egoistisch. Ich verdanke Ihrem Sohn den Luxus, meine Gedanken für ein paar Minuten von mir selbst abgelenkt zu haben – für mich ein äußerst seltenes Ereignis.

„Ich habe ihn gestern Abend getroffen und mit ihm gesprochen. Er redete zwar wie ein Idiot, das stimmt, aber das hat nichts damit zu tun. Danach dachte ich wieder an ihn; fragte mich, was du mit ihm machen würdest; erinnerte sich – verzeihen Sie! –, dass Sie arm sein müssen; und dachte auch daran, dass du durch einen meiner Diener gelitten hast."

Er stoppte. Fast eine halbe Minute lang sahen sie einander ins Gesicht – meine Mutter und dieser Mann. In ihrem verzückten, faszinierten Blick und in dem scharfen, strahlenden Licht, das aus seinen dunklen Augen blitzte, als er ihn erwiderte, lag etwas, das mir seltsam vorkam. Es war wie eine Herausforderung, die angeboten und angenommen wurde – ein Duell, bei dem keiner besiegt wurde, denn keiner schreckte zurück.

„Dann kam mir der Gedanke", fuhr er ruhig fort, „Sie anzurufen und zu fragen, was Sie mit ihm vorhatten, und als Entschuldigung für den Vorschlag, den ich machen werde, die Gründe anzuführen, die ich gerade dargelegt habe." Wie Sie wissen, bin ich ein reicher Mann, und das Geld würde mir nichts bedeuten. Ich wünsche mir, dass ich die Kosten für den Abschluss der Ausbildung Ihres Sohnes tragen darf."

Es schien mir ein herrlich großzügiges, aber sehr einfaches Angebot zu sein. Ich konnte die Aufregung und scheinbare Unentschlossenheit, die es bei meiner Mutter hervorrief, nicht verstehen. Ihre prompte Weigerung hätte ich verstehen können, auch wenn es für mich ein Schlag gewesen wäre. Aber aus dieser Mischung aus Entsetzen und Bestürzung, aus Emotion und Bestürzung konnte ich nichts machen. Das Gefühl, von dem ich mir vorgestellt hatte, dass es sich sicherlich manifestieren würde – Dankbarkeit –, war durch seine Abwesenheit auffällig. Was hatte das alles zu bedeuten?

Meine Mutter setzte sich und Mr. Ravenor lehnte sich in seinem Sessel zurück, offenbar zufrieden damit, auf ihre Entscheidung zu warten. Ich ging durch den Raum an ihre Seite und nahm ihre kalten Finger in meine.

„Mutter", rief ich mit glühenden Wangen und vor Eifer zitternder Stimme, „was ist los? Warum sagst du nicht „Ja"? Du weißt, dass ich schon immer aufs College gehen wollte! Es gibt keinen Grund, warum Sie nicht zustimmen sollten, oder?"

Mr. Ravenor lächelte – eine ganz leichte Lippenbewegung.

„Wenn deine Mutter deine Interessen überhaupt berücksichtigt", sagte er ruhig, „wird sie sicherlich zustimmen."

Ich wollte gerade etwas sagen, aber meine Mutter blickte auf und ich prüfte die Worte auf meinen Lippen.

"Herr. Ravenor", sagte sie leise, „ich nehme Ihr Angebot an und danke Ihnen dafür. Das ist alles, was ich sagen kann."

„Genau genug", bemerkte er lässig.

„Aber eines möchte ich, dass Sie verstehen", fügte sie hinzu und blickte zu ihm auf. „Ich stimme zu, es ist wahr; aber wenn es nicht einen anderen Grund gegeben hätte, der für mich weitaus mächtiger wäre als alle, die Sie angepriesen haben, hätte ich das nie getan. Es ist ein Grund, von dem Sie nichts wissen – und ich bete, dass Sie ihn nie erfahren werden", fügte sie leiser hinzu.

Er gab keine Antwort; tatsächlich schien er sich wenig für die Worte meiner Mutter zu interessieren. Stattdessen drehte er sich zu mir um und las in meinem Gesicht den ganzen Enthusiasmus ab, der ihrem fehlte. Ich hätte gesprochen, aber er hielt seine Hand hoch und überprüfte mich.

„Nur unter einer Bedingung", sagte er kalt. "Nein danke. Ich hasse sie! Was ich für dich tue, tue ich, um mir selbst zu gefallen. Das Geld, das es mich kosten wird, ist nicht mehr, als ich viele Male für das müßigste vorübergehende Vergnügen verschwendet habe. Ich habe mich einfach dafür entschieden, eine Laune zu befriedigen, und es kommt vor, dass Sie der Gewinner sind. Denken Sie daran, dass Sie Ihre Dankbarkeit am besten durch Schweigen zeigen können."

Seine Worte fielen wie Eistropfen auf meinen Ungestüm. Ich schwieg ohne Anstrengung.

„Aus dem, was Sie gerade gesagt haben", fuhr er fort, „erfahre ich, dass es Ihr Wunsch war, Ihre Ausbildung auf eine Weise zu perfektionieren, die Sie hier nicht hätten erreichen können." Haben Sie konkrete Ziele? Ich meine, haben Sie konkrete Vorstellungen von der Zukunft?"

Ich schüttelte den Kopf.

„Ich habe nie gewagt, jemanden zu ermutigen", antwortete ich wahrheitsgemäß. „Ich wusste, dass wir arm waren und dass ich darüber nachdenken musste, bald meinen Lebensunterhalt zu verdienen – wahrscheinlich als Schulmeister."

„Sie wollen also sagen, dass Sie nie ausgeprägte Ambitionen hatten – alles war vage?"

„Außer einer Sache", antwortete ich langsam. „Es gibt eine Sache, die ich mir immer vorgenommen habe, eines Tages zu erreichen, aber das ist kaum ein Ehrgeiz und es hat nichts mit einer Karriere zu tun."

"Erzähl es mir!" er befahl.

Ich tat es ohne zu zögern, blickte ihm voller Röte ins Gesicht, sprach aber mit der ganzen Entschlossenheit, die ich in meinem Herzen spürte.

„Ich habe beschlossen, eines Tages den Mann Francis zu finden – den Mann, der meinen Vater ermordet hat!"

Er schwieg. Ich hätte mir fast vorstellen können, dass meine Worte ihn in gewisser Weise bewegten, und die raffinierte Schönheit seines dunklen Gesichts wurde für einen Moment durch den seltsamen, traurigen Ausdruck, der darüber huschte, noch verstärkt. Dann erhob er sich und nahm seine Reitpeitsche vom Tisch.

„Eine jungenhafte Begeisterung", bemerkte er verächtlich, als er zur Tür ging. „Wo die klügsten Detektive Englands versagt haben, hoffen Sie auf Erfolg. Nun, ich wünsche Ihnen viel Erfolg. Der Schlingel hat es auf jeden Fall verdient zu schwingen. Sie werden in ein oder zwei Tagen mehr von mir hören. Guten Morgen!"

Er verließ abrupt den Raum und ich folgte ihm und trat barhäuptig hinaus in die Sonne, um nach Jim Ausschau zu halten, der sein Pferd die Straße auf und ab führte.

Als ich zurückkam, stand Mr. Ravenor immer noch auf der Türschwelle und beobachtete mich aufmerksam.

„Ich gehe zurück, um für einen Moment mit deiner Mutter zu sprechen", sagte er langsam und löste schließlich seinen Blick von meinem Gesicht. "NEIN; Bleiben Sie stehen, wo Sie sind!" fügte er gebieterisch hinzu. „Ich möchte allein mit ihr sprechen."

Ich gehorchte ihm und wanderte durch den Obstgarten, bis ich sah, wie er herauskam und wütend durch den Park davongaloppierte. Dann eilte ich ins Haus.

"Mutter!" Rief ich und rief ihr zu, bevor ich die Tür des Wohnzimmers geöffnet hatte: „Mutter, was willst du?"

Ich blieb abrupt stehen und eilte an ihre Seite, beunruhigt über ihr Aussehen. Ihre Wangen, sogar ihre Lippen, waren aschfahl und ihre Augen waren geschlossen. Sie war auf ihrem Stuhl ohnmächtig geworden.

KAPITEL VIII.
EIN GEHEIMNISVOLLER WOHNORT.

Zum ersten Mal in meinem Leben war ich auf dem Weg nach Ravenor Castle, dorthin gerufen durch eine kurze, herrische Nachricht von Mr. Ravenor. Oft hatte ich von den fernen Hügeln des Parks sehnsüchtig auf seine grauen, schroffen Türme und mächtigen Zinnen geblickt; Aber ich hatte es nie gewagt, über die hohe Mauer in das innere Gelände zu klettern oder auch nur die Auffahrt der Bediensteten hinaufzugehen, um nähere Bekanntschaft damit zu machen.

Einer der Gründe, warum ich davon Abstand genommen hatte, etwas zu tun, was auf den ersten Blick ganz natürlich erschien, war ein feierliches Versprechen an meine Mutter, das ich mir fast abgenommen hatte, sobald ich in der Lage war, alleine zurechtzukommen, niemals innerhalb der großen Grenzmauer zu passieren, die das Innengelände und die Wächter der Burg vollständig umgab. Aber ansonsten wäre die Sache für mich sowieso unmöglich gewesen.

Ich habe bereits gesagt, dass Herr Ravenor den Charakter eines bemerkenswert exzentrischen Mannes hatte. Einer der vielleicht auffälligsten Ausdrucksformen dieser Exzentrizität lag in der strengen Abgeschiedenheit, in der er während seines Aufenthalts auf der Burg leben wollte, und in den außergewöhnlichen Vorsichtsmaßnahmen, die er getroffen hatte, um allen Eindringlingen und Besuchern jeglicher Art den Zugang zu ihm zu verwehren.

Vom äußeren Teil aus gab es in der Tat keinen Versuch, irgendjemanden aus der Nachbarschaft auszuschließen, der sich dort herumtreiben wollte, und in Mr. Ravenors Abwesenheit wurde Besuchern, die die Erlaubnis des Verwalters eingeholt hatten, gelegentlich erlaubt, durchzufahren; Aber der Zugang zum Gelände und zum Schloss selbst war einfach unmöglich. Wäre Ravenor Castle der Wohnsitz eines Herrschers und das umliegende Land im Besitz eines feindlichen Volkes gewesen, hätten die Vorsichtsmaßnahmen kaum strenger sein können.

Die hohe Steinmauer, die das Schloss und die Gärten auf einer Länge von einer Dreiviertelmeile umgab, schloss sie effektiv von der Außenwelt ab. Die Pförtnertore, mit denen es durchbrochen war, waren aus massivem Eisen, und die Schlösser, die sie sicherten, sollen von einem Hindu angefertigt worden sein, den Herr Ravenor einst aus Indien mit nach Hause gebracht hatte, und in ihrer Konstruktion vollkommen einzigartig sein und Verarbeitung. Die beiden Haupteingänge der Kutschen, die etwa eine halbe Meile voneinander entfernt lagen, waren nur durch die schönen Proportionen der hoch aufragenden Eisentore bemerkenswert; aber sie wurden immer eifersüchtig verschlossen und verriegelt, und das Schicksal des ungebetenen Gastes, der sich dort einstellte, war unvermeidlich. Es gab keinen Einlass.

Der Nachmittag neigte sich dem Ende zu, als ich um die letzte Ecke der verwinkelten Allee bog und mich dem Eingang näherte. Es war ein wilder, stürmischer Tag gewesen; aber kurz bevor ich von zu Hause aufbrach, hatte der Wind nachgelassen, und eine wässrige Sonne, die schwach die Massen schwerer Wolken durchdrang, mit denen der Himmel übersät war, schien mit einem blassen, unnatürlichen Schein auf die Tannengruppen auf beiden Seiten herab Seite des Weges und die gewaltigen, stirnrunzelnden Türme des Schlosses schließen sich über mir.

Unter meinen Füßen und um mich herum war alles nass. Mit der leisesten Bewegung der sterbenden Brise fielen Regentropfen von Sträuchern und Bäumen, und bei jedem Schritt sanken meine Füße in den weichen, durchnässten Kies oder ließen die Feuchtigkeit aus den Schichten fauler Blätter und Zweige aufsprudeln, die der Morgensturm hatte entlang der Straße verstreut.

Es war ein Nachmittag, der jedem die Stimmung trübte; und vielleicht war es dem Einfluss des Wetters zu verdanken, dass mir der Mut und der Mut plötzlich sanken, als ich vor den düster aussehenden Hütten und dem vergitterten Tor meinen Schritt verlangsamte. Trotz des bleichen Gesichtes und der nervösen, zitternden Art meiner Mutter war ich von zu Hause aus in einem Zustand angenehmer Erregung aufgebrochen.

Ich war im Begriff, in ein Geheimnis einzudringen, das mich als Kind neugierig gemacht hatte; Ich sollte einer der wenigen Auserwählten werden, denen es gestattet war, durch die Portale von Ravenor Castle zu gehen; und darüber hinaus war ich im Begriff, dort als Gast einen Mann zu besuchen, dessen wunderbarer Ruf, seine Persönlichkeit und seine Karriere in mir eine fast leidenschaftliche Ehrfurcht entfacht hatten – ein Mann, der schon seit langem Gegenstand meiner hingebungsvollen, wenn auch knabenhaften und jungen Art war unvernünftig, Heldenverehrung. Doch obwohl es so aussah, als hätte ich bei dem bevorstehenden Vorstellungsgespräch alles zu gewinnen und nichts zu befürchten oder zu verlieren, sank meine Stimmung kaum, als ich in Sichtweite meines Ziels ankam.

Eine Frau hätte es eine Vorahnung genannt und es mit stummer Verzweiflung hingenommen. Für mich schien es nur eine unvernünftige Reaktion auf meinen vorherigen Zustand unterdrückter Erregung zu sein – ein Gefühl, das um jeden Preis niedergeschlagen werden musste, damit ich nicht mit düsterem, undankbarem Gesicht vor dem Mann stehen würde, in dessen Macht es lag, mich aus meiner Gegenwart zu befreien unangenehme Position und Aussichten. Also warf ich den Kopf zurück und beschleunigte meine Schritte, während ich in meinen Gedanken entschlossen an alles dachte, was ich von meinem bevorstehenden Interview zu erhoffen gewagt hatte; Und als ich vor dem großen Eisentor stand und meine Hand ausstreckte, um die Glocke zu läuten, war die Depression fast verflogen, und der Eifer, den ich verspürte, spiegelte sich zweifellos vollständig in meinem Gesicht wider.

Ich brauchte nicht anzurufen. Mein letzter schneller Schritt war auf eine härtere Substanz gefallen als der Kies, auf dem ich gegangen war, und der Kontakt meiner Füße damit machte meine Anwesenheit auf eine Weise deutlich, die mich nicht wenig überraschte. Von der Hüttentür zu meiner Rechten ertönte ein schrilles Klingeln, und fast gleichzeitig öffnete sie sich und ein Diener kam in der dunklen Ravenor-Lackierung heraus.

„Würden Sie die Güte haben, von der Planke zu steigen?“ er sagte.

Ich trat ein oder zwei Meter zurück, und die Glocke – es war natürlich eine elektrische Glocke – verstummte augenblicklich. Es war meine erste Erfahrung mit einem solchen Kommunikationsmittel und ich stand einen Moment lang verwirrt da und blickte nach unten.

„Ihr Name und Ihr Unternehmen, Sir?“ fragte der Mann respektvoll. „Wollten Sie Mr. Clemson sehen?“ Herr Clemson war der Verwalter.

„Mein Name ist Morton und mein Geschäft ist mit Mr. Ravenor“, antwortete ich. "Ich möchte ihn sehen."

„Ich fürchte, dass Mr. Ravenor Sie nicht sehen kann, Sir“, sagte er. „Haben Sie einen Termin?“

"Ja; für fünf Uhr“, antwortete ich. Und kaum waren die Worte über meine Lippen gekommen, dröhnte schon der erste Stundenschlag aus der großen Schlossuhr. Vielleicht hat mir dieses Geräusch mehr als alles andere bewusst gemacht, wo ich mich befand. Stunde für Stunde, mein ganzes Leben lang, aus den Tiefen des Rothland Wood, von den heimischen Wiesen oder auf meinen langen Streifzügen über die fernen Barnwood Hills, hatte ich diese tiefen, pochenden Glockenschläge gehört; manchmal schwach und leise, wenn der Wind das Geräusch von mir wegtrug, manchmal rau und durchdringend im Sturm und oft so klar und deutlich, als ob sich nur eine Wasserfläche zwischen uns erstreckte. Und jetzt stand ich fast nur noch einen Steinwurf von ihnen entfernt und wunderte mich nicht mehr darüber, dass die tiefen, hallenden Töne so weit über Hügel und Heide hinweg hallten, dass ich sie noch nie außer Hörweite hatte hören können.

Der Mann akzeptierte meine Erklärung nach kurzem Zögern, trat neben der Tür auf, aus der er herausgekommen war, und bedeutete mir einzutreten. Ich tat es und erhielt eine neue Überraschung. Anstatt mich im Haus eines der Bediensteten des Anwesens wiederzufinden, was selbstverständlich gewesen wäre, fand ich mich in einem äußerst luxuriös eingerichteten Wartezimmer wieder, das mit Spiegeln und Gemälden in Eichenholzrahmen an einer dunkel getäfelten Wand hing. Meine Füße versanken in einem dicken Teppich, und ich ließ mich ein wenig benommen auf einen niedrigen, purpurroten Samtsessel fallen und fand neben mir einen Tisch voller Zeitschriften.

Der Mann folgte mir in den Raum, und als er zum oberen Ende ging, schob er mir einen kleineren Tisch zu, auf dem Dekanter, Gläser und eine lange Schachtel Zigaretten standen. Ohne einen Blick darauf zu werfen, beobachtete ich, wie er einen hohen Schrank aufschloss und halb darin verschwand.

Er blieb fast fünf Minuten dort. Dann stieg er aus, schloss es vorsichtig ab und kam auf mich zu. Ich hatte den Eindruck, dass sein Verhalten etwas respektvoller und sicherlich etwas überraschender war.

"Herr. Ravenors Diener wird in ein paar Minuten hier sein, Sir, um Ihnen den Weg zum Schloss zu zeigen.“

Ich dachte, ich hätte es ganz gut selbst finden können, aber das konnte ich natürlich nicht sagen. Ich beschäftigte mich damit, den Inhalt des Zimmers zu untersuchen, und kämpfte einige Augenblicke lang zwischen einem Gefühl starker Neugier und einer natürlichen Abneigung, Fragen an einen Diener zu stellen, insbesondere an einen, dessen Verhalten sie so wenig einzuladen schien. Schließlich siegten erstere.

„Wie haben Sie das herausgefunden, ohne diesen Raum zu verlassen?" Ich fragte.

Er zeigte auf den Schrank.

„Wir haben dort ein Telefon mit Verbindung zum Schloss, Sir", erklärte er. Dann beschäftigte er sich damit, einige Papiere auf einem Tisch am anderen Ende der Wohnung zu ordnen, mit der offensichtlichen Miene, dass er keine Lust hatte, weiter befragt zu werden.

Die Erklärung war so einfach, dass ich lächelte. Mir wurde langsam klar, dass die Ursachen, die zu den ständig im Umlauf befindlichen Geschichten über das Mysterium, in dem der Herr von Ravenor Castle zu verweilen beschloss, entstanden waren, völlig unzureichend waren. Was wäre natürlicher, als dass ein Mann von liberaler Bildung, der eine Leidenschaft für absolute Einsamkeit hegt, versuchen sollte, diese durch Mittel wie diese sicherzustellen, durch die Anwendung sehr einfacher wissenschaftlicher Mittel, die in einer Stadt durchaus üblich, in unserer aber unbekannt sind ruhige ländliche Gegend?

Ich musste etwa eine Viertelstunde warten. Dann wurde die Tür lautlos von außen geöffnet und ein großer, dunkler Mann, glattrasiert und in Schwarz gekleidet, begleitet von einer makellosen weißen Krawatte, trat ein und sah mich an. Ich stand auf und warf die Zeitschrift weg, die ich zu lesen vorgab.

„Sie sind Mr. Morton?" erkundigte er sich in gedämpftem Ton und blickte mich dabei mit etwas verwirrtem, kritisierendem Blick an, was mich, vielleicht unvernünftigerweise, äußerst verärgerte. Es war jedoch ein Ärgernis, das ich mir Mühe gab, es nicht zu zeigen, denn irgendetwas an der Persönlichkeit des Mannes beeindruckte mich. Seinem Benehmen mangelte es trotz des gewissenhaften Respekts nicht an einer gewissen ruhigen Würde, und sein schmales, ovales Gesicht – schmal, fast bis zur Abmagerung – hatte mehr als nur einen Hauch von Vornehmheit in sich. Mein erster Blick, während ich mich seinem kurzen Blick unterzog, versicherte mir, dass es sich hierbei nicht um einen gewöhnlichen Diener handelte.

„Das ist mein Name", antwortete ich. „Sie sind gekommen, um mich zu Mr. Ravenor zu bringen?"

„Wenn Sie so freundlich wären, mir zu folgen, Sir."

Ich nahm meine Mütze und machte große, schwungvolle Schritte den steilen Anstieg hinauf, in der Hoffnung, dadurch auf seine Seite zu kommen und ihm ein paar Fragen über den Ort zu stellen. Aber er verhinderte dies, indem er weitereilte, als ich dicht hinter ihm war; Also gab ich es nach dem dritten Versuch auf und begnügte mich damit, mich so oft ich konnte umzusehen und das Beste aus dem kurzen Spaziergang zu machen.

Auf der einen Seite der Auffahrt – ich war schon selten auf so breiten Autobahnen gefahren – befand sich eine hohe Eibenhecke, die mir wegen des dichten schwarzen Kiefernwaldes, der darüber ragte und einen so eindrucksvollen Hintergrund für das prächtige alte Schloss bildete, kaum etwas versperrte war in dieser Richtung nie ausgedünnt worden und erstreckte sich in einem breiten, unregelmäßigen Gürtel entlang der langen Reihe von Nebengebäuden bis zu den Hügeln und darüber hinaus. Aber auf der rechten Seite trennte uns nur ein niedriger Ringzaun vom Gelände unmittelbar vor dem Schloss, das durch eine plötzliche Kurve der stark kurvenreichen Straße in den Blick kam.

Meine absolute Unkenntnis der Architektur verbietet mir den Versuch, sie zu beschreiben, außer in ihrer allgemeinen Wirkung. Ich erinnere mich noch heute daran, welche Wirkung das auf mich hatte, als ich zum ersten Mal fast an seinem Fuß stand. Aus der Ferne wirkten seine finsteren Zinnen und abgenutzten grauen Türme majestätisch; Doch als ich damals nur wenige hundert Meter von der gewaltigen, imposanten Fassade entfernt und fast im Schatten der Mauern und Türme stand, war die Wirkung geradezu beeindruckend.

Ich hielt fast den Atem an, als ich es und die darunter abfallenden Terrassenrasen betrachtete, glatt rasiert, samtig, die absolute Perfektion englischen Rasens. Nicht, dass ich viel Zeit gehabt hätte, mich umzusehen. Im Gegenteil, mein Schaffner verlangsamte sein Tempo kein einziges Mal, und als ich unwillkürlich einen Moment innehielt und den Blick auf den prächtigen Stapel vor mir richtete, blickte er sich scharf um und winkte mir ungeduldig zum Weitergehen.

"Herr. „Ravenor ist es nicht gewohnt, dass man ihn warten lässt, Sir", bemerkte er, „und wird uns erwarten."

Ich riss mich mühsam zusammen und folgte ihm genauer. Wir gingen unter einer Brücke aus massivem Mauerwerk hindurch, das mit Moos verkrustet und von den Stürmen der Jahrhunderte und den raueren Spuren von Sturmböcken und Kanonen geprägt war, und überquerten einen breiten, kreisförmigen Hof, der von massiven Eisentoren geschützt war, die sich langsam vor uns öffneten Es gab ein lautes Knarren und Knirschen, als würde man einem Fremden nur ungern Einlass in eine große, weiße, mit Steinen gepflasterte Halle gewähren, die nur spärlich beleuchtet war, aber dennoch ausreichend beleuchtet, sodass ich die langen Reihen gepanzerter Krieger, die die Wände säumten, und die Lanzen erkennen konnte und Speere und Schilde, die über ihren Köpfen blitzten.

Wir gingen quer darüber hinweg, und unsere Schritte erweckten klappernde Echos, als sie auf die polierten Fliesen fielen, durch eine Tür auf der gegenüberliegenden Seite in einen Raum, der mir fast den Atem raubte. Von der hohen gewölbten Decke bis zum Boden befanden sich auf jeder Seite der Wohnung Bücher — nichts als Bücher.

Zwei Männer — einer alt, der andere etwa in meinem Alter — blickten von einem Tisch auf, als wir eintraten, und hielten inne bei ihrer Arbeit, die anscheinend eine Katalogisierung war; aber mein Führer ging ohne jede Bemerkung oder Notiz an ihnen vorbei und ging quer durch den Raum zu einer Tür aus schwarzem Eichenholz, die in dicken Falten von einem purpurroten Vorhang herabhing. Hier klopfte er, und ich wartete an seiner Seite, bis die Antwort in diesem klaren, tiefen Ton kam, den ich, obwohl ich ihn vorher nur ein- oder zweimal gehört hatte, bei tausenden hätte erkennen können. Dann drehte mein Führer die Klinke und verließ mich, indem er mir schweigend bedeutete, einzutreten.

KAPITEL IX.
HERR. MARX.

Zuerst hatte ich nur Augen für die dunkle Gestalt, die ein paar Meter von mir entfernt an einem kleinen Schreibtisch in der Mitte des Raumes saß. Er beugte sich tief über seinen Schreibtisch und blickte nicht einmal auf, noch hörte er auf zu schreiben, als ich eintrat. Vor ihm auf dem Tisch und um seinen Stuhl auf dem Boden verstreut lagen viele Blätter weißen Zeitungspapiers, bedeckt mit seiner breiten, festen Handschrift, auf einigen war die Tinte kaum trocken; und während ich vor ihm stand, fegte er ungeduldig ein weiteres von seinem Schreibtisch und begann, ohne abzuwarten, wie es zu Boden flatterte, mit einem neuen Blatt.

Ein Glas Wasser, ein paar trockene Kekse und ein kleiner Stapel Bücher – einige davon mit der Vorderseite nach unten – standen neben ihm. Nichts anderes lag auf dem Tisch, außer einem großen Stapel unbenutzten Papiers, einer Uhr, die von der Kette gelöst war, und einer stark beschatteten Lampe, die ein gespenstisches Licht auf sein weißes, abgenutztes Gesicht und seine trockenen, leuchtenden Augen warf, darunter waren schwach in die dunklen Ränder des Schülers eingraviert.

Ich beobachtete ihn eine Weile fasziniert. Dann, als er mich nicht im Geringsten beachtete, begannen meine Augen durch den Raum zu wandern. Es war sechseckig und auf jeder Seite, bis auf eine, vom Boden bis zur hohen Decke mit Büchern ausgekleidet. Die Möbel waren alle aus schwarzer Eiche, ebenso die Bücherregale, und der Teppich und die Vorhänge waren von einem tiefen Olivgrün. Der Kaminsims und das mit Intarsien verzierte Gitter waren aus schwarzem Marmor, leicht mit Gold verziert, und in den polierten Gitterstäben des Gitters brannte ein kleines Feuer.

In der Wohnung herrschte nichts Fröhliches; im Gegenteil, es kam mir vor, als ob es großartig, düster und schwer wäre, eingehüllt in die Düsternis einer düsteren Dämmerung, die das flackernde Feuer und die abgeschirmte Lampe nicht durchdringen konnten. Von den hohen französischen Fenstern aus konnte ich einen Blick auf einen langen, durchnässten Rasenstreifen erhaschen, hinter dem alles in die Halbdunkelheit der schnell hereinbrechenden Dämmerung gehüllt war, die durch den grauen, wolkigen Himmel noch vertieft wurde. Aber nachdem ich mich zum ersten Mal im Raum umgeschaut hatte, beschloss ich, meinen Blick auf den Mann zu richten, der vor mir saß und schrieb, den Mann, für den ich bereits ein so starkes Interesse verspürte, dass es jede Neugier, die ich sonst vielleicht verspürt hätte, dämpfte zu meiner Umgebung.

Endlich schien er sich meiner Anwesenheit bewusst zu sein. Er hob den Blick, um ihm eine kurze Pause zu gönnen, und begegnete meinem starren Blick. Einen Moment lang sah er mich verwirrt an, als würde er sich fragen, wie ich dorthin gekommen sei. Dann veränderte sich sein Gesichtsausdruck und er legte seinen Stift weg und schob die Papiere von sich weg.

„Du bist also gekommen, Philip Morton", sagte er.

Auf eine so selbstverständliche Aussage konnte ich außer einer kurzen Bejahung keine Antwort erwidern. Er schien jedoch nichts mehr zu erwarten.

„Wie alt, sagten Sie, waren Sie?" fragte er unvermittelt.

„Siebzehn, Sir."

Es dauerte ganze fünf Minuten, bis er wieder sprach. Während dieser Zeit saß er mit zusammengezogenen Brauen und aufmerksam, aber geistesabwesend auf mich gerichteten Augen da, tief in Gedanken und Gedanken versunken, bei denen es mir irgendwie so vorkam, als müsste ich das Thema sein.

"Wo wurden Sie geboren?"

„Auf der Farm, Sir – zumindest nehme ich das an."

In diesem Moment wurde mir klar, dass weder mein Vater noch meine Mutter von der Zeit meiner frühesten Kindheit gesprochen hatten. Aber es war nur ein flüchtiger Gedanke, der fast sofort wieder verworfen wurde. Hatten wir nicht schon immer auf dem Bauernhof gelebt? Wo sonst hätte ich geboren werden können?

„Kennen Sie Verwandte Ihrer Mutter?" fragte Mr. Ravenor, ohne auf die ergänzende Ergänzung zu meiner vorherigen Antwort zu achten.

Ich schüttelte den Kopf. Ich hatte noch nie einen von ihnen gesehen oder gehört, und es war ein Umstand, über den ich mehr als einmal nachgedacht hatte. Aber das zurückhaltende Verhalten meiner Mutter mir gegenüber in den letzten Jahren hatte viele Fragen im Zaum gehalten, die ich ihr sonst vielleicht gestellt hätte. Es herrschte kurzes Schweigen, währenddessen saß Mr. Ravenor mit halb von mir abgewandtem Gesicht da und legte es leicht auf die langen, zarten Finger seiner linken Hand.

„Du bist ein bisschen zu jung fürs College", sagte er plötzlich in einem sachlicheren Ton; „Außerdem bezweifle ich, dass Sie weit genug fortgeschritten sind. Deshalb habe ich beschlossen, Sie für zwei Jahre zu einem Geistlichen in Lincolnshire zu schicken, der einige Schüler aufnimmt, darunter auch meinen eigenen Neffen. Er ist ein Freund von mir und wird Ihrem Studium etwas Gestalt geben. „Es gibt ein oder zwei Dinge, an die ich Sie erinnern werde, wenn Sie dort ankommen", fuhr er fort.

„Erstens, dass diese kleine Vereinbarung zwischen deiner Mutter, dir und mir unter uns ein absolutes Geheimnis bleibt. Auch dass Sie die Freundschaft meines Neffen Cecil, Lord Silchester, suchen oder zumindest nicht ablehnen. Nach allem, was ich erfahren kann, befürchte ich, dass er sich äußerst unbefriedigend verhält, und da ich weiß, dass er schwachsinnig und leicht zu führen ist, hängen sein gegenwärtiges Verhalten und sein Charakter in der Zukunft in hohem Maße davon ab Einfluss, den seine unmittelbaren Gefährten auf ihn haben könnten. Sie verstehen mich?"

Ich stimmte stillschweigend zu, denn Worte standen mir in diesem Moment nicht zur Verfügung; meine Wangen waren gerötet und mein Herz klopfte vor Freude über das Vertrauen, das Mr. Ravenors Worte in mich ausdrückten. Dieser Moment war einer der süßesten meines Lebens.

„Ich möchte natürlich nicht, dass Sie in irgendeiner Weise den Spion meines Neffen spielen", fuhr Mr. Ravenor fort, „aber ich erwarte von Ihnen, dass Sie mir die unvoreingenommene Wahrheit sagen, falls ich Ihnen jemals Fragen zu ihm stellen sollte ; und wenn Sie, nachdem Sie einige Zeit dort gewesen sind und Gelegenheit hatten, sich ein Urteil zu bilden, denken, dass es ihm woanders unter strengerer Disziplin als bei Dr. Randall wahrscheinlich besser gehen würde, erwarte ich von Ihnen, dass Sie mir das sagen. Mit einfachen Worten, Philip Morton, ich bitte Sie, sich um meinen Neffen zu kümmern und sich um ihn zu kümmern."

„Ich werde mein Bestes geben, Sir“, antwortete ich inbrünstig.

„Ein junger Mentor, sehr!“

Die Worte, begleitet von etwas, das einem höhnischen Grinsen ähnelte, kamen weder von Mr. Ravenor noch von mir. Entweder muss vor meiner Ankunft und während unseres gesamten Gesprächs eine dritte Person im Zimmer gewesen sein, oder sie muss das Zimmer betreten haben, und zwar auf eine mir unbekannte Weise, denn sie stand fast neben mir, auf der von der Tür abgewandten Seite der Mann, der ohne Entschuldigung oder Erklärung bei unserem Interview eingebrochen war.

Sowohl aufgrund der seltsamen Art seiner Kleidung als auch aufgrund seiner Persönlichkeit konnte ich eine starke Neugier auf den Neuankömmling nicht unterdrücken. Er war überdurchschnittlich groß, hatte aber eine unbeholfene und unförmige Figur, deren Massivität durch den langen schwarzen Morgenmantel, der locker um ihn geschlungen war, noch verstärkt wurde. Sein Haar und sein Bart hatten einen tiefroten Farbton, ersterer war teilweise von einer schwarzen Seidenkappe verdeckt, und er trug eine dicke blaue Brille, die keineswegs zur Attraktivität seines Gesichts beitrug; seine Gesichtszüge – diejenigen, die sichtbar waren – waren gut, aber ihre Wirkung wurde durch die entstellende Brille und seinen seltsamen Teint völlig beeinträchtigt. Er hatte eine Aura der Macht an sich, die schwer zu analysieren, aber deutlich genug war, was ihn völlig von Grobheit oder sogar Mittelmäßigkeit befreite; und seine Stimme war auch gut. Aber meine Eindrücke von ihm waren sehr gemischt.

Er war offensichtlich jemand von Ansehen im Haushalt, denn er stand auf dem Kaminvorleger, die Hände in den losen Taschen vergraben, völlig entspannt und ohne sich für sein unzeremonielles Aussehen zu entschuldigen. Als ich mich zum ersten Mal umdrehte, um ihn anzusehen, musterte er mich mit einem kalten, kritischen Blick, was mir ein Unbehagen bereitete, ohne zu wissen, warum.

„Wer ist der junge Herr?“ fragte er und wandte sich an Mr. Ravenor. „Willst du mich nicht vorstellen?“

Herr Ravenor nahm einige Papiere, die vor ihm auf dem Tisch lagen, und begann sie zu sortieren.

„Es ist Philip Morton, der Sohn des Mannes, der in Rothland Wood ermordet wurde", antwortete er leise. „Ich werde seine Ausbildung übernehmen."

"In der Tat! „Du wirst ein ziemlicher Philanthrop", lautete die Antwort. „Aber warum schicken wir ihn nicht sofort auf eine öffentliche Schule?"

„Weil eine öffentliche Schule für ihn einfach der schlechteste Ort wäre", antwortete Mr. Ravenor kalt. „Ich wage zu behaupten, dass seine Ausbildung bisher gut genug war, aber nicht systematisch. Es braucht Form und Proportionen, und Dr. Randall ist genau der Mann, der dafür sorgt."

Der Neuankömmling zuckte mit den Schultern.

„Ich glaube nicht an Privatlehrer", bemerkte er.

„Das ändert kaum etwas an der Frage", antwortete Mr. Ravenor ein wenig hochmütig. „Bist du bereit für mich, Marx?"

„Das werde ich gleich tun. Ich war fast fertig, als mich der Klang von Stimmen dazu verleitete, zu sehen, wen Sie in Ihre erhabene Gegenwart gelassen hatten. Sie haben die Einführung noch nicht abgeschlossen."

Mr. Ravenor drehte sich mit einem leichten Stirnrunzeln auf seiner schönen Stirn zu mir um.

„Morton", sagte er, „das ist Mr. Marx, mein Privatsekretär und Mitarbeiter."

Wir tauschten Grüße aus und ich sah ihn mit wiedererwachtem Interesse an. Der Mann, der würdig war, mit Herrn Ravenor zusammenzuarbeiten, musste tatsächlich ein Gelehrter sein, und im Großen und Ganzen sah Herr Marx so aus. Fast hätte ich ihm seine überhebliche Rede und sein gönnerhaftes Auftreten verziehen.

„Sie haben sich also durchaus dazu entschlossen, diesen jungen Mann zu Dr. Randall zu schicken?" Sagte Herr Marx ruhig.

"Ich habe. Es gibt noch ein oder zwei weitere Dinge, die ich ihm gegenüber noch nicht erwähnt habe, daher freue ich mich, Sie in einer halben Stunde wiederzusehen", bemerkte Mr. Ravenor und warf einen Blick auf seine Uhr.

Herr Marx nickte mir nicht unfreundlich zu, zog einen Vorhang hoch, was mir vorher nicht aufgefallen war, und verschwand in einer kleineren Wohnung.

Mr. Ravenor wartete, bis er außer Hörweite war, und drehte sich dann zu mir um.

„Ich weiß nicht, ob es für mich notwendig ist, es zu erwähnen, da Sie möglicherweise nie wieder in Kontakt kommen“, sagte er langsam; „Aber falls Sie es doch tun sollten, denken Sie daran: Ich wünsche Ihnen, dass Sie mit Herrn Marx so wenig wie möglich zu tun haben. Du-"

Er brach plötzlich ab, und ich zuckte zusammen und sah mich halb erstaunt, halb verängstigt um. Der ununterbrochene Klang einer elektrischen Klingel, der nur wenige Meter von mir entfernt zu kommen schien, hallte durch den Raum.

KAPITEL X.
LADY SILCHESTER.

Mr. Ravenor saß da wie ein Mann, der von einem plötzlichen Schock überrascht wurde, während das schrille Klingeln immer dringlicher wurde. Dann plötzlich, als ich es am wenigsten erwartet hatte, sprach er, und die Tatsache, dass sein ruhiger, gleichmäßiger Ton nicht das geringste Anzeichen von Aufregung oder irgendetwas Ähnlichem verriet, war für mich eine große Erleichterung. Schließlich hätte sein Schweigen möglicherweise Gleichgültigkeit bedeuten können.

„Geh da rüber", sagte er und zeigte auf die Ecke des Raumes, aus der das Geräusch kam.

Ich tat es und sah direkt vor mir etwas, das wie eine in die Wand eingelassene Kiste aus dunklem Mahagoni aussah.

„Berühren Sie diesen Knopf", befahl er, „und legen Sie Ihr Ohr an die Röhre."

Ich hatte es kaum getan, als eine schnelle, aufgeregte Stimme zu sprechen begann, die ich als die Stimme des Mannes erkannte, der mich am Tor der Hütte eingelassen hatte. Ich wiederholte seine Worte gegenüber Mr. Ravenor.

„Es tut mir sehr leid, Sir; aber während ich hier eintrat, um sie anzukündigen, ist Lady Silchester vorbeigefahren. Sie ist alleine."

Mr. Ravenor zeigte keinerlei Anzeichen von Verärgerung oder Überraschung. Ich konnte nicht sagen, ob die Nachricht eine Erleichterung für ihn war oder umgekehrt.

„Gibt es eine Antwort, Sir?" Ich habe nachgefragt.

"Ja. Sagen Sie ihm, er soll in einer Stunde zum Verwalter kommen, um seinen Lohn zu holen, und sich darauf vorbereiten, heute Abend zu gehen."

Ich zögerte und wiederholte dann die Worte. Mr. Ravenor beobachtete mich aufmerksam.

„Sie denken, dass ich ein strenger Meister bin", sagte er abrupt.

Es war genau das, was mir durch den Kopf gegangen war, und ich habe es gestanden. Er zuckte mit den Schultern.

„Ich mag es, wenn mir bedingungslos und buchstabengetreu gehorcht wird", sagte er. „Wenn einem Viertel der Leute, die hierher kommen, um mich zu sehen, erlaubt würde, zu meinem Schloss durchzukommen, würde meine Freizeit, die für mich von gewissem Wert ist, ständig gestört. Bisher war Anderson jedoch vorsichtig, und das muss ihm eine Lehre sein. Du kannst ihm beim Ausgehen sagen, dass ich ihm noch eine Chance geben werde."

Ich stand auf, meine Mütze in der Hand, aber er winkte zurück.

„Ich muss deiner Mutter einen Brief schreiben", sagte er und zog ein Briefpapier zu sich heran. „Warte ein oder zwei Minuten."

Ich schlenderte zu den hohen französischen Fenstern und schaute in die graue Dämmerung hinaus. Ich hatte kaum einen Moment dort gestanden, als das Geräusch von Pferdefüßen und sanft rollenden Rädern, die die breite Auffahrt hinaufkamen, mir verriet, dass Mr. Ravenors Besucher in der Nähe war, und gleich darauf huschte ein kleiner Brougham am Fenster vorbei und beschrieb einen Sattelschlepper -Kreis, vor der Hallentür aufgestellt. Ein Lakai sprang von der Loge herunter und mehrere Diener standen auf den Stufen und grüßten respektvoll die Dame, die aus der Kutsche gestiegen war. Einen oder zwei Augenblicke später klopfte es an der Tür.

„Kommen Sie herein", antwortete Herr Ravenor, ohne aufzusehen oder auch nur mit dem Schreiben aufzuhören, denn ich konnte hören, wie die breite Feder ohne Pause über dem Briefpapier davonhuschte.

Ein Diener öffnete die Tür und verkündete „Lady Silchester", und eine große Frau, von Kopf bis Fuß in dunkelbraune Pelze gehüllt, rauschte an ihm vorbei und betrat den Raum.

Ein einziger Blick auf die schlanke, majestätische Gestalt und den klassischen Umriss ihres Gesichts verriet mir, wer sie war, und zwar richtig. Es war Mr. Ravenors Schwester.

Mr. Ravenor stand auf und begrüßte Lady Silchester, ohne die Feder aus der Hand zu legen, mit kalter, eisiger Höflichkeit, die sie jedoch offenbar nicht bemerken wollte.

„Ein ziemlich unerwarteter Besuch, nicht wahr?" rief sie und ließ sich mit einem leichten Schauer in einen Sessel vor dem Feuer sinken. „Mir war noch nie so kalt! Diese Herbstnebel sind schrecklich und ich habe eine zwölf Meilen lange Fahrt hinter mir. Was für ein trostloses Zimmer hast du daraus gemacht!" „Fügte sie hinzu, blickte sich mit einem kleinen Schulterzucken um und steckte ihre Hände tiefer in ihren Muff. „Wie kannst du hier in diesem gespenstischen Licht sitzen, mit nur einer Lampe – und noch dazu so einem Feuer?"

Er lächelte grimmig, aber es war kein Lächeln, das eine Zunahme der Genialität in seinem Verhalten verkündete.

„Ich bin es nicht gewohnt, hier Damen zu empfangen", bemerkte er, „und ich habe Sie auch nicht erwartet. Woher kommst du? Ich dachte, du wärst in Rom."

Sie schüttelte den Kopf.

„Ich wünschte, wir wären es. Wir kamen letzte Woche zurück und ich ging direkt zu den Cedars – Toms Haus in Melton, wissen Sie. Ich glaube nicht, dass es mir warm war, seit ich in England gelandet bin. Gerade jetzt bin ich fast erfroren."

„Ich denke, Sie würden eines der Zimmer im anderen Flügel bequemer finden", sagte er nach einer kurzen Pause; „Außerdem bin ich derzeit verlobt. Essen Sie hier natürlich?"

„Auf jeden Fall", antwortete sie. „Sie würden mich nicht ohne Abendessen nach Melton zurückschicken, nicht wahr, selbst wenn ich ohne Einladung gekommen wäre? Ich sehne mich nach einer Tasse Tee."

"Frau. „Ross wird dir alles schicken, was du willst", sagte er. „Ich werde nach ihr klingeln."

Sie stand auf und schüttelte ihre Röcke aus. Ihr Blick fiel auf mich.

„Sie haben Besuch", bemerkte sie. „Es tut mir leid, dass ich dich gestört habe."

Sie sah mich starr an, als ich ein paar Schritte aus den tiefen Schatten vortrat, die am anderen Ende der Wohnung hing. Dann wandte sie sich von mir zu Mr. Ravenor, der ihr die Tür aufhielt. Er begegnete ihrem Blick fest, mit einem ruhigen, fragenden Blick in seinen tiefen Augen, als würde er sich fragen, warum sie verweilte.

„Würden Sie Ihren Besucher nicht vorstellen?" fragte sie langsam.

Er schien sich gewünscht zu haben, dass sie ging, war aber resigniert.

„Gewiß", antwortete er, „wenn Sie es wünschen. Cecilia, ich möchte Ihnen Mr. Philip Morton vorstellen, den Sohn eines meiner ehemaligen Nachbarn. Es könnte für Sie interessant sein zu hören, dass Herr Morton im Begriff ist, seine Ausbildung bei Dr. Randall abzuschließen. Morton, das ist meine Schwester, Lady Silchester."

Lady Silchester hielt eine goldene Brille hoch und sah mich fest an. Ich war an Damen nicht gewöhnt, aber Lady Silchesters Verhalten gefiel mir nicht, und nach einer ganz leichten Verbeugung richtete ich mich auf und erwiderte ihren Blick, ohne mit der Wimper zu zucken. Sie wandte sich abrupt ab.

„Ja, ich bin interessiert – ein wenig überrascht", sagte sie in einem seltsamen Ton. „Lass mich dir gratulieren, mein lieber Bruder, zu —"

„Habe ich verstanden, dass du gesagt hast, dass du in einer Viertelstunde fertig sein würdest, Cecilia?" unterbrach er ruhig. „Erlauben Sie mir, die Aufstellung Ihrer Pferde anzuordnen." Und er ging durch den Raum auf die Glocke zu und läutete.

Sie zögerte, biss sich auf die Lippe und drehte sich ohne ein weiteres Wort zur Tür um. Auf der Schwelle stand ein Diener, der von der Glocke gerufen wurde.

„Lassen Sie Mrs. Ross sofort Lady Silchester besuchen", befahl Mr. Ravenor. „Ihre gnädige Frau wird in ihrem Zimmer Tee trinken und um halb acht mit mir in der Bibliothek speisen."

"Sehr gut, Herr."

Die Tür wurde geschlossen und wir waren wieder allein. Mr. Ravenor widmete sich wieder seinem Brief, die Lippen zu einem ruhigen Lächeln geöffnet. Ich stand still, heiß und unbehaglich und fragte mich, auf welche Weise ich Lady Silchester möglicherweise beleidigt haben könnte. Die Bedeutung der kleinen Szene, die sich gerade abgespielt hatte, war für mich unverständlich. Aber ich wusste, dass es eine Bedeutung hatte und dass es mich irgendwie beschäftigte.

KAPITEL XI.
Der Schrei in der Allee.

Der Brief, den Herr Ravenor an meine Mutter geschrieben hatte, war endlich fertig und versiegelt. Dann lehnte er sich in seinem Stuhl zurück und sah mich fest an.

„Ich werde dich vor deiner Abreise nicht wiedersehen, Philip Morton", sagte er, „deshalb möchte ich dir noch einmal klarmachen, was ich dir über meinen Neffen gesagt habe, der übrigens Lady Silchesters Sohn ist. Ich weiß, dass es ihm schlecht geht, aber ich möchte wissen, wie schlecht es ihm geht. Leider hat er keinen Vater, und soweit ich mich an ihn erinnern kann, kann ich mir vorstellen, dass er recht leicht zu führen ist und dem Einfluss eines stärkeren Geistes sehr zugänglich wäre. Wenn Sie so denken – und ich verstehe nicht, warum das nicht der Fall sein sollte –, wird es für ihn gut sein. Ihr herrlich utopischer Optimismus ist auf jeden Fall gesund", fügte er trocken hinzu.

Ich spürte, wie meine Wangen brannten, und hätte am liebsten gesprochen, aber Mr. Ravenor hielt mich zurück.

„Es darf kein Missverständnis zwischen uns entstehen", sagte er. „Ich verlange keine Dankbarkeit von dir und verdiene auch keine. Was ich tue, tue ich zu meiner eigenen Befriedigung – vielleicht zu meinem eigenen ultimativen Vorteil. Dass Sie dadurch ein Gewinner sind, ist reine Zufallssache. Die Laune hätte genauso gut umgekehrt sein können. Es wäre mir vielleicht eingefallen, dass du rausgeschmissen würdest, und wenn ja, hätte ich es getan. Im Großen und Ganzen sollte ich Ihnen dafür dankbar sein, dass Sie mich bei meinen Plänen nicht behindern und mir meinen Willen überlassen haben. Verstehen Sie also bitte nach dieser Erklärung, dass ich jede Dankbarkeitsbekundung von Ihnen als ein eklatantes Zeichen von Dummheit betrachten werde, abgesehen davon, dass es mich außerordentlich ärgern wird."

Ich hörte schweigend zu. Was könnte man auf eine so seltsame Art der Argumentation erwidern? Mr. Ravenors Verhalten ließ jeden Zweifel an seiner Ernsthaftigkeit zu und ich konnte seine Wünsche nur respektieren.

„Da Sie nicht zulassen, dass ich Ihnen danke, Sir, denke ich, dass ich besser gehen sollte", sagte ich unverblümt. „Ich werde es sicher vergessen, wenn ich noch länger hier bleibe."

„Dann ist es eine gute Disziplin, dass du bleibst“, antwortete er.

Wieder ertönte das Klingeln der Telefonklingel aus der Ecke und unterbrach seine Rede. Mr. Ravenor deutete mich darauf hin.

„Gehen Sie und hören Sie, was es ist, und wiederholen Sie es mir“, sagte er.

Ich legte mein Ohr an die Röhre und wiederholte die Worte, wie sie kamen:

„Ein Mann möchte Sie sehen, Sir, weigert sich aber, seinen Namen zu nennen. Ich habe ihm gesagt, dass es völlig sinnlos ist, ohne sie mit Ihnen zu kommunizieren; aber er ist hartnäckig und weigert sich wegzugehen. Er ist anständig gekleidet, sieht aber eher grob aus.“

Mr. Ravenor zuckte mit den Schultern und griff nach seinem Stift, als wollte er wieder mit dem Schreiben beginnen.

„Sag ihm, er soll zum Deuce gehen!“ sagte er kurz.

Ich wiederholte die Nachricht getreulich, aber der Empfänger war offensichtlich nicht zufrieden. In weniger als einer Minute ertönte die Glocke erneut.

„Sein Name ist Richards, Sir – oder besser gesagt, er sagt, dass er bei Ihnen unter diesem Namen bekannt ist – und er legt großen Wert darauf, Sie zu sehen – und, um Verzeihung, Sir, ist er ein wenig unverschämt. Er sagt, dass sein Geschäft von größter Bedeutung ist.“

Ich wiederholte die Botschaft und stand wie versteinert da. Spielte meine Fantasie in dem schwach beleuchteten Raum einen Streich mit mir, oder war Mr. Ravenors Gesicht wirklich gespenstisch und wütend geworden, wie das Gesicht eines Mannes, der die Phantomschatten eines schrecklichen Albtraums vor seinem starren Blick vorüberziehen sieht? Ich schloss für einen Moment der Erleichterung die Augen und schaute noch einmal hin. Es war bestimmt schick gewesen! Mr. Ravenor schrieb nur mit einem leichten Stirnrunzeln auf seinem ruhigen, gelassenen Gesicht.

„Machen Sie Mr. Richards – oder wie der Kerl auch immer heißt – klar, dass ich mich entschieden weigere, ihn zu sehen“, sagte er ruhig. „Wenn er etwas mit mir zu tun hat, kann er schreiben.“

Ich wiederholte dies und nahm dann meine Mütze, um zu gehen. Mr. Ravenor legte seinen Stift nieder und ging mit mir zur Tür. Ich hatte erwartet, dass er mir seine Hand anbieten würde, aber er tat es nicht. Er nickte freundlich und hielt die Tür offen, während ich ohnmächtig wurde. Also ging ich.

Als ich auf dem Weg nach draußen durch die große Halle ging, stand ich Lady Silchester gegenüber, die nachdenklich über eines aus einer langen Reihe von Ölgemälden nachdachte, die dunkel vor Alter, aber immer noch lebendig in der wunderbaren Farbgebung eines alten Meisters waren. Zu meiner Überraschung hielt sie mich auf.

„Sind Sie ein Richter von Bildern, Mr. Morton?" Sie fragte. „Ich habe mich gefragt, ob das ein echter Reynolds ist." Und sie zeigte auf das Bild, das sie untersucht hatte.

Ich schüttelte den Kopf und gab kurz zu, dass ich überhaupt nichts über sie wusste. Mir war damals durchaus bewusst, dass die Frage nur eine Finte war. Was wusste ein Bauernsohn wahrscheinlich über die alten Meister?

"Ah vergiss es!" bemerkte sie und klappte ihre Brille zu. „Ich kann Herrn Ravenor heute Abend fragen. Ich dachte vielleicht, dass er, da Sie so oft hier waren, vielleicht mit Ihnen darüber gesprochen hätte. Ich weiß, dass er sehr stolz auf seine Bilder ist."

„Wäre ich oft hier gewesen, hätte er es vielleicht getan", antwortete ich. „Zufälligerweise ist dies jedoch mein erster Besuch in Ravenor Castle."

"In der Tat? Und doch scheint Mr. Ravenor großes Interesse an Ihnen zu haben. Warum?"

Ich zögerte und wünschte, ich könnte entkommen; aber Lady Silchester stand direkt vor mir.

„Eure Ladyschaft wird mir verzeihen", sagte ich, „aber wäre Ihre Frage nicht besser an Mr. Ravenor zu richten?"

Sie biss sich auf die Lippe und trat hochmütig zur Seite. Ich machte eine Bewegung, als wollte ich an ihr vorbeigehen, aber sie drehte sich plötzlich um und hinderte mich daran.

"Herr. „Morton", sagte sie ein wenig nervös, „mein Bruder hat gesagt, dass du zu Dr. Randall gehen würdest, glaube ich?"

Ich gab zu, dass dies der Fall war.

„Ich gehe davon aus, dass Sie wissen, dass mein Sohn da ist", fuhr sie fort, „und ich fürchte, er verhält sich nicht genau so, wie er sollte. Natürlich hören wir nichts Bestimmtes; Aber Cecil ist sehr gutmütig und lässt sich leicht zu allem verführen, und ich habe ein wenig Zweifel an seinen Gefährten dort. Nun, Mr. Morton, Sie sind natürlich selbst nicht viel mehr als ein Junge; Aber Sie sehen nicht so aus, als würden Sie sich für die Art von Dingen interessieren, in die Cecil, fürchte ich, verwickelt wird. Ich wünschte, Sie und er könnten Freunde sein, und das – das –"

Sie brach ab, als erwartete sie, dass ich etwas sagen würde, und ich fühlte mich ein wenig unbehaglich.

„Es ist sehr nett von Ihnen, so gut von mir zu denken, wenn Sie nichts über mich wissen", sagte ich und drehte meine Mütze in meinen Händen. „Aber du vergisst, dass ich nur der Sohn eines Bauern bin, und vielleicht würde dein Sohn keine Lust haben, mit mir befreundet zu sein."

„Mein Sohn hat, was auch immer seine Fehler sein mögen, alle Instinkte eines Gentleman", antwortete Lady Silchester stolz; „Und wenn er dich mochte, würde es keinen Unterschied machen, selbst wenn du der Sohn eines Kaufmanns wärst. Versprich mir, dass du tun wirst, was du kannst, wenn du die Gelegenheit dazu hast?"

"Oh ja; Das verspreche ich gerne!" Ich versicherte ihr.

Lady Silchester lächelte, und solange das Lächeln anhielt, dachte ich, ich hätte noch nie eine schönere Frau gesehen. Dann streckte sie eine zarte kleine Hand aus, die von Ringen glitzerte, und legte sie in meine, die damals braun wie eine Beere und nicht sehr weich war.

„Vielen Dank, Herr Morton."

Sie sah für einen Moment ganz freundlich zu mir auf. Dann plötzlich veränderte sich ihr Verhalten völlig. Mit leicht geröteten Wangen wandte sie den Blick von meinem Gesicht ab und wandte sich abrupt ab.

„Guten Abend, Herr Morton. Ich bin Ihnen für Ihr Versprechen sehr dankbar", sagte sie in einem kälteren Ton.

Ich richtete mich auf, war mir nicht bewusst, dass ich etwas gesagt oder getan hatte, was sie möglicherweise beleidigen könnte, und fühlte mich durch ihre Verhaltensänderung knabenhaft gekränkt.

„Guten Abend, Lady Silchester", antwortete ich mit aller Würde, die ich aufbringen konnte. Dann wandte ich mich ab und verließ das Schloss.

Ich ging langsam die breite Allee entlang und warf viele Blicke hinter mich auf den riesigen, düsteren Haufen, um den herum der spätabendliche Nebel aus dem feuchten Boden aufstieg. Viele Lichter funkelten aus den oberen Fenstern und aus dem Ostflügel, wo sich die Dienstbotenunterkünfte befanden, aber der untere Teil des Gebäudes lag in tiefer Dunkelheit und war bis auf ein schwaches Licht aus Mr. Ravenors Arbeitszimmer unbeleuchtet. Der Ort schien etwas Unnatürliches, fast Gespenstisches an sich zu haben, das mich kühlte und gleichzeitig faszinierte.

Was war das? Ich blieb plötzlich mitten auf der Fahrt stehen und lauschte. Ein schwacher, gedämpfter Schrei, der mir zunächst wie ein menschlicher Schrei vorkam, hatte die tiefe Abendstille durchbrochen. Ich hielt den Atem an und blieb völlig regungslos und mit angestrengtem Gehör stehen. Es gab keine Wiederholung, kein anderes Geräusch. Ich war verwirrt; mehr als die Hälfte neigte zur Beunruhigung. Es könnte das Schreien eines Hasen gewesen sein oder das Quieken eines Kaninchens, das von einem Hermelin gefangen wurde. Aber mein erster Eindruck war stark gewesen, so unwahrscheinlich es auch schien. Wilderer, wie mutig sie auch sein mögen, würden kaum in das streng bewachte Innengelände eindringen, wo es weniger Schutzgebiete gibt und das Risiko einer Gefangennahme weitaus größer ist als außerhalb des Parks. Außerdem hatte es keine Schüsse gegeben, keinen Aufruhr, keine lauten Schreie; nur dieses eine gedämpfte, verzweifelte Stöhnen. Was könnte es bedeuten?

Ein steiler Aufstieg lag vor mir. Nach einem Moment des Zögerns eilte ich weiter und hielt nicht inne, bis ich den Gipfel erreichte und durch die dunstige Dämmerung freie Sicht hatte.

KAPITEL XII.
EINE DUNKLE ECKE IN DER AVENUE.

Weit unter mir – denn Ravenor Castle stand auf dem höchsten Punkt des Landes – markierte ein mattroter Schein am Himmel und viele funkelnde Lichter, die sich weit und breit erstreckten, den Ort, an dem eine große Stadt lag. Zu meiner Rechten befand sich ein glatter grüner Rasenstreifen, der überall mit dicht wachsenden, ausladenden Eichen übersät war. Auf der linken Seite befand sich eine vereinzelte Plantage, begrenzt durch eine niedrige Mauer aus grauem Stein, die allmählich zu einem der mit Farn bedeckten, stillgelegten Schiefersteinbrüche abfiel, von denen es in der Nachbarschaft viele gab.

Atemlos blieb ich stehen und blickte mich suchend um. Bis auf die unmittelbare Umgebung hatte die schnell hereinbrechende Nacht die Sicht versperrt und Felder, Wälder und Felsen zu einer verschwommenen, chaotischen Masse gemacht. Aber wo mein Auge die Dunkelheit durchdringen konnte, konnte ich kein Zeichen eines sich bewegenden Objekts erkennen. Allmählich ließ meine Besorgnis nach. Wenn der Schrei nicht nur eine Täuschung der Einbildungskraft gewesen wäre, hätte er der Schrei eines Tieres sein müssen. Ich atmete erleichtert tief ein und ging wieder vorwärts.

Unmittelbar vor mir bog sich die Allee durch eine kleine Tannenplantage, die auf beiden Seiten dicht und schwarz wuchs und den Eindruck erweckte, als stünde ich vor einem Tunnel; Um seine Mündung herum war die Dunkelheit intensiv, aber meine Sehkraft, die immer gut war, hatte sich inzwischen an das unsichere Licht gewöhnt, und gerade als ich hineinging, glaubte ich, nur ein paar Meter vor mir etwas bewegen zu sehen . Ich blieb sofort stehen und wartete, während ich mit angespannten Augen und klopfendem Herzen nach vorne in die Dunkelheit spähte. Meine Spannung war zwar groß, aber nicht von langer Dauer, denn fast sofort verwandelte sich die dunkle Gestalt in die Gestalt eines Mannes, der sich schnell auf mich zubewegte.

Mein erster Impuls war leider, mich umzudrehen und davonzulaufen, der nächste, der vorrückenden Gestalt so weit wie möglich aus dem Weg zu gehen. Mit dieser Idee trat ich schnell zur Seite und lehnte mich mit dem Rücken gegen den Ringzaun, der die Auffahrt begrenzte. Aber ich war zu spät oder zu ungeschickt in meinen Bewegungen, um der Aufmerksamkeit zu entgehen. Mit einem schnellen, erschrockenen Ausruf blieb der Mann, dem ich beinahe begegnet wäre, stehen und in diesem Moment schien der Mond, der sich hinter einer dicken Masse wütender Wolken hervorgekämpft hatte, schwach hervor und zeigte mir das weiße, verängstigte Gesicht von Mr. Ravenors Sekretärin.

"Du lieber Himmel!"

Es kam mir vor, als ob der Ausstoß aus diesen zitternden Lippen herausgeschleudert würde. Dann, mit einem plötzlichen Schrecken, erholte er sich, und sein Verhalten veränderte sich so sehr, dass ich fast hätte glauben können, sein erstes Gefühl des Schreckens sei eine Einbildung meinerseits gewesen.

„Bin ich so furchterregend, dass du mir aus dem Weg springst, als hättest du einen Geist gesehen?" sagte er mit einem kurzen Lachen. "Komm, komm; Ein junger Mann Ihrer Größe sollte mehr Mut haben."

Ich schämte mich ziemlich, aber ich antwortete ihm so nachlässig wie möglich.

„Ich glaube nicht, dass ich mehr erschrocken war als du. Wir sind uns plötzlich begegnet, und es ist eine sehr dunkle Nacht."

"Dunkel! Dunkel ist nicht das richtige Wort. Dieser Teil der Fahrt ist ein wahrer Hades."

„Übrigens, Herr Marx", bemerkte ich, „ein paar Minuten lang glaubte ich, einen Schrei gehört zu haben –"

"Ein Schrei! Was für ein Schrei?" Er unterbrach ihn scharf und in verändertem Ton.

„Nun, es klang für mich sehr wie das Stöhnen eines Mannes mit Schmerzen", erklärte ich und sah mich halb ängstlich um. „Natürlich hätte es ein Hase sein können, aber es ähnelte wunderbar einer menschlichen Stimme. Hören! Kannst du jetzt nichts hören?" Ich weinte und legte meine Hand auf seinen Arm.

Wir standen schweigend dicht beieinander und hörten aufmerksam zu. Ein schwacher Wind war aufgekommen und wehte traurig durch die Bäume, die vom starken Regen durchnässt und niedergedrückt waren. Tropfen, tropfen, tropfen. Bei jedem Seufzer der Brise fiel ein kleiner Regentropfenschauer auf die durchnässten Blätter und die melancholische Musik erklang von neuem.

Es war insgesamt sehr deprimierend und ich zitterte spürbar.

„Ich kann nichts hören", sagte er mit klappernden Zähnen. „Es muss Ihre Einbildung gewesen sein, oder vielleicht ein quiekender Hase."

„Das nehme ich an", gab ich zu und war froh, zu dieser Schlussfolgerung gezwungen zu werden.

„Ich würde in der Lodge nichts darüber sagen", bemerkte er und bereitete sich auf die Abreise vor. „Anderson ist schon so nervös wie eine Katze."

„In Ordnung, das werde ich nicht tun. Gute Nacht."

„Du hast keine Angst, oder?" er hat gefragt. „Wenn du möchtest, gehe ich mit dir hinunter zur Lodge."

„Nicht im geringsten, danke", antwortete ich ein wenig empört. „Ich fand den Lärm seltsam, das ist alles. Gute Nacht."

Ich ging schnell weg und lauschte die ganze Zeit, hörte aber kein ungewöhnliches Geräusch. Ein paar Minuten später erreichte ich die Tore und fand Anderson draußen wartend. Er ließ mich sofort durch.

„Darf ich kurz hier reingehen?" fragte ich und zeigte auf den Raum, in dem ich auf dem Weg zum Schloss gewartet hatte. „Ich muss Ihnen eine Nachricht von Mr. Ravenor überbringen."

„Sicherlich, Sir", antwortete er und öffnete die Tür. Ich trat ein und erwartete halb, den Mann zu sehen, den Mr. Ravenor nicht empfangen wollte; aber es war ziemlich leer.

„Also hat Mr. Richards doch beschlossen, nicht zu warten?" bemerkte ich und sah mich um. „Er war weise. Ich bin mir sicher, dass Mr. Ravenor ihn nicht gesehen hätte."

„Ja, Sir", antwortete der Mann; „Er schlüpfte hinaus, ohne eine Nachricht oder irgendetwas zu hinterlassen, während ich über den Weg gegangen war, um etwas Kohle zu holen. Ich war ein wenig verblüfft, als ich zurückkam und das Lokal leer vorfand, denn er hatte vor ein oder zwei Minuten immer geschworen, dass er Mr. Ravenor sehen oder für immer hier bleiben würde."

„Er kann doch nicht zum Schloss hinaufgegangen sein, oder?“ fragte ich und sah mich um.

Der Mann schüttelte selbstbewusst den Kopf.

„Unmöglich, Herr! Die Tore waren verschlossen und die Schlüssel steckten in meiner Tasche, und es gibt keine Fenster zu diesem Raum, wissen Sie, auf der Burgseite.“

„Aber da ist eine Tür“, sagte ich und zeigte auf das obere Ende der Wohnung.

„Gehen Sie und schauen Sie es sich an, Sir“, antwortete Anderson lächelnd.

Ich habe es getan und es genau untersucht. Es gab keine Bolzen, sondern wurde mit einem besonders starken Patentschloss befestigt.

„Wer behält den Schlüssel?“ Ich habe nachgefragt.

"Herr. Ravenor, Sir. Ich habe überhaupt keins. Du hast etwas über eine Nachricht gesagt?“

"Ja. Mr. Ravenor war verärgert darüber, dass Sie Lady Silchester durchgelassen haben, aber er hat beschlossen, dieses Mal darüber hinwegzusehen. Sie müssen für Ihr Geld nicht zum Schloss hinaufgehen.

Der Mann war sichtlich erfreut.

„Ich bin Ihnen sicher zu großem Dank verpflichtet, Sir“, sagte er herzlich. „Das sind gute Nachrichten und kein Fehler. Es ist kein Ort, den man verlieren möchte.“

„Gute Nacht, Anderson. „Oh, ich sage“, fügte ich hinzu und drehte mich plötzlich um, „wie lange ist es her, seit Herr Marx hier war?“

Anderson sah verwirrt aus.

"Herr. Marx, mein Herr! Ich habe ihn den ganzen Tag nicht gesehen!“

"Was!" rief ich aus.

„Ich habe ihn den ganzen Tag nicht gesehen. Er war nicht hier“, wiederholte der Mann.

Ich stand still, atemlos und voller schnell aufkommender, aber vager Verdächtigungen.

„Ich habe ihn heute nicht gesehen! „Nun, ich habe ihn gerade auf der Allee getroffen", erklärte ich.

„Das glaube ich, Sir", bemerkte der Mann leise. „Er geht oft diesen Weg entlang. Tatsächlich macht er das an den meisten Abenden vor dem Abendessen. Er ist ein seltsamer Typ, und das ist kein Zweifel."

Die Worte des Mannes veränderten den Lauf meiner Gedanken und meine halb gefassten Vermutungen verschwanden, fast bevor sie Gestalt angenommen hatten. Ich machte eine unbedeutende Bemerkung und machte mich auf den Heimweg.

KAPITEL XIII.
DIE WOLKE ZWISCHEN UNS.

Es war spät, als ich zu Hause ankam, und aus der Dunkelheit in allen Fenstern schloss ich, dass meine Mutter und der einzige Landangestellte, aus dem unser kleiner Haushalt bestand, bereits im Ruhestand waren. Ich hob die Hand, um an die geschlossene Tür zu klopfen, als mir einfiel, dass ich genauso gut eintreten könnte, ohne jemanden zu stören. Unser Wohnzimmerfenster öffnete sich zum Vorgarten, in dem ich stand, und wurde selten verschlossen, also schlich ich sanft über das durchnässte Gras und drückte den Flügel nach oben. Es gab meiner Berührung leicht nach und ich erhob mich sanft auf das niedrige steinerne Fensterbrett und sprang in den Raum.

Zuerst dachte ich, es sei, wie erwartet, leer. Aber es war nicht so. Durch das offene Fenster, durch das ich gerade eingetreten war, strömte das Mondlicht herein und warf lange, fantastische Strahlen auf den abgenutzten Teppich und über die urigen, altmodischen Möbel und auf die weiße Tischdecke, auf der mein gemütliches Abendessen serviert worden war links vorbereitet. Aber meine Augen blieben keinen Augenblick bei einem dieser vertrauten Gegenstände, bemerkten sie kaum, denn ein anderer, fremder Anblick hielt mich in Bann. Am anderen Ende des Raumes, wo die Schatten am dunkelsten hingen und die Mondstrahlen nur schwach durchdrangen, war die kniende Gestalt einer Frau.

Ihr perfekt schwarzes Kleid ließ die gespenstische Farbe ihres angespannten, wilden Gesichts verblüffend hervortreten, und ihre schlanken Arme streckten sich leidenschaftlich nach oben in einer Geste voller dramatischem Pathos. Ihre Augen waren auf ein kleines Kruzifix aus Ebenholz gerichtet, das an der Wand hing, und die Worte brachen aus ihren weißen, zitternden Lippen hervor, aber ob Gebet oder Beichte, ich konnte oder wollte es nicht hören, denn ich schloss meine Augen und der Klang ihrer Stimme erreichten mich nur in einem undeutlichen Stöhnen. Es war ein Anblick, der mir in Erinnerung geblieben ist und niemals verblassen wird.

Seit dieser schrecklichen Nacht in Rothland Wood war das Verhalten meiner Mutter mir gegenüber eine Quelle ständigen und schmerzhaften Staunens. Sie war zu einem Rätsel geworden, und zu einem Rätsel, von dem ich irgendwie das Gefühl hatte, dass es gut für mich wäre, nicht zu versuchen, es zu lösen.

Aber selbst in den Momenten, in denen meine lieblose Umgebung und ihre Kälte mich in die tiefsten Tiefen der Depression gestürzt hatten, war es nie ein völlig hoffnungsloser Zustand gewesen, denn irgendwie hatte ich immer das Gefühl gehabt, dass ihre Kälte nicht die Kälte der Gleichgültigkeit war, sondern eher eine Willensanstrengung, und dass eine Zeit kommen würde, in der sie es ablegen und für mich wieder die Mutter meiner früheren Erinnerungen sein würde. Doch der Wandel ließ lange auf sich warten.

Sie war eine gläubige Katholikin – eine Religion, in der ich nicht aufgewachsen war – und stattete der Klosterkapelle über den Hügeln bei jedem Wetter und zu jeder Jahreszeit lange und häufige Besuche ab. Aber sie so zu sehen, wie sie jetzt war, war für mich eine Offenbarung. Ich hatte sie schon einmal beten sehen, aber noch nie so. Sie schien mir immer eher eine Märtyrerin als eine Sünderin zu sein, und ihre Gebete waren eher Gebete ehrfürchtiger Hingabe als leidenschaftlicher Bitte. Aber ihre Haltung in diesem Moment, ihr wildes, hageres Gesicht und ihre flehenden Augen waren für mich voller Offenbarung. Mir kam eine weitere mögliche Erklärung für ihr einsames, freudloses Leben und ihre tiefe religiöse Hingabe in den Sinn. Könnte es nicht die trostlose Sühne, die harte Buße ihrer Kirche für die Sünde sein?

Halb aus Angst, sie zu stören, schwieg ich eine Weile, aber im Laufe der Minuten wurde mir der Anblick ihrer Qual zu viel und ich rief ihr zu:

„Mutter, ich bin hier. Ich wusste nicht, dass du wach bist! Ich bin durch das Fenster reingekommen!"

Beim ersten Klang meiner flehenden Worte veränderte sich ihr Gesicht, als wäre es plötzlich erstarrt, von leidenschaftlicher Ausdruckskraft zu kalter Marmorierung. Langsam stand sie auf und konfrontierte mich.

„Mutter, bist du in Schwierigkeiten?" sagte ich leise und näherte mich ihr; „Kann ich deinen Kummer nicht teilen? Kann ich dich nicht trösten? Warum bin ich so aus deinem Leben ausgeschlossen? Erzählen Sie mir von Ihrem großen Problem und lassen Sie mich daran teilhaben."

Viele Jahre lang hatte ich mich danach gesehnt, diese Worte zu ihr zu sagen, aber die kalte Eindringlichkeit ihres Verhaltens hatte sie oft auf meinen Lippen zurückgehalten und sie in mein schmerzendes Herz zurückgedrängt. Als nun eine große Trauer ihr Gesicht mit einem sanfteren Licht erfüllte und für einen Moment seine harten, starren Linien lockerte, wagte ich es, dem Impuls nachzugeben, den ich so oft verspürt hatte – und leider! vergebens – vergebens!

Größere Qualen, tiefere Enttäuschung habe ich noch nie gespürt. Kälte und Gleichgültigkeit waren schwer zu ertragen gewesen, aber was jetzt kam, war schlimmer. Sie wich vor mir zurück – schreckte zurück, die Hände nach mir ausgestreckt und den Kopf abgewandt.

„Philip, ich wusste nicht, dass du hier bist. Ich kann jetzt nicht mit dir reden. Geh in dein Zimmer. Morgen, Morgen!"

Ihre Stimme verstummte, aber ihre plötzliche Schwäche gab mir keine Hoffnung, denn es war nur eine körperliche Schwäche. In ihrem Gesicht waren keine Anzeichen von Sanftheit zu erkennen, in ihrem Tonfall war keine Antwortzärtlichkeit zu erkennen. Was blieb mir also anderes übrig, als zu gehen?

KAPITEL XIV.
EIN TREFFEN IM KAFFEERAUM.

Es war elf Uhr am nächsten Morgen. Ich las schon seit einiger Zeit im Garten und überlegte gerade, einen Spaziergang zu machen, als ein Hundekarren vom Schloss am Tor anhielt und Mr. Ravenors Diener – der Mann, der mich von der Hütte zum Schloss geführt hatte – vorbeikam – wurde ins Haus geführt. Ich ging sofort zu ihm und er gab mir einen Zettel.

"Herr. Ravenor hat Ihnen das geschickt, Sir", sagte er respektvoll.

Ich riss es auf und las (es gab keinen orthodoxen Anfang):

„Bevor Sie zu Dr. Randall gehen, gibt es ein paar Dinge, die Sie wahrscheinlich nicht haben werden und die Sie für notwendig erachten. Denken Sie daran, dass es Teil der Ausbildung ist, die ich für Sie beabsichtige, dass Sie mit den anderen Schülern auf Augenhöhe umgehen. Seien Sie deshalb so gut, mit Reynolds nach Torchester zu gehen und sich ganz in seine Hände zu begeben. Er hat meine vollständigen Anweisungen. – R."

Ich faltete den Zettel zusammen und steckte ihn in meine Tasche.

„Soll ich jetzt mitkommen?" Ich fragte.

„Bitte, Sir."

Ich ging nach oben, um mich fertig zu machen, und nach ein paar Minuten war ich startbereit. Der Stallknecht bot mir die Zügel an, aber ich lehnte sie ab und bestieg stattdessen den freien Platz an seiner Seite, den Reynolds mir stillschweigend überlassen hatte.

Torchester war kaum ein Dutzend Meilen von der Farm entfernt, dennoch war dies mein erster Besuch dort. Oft hatte ich von Beacon Hill aus auf die sich weit ausbreitende, schmutzig gefärbte Rauchwolke aus den hohen Fabrikschornsteinen herabgeschaut, die wie ein schädlicher Schandfleck auf dem schönen, friedlichen Landstrich umher wirkte und nachts trübe wirkte rotes Leuchten am Himmel und die unzähligen funkelnden Lichter, die mir zeigten, wo es stand. Aber weder bei Tag noch bei Nacht war die Szene für mich attraktiv gewesen. Ich hatte keine Neugier verspürt, es zu betreten. Ich hatte mir nie die Mühe gemacht, mir vorzustellen, wie es sein würde.

Nun fuhr ich zum ersten Mal in meinem Leben durch die Straßen einer großen Industriestadt. Es war Abendessenzeit, und auf allen Seiten spieen die Fabriken Ströme ungesund aussehender Männer und Frauen und sogar Kinder aus. Die Straßenbahnen und Omnibusse waren überfüllt, die belebten Straßen waren gesäumt von schnell rollenden Kutschen, elegant aussehenden Männern und fröhlich gekleideten Mädchen und Frauen. Im Umkreis von wenigen Metern sah ich so unterschiedliche Typen von Männern und Frauen, dass es unmöglich schien, dass sie derselben Spezies angehören könnten.

„Das ist die ‚Glocke‘, Sir, wo wir normalerweise übernachten", bemerkte Reynolds neben mir. „Wollen Sie etwas zu Mittag essen, Sir, bevor wir in die Stadt gehen?"

Ich schüttelte den Kopf, aber er war ruhig, aber respektvoll beharrlich. Also ließ ich ihm freien Lauf und ließ mich in ein langes, dunkles Kaffeezimmer steuern, wo meine Bestellungen, die Reynolds unterwegs erheblich ergänzte, von einem Kellner entgegengenommen wurden, den wir fest schlafend in einem Sessel vorfanden, und der sehr überrascht schien, uns zu sehen.

Danach gingen wir, Reynolds und ich, in die Stadt und begannen mit dem Einkaufen. Ich wurde beim Hauptschneider für mehr Kleidungsstücke ausgemessen, als ich in meinem Leben tragen konnte, von der Reithose bis zum Frack; und die Menge und Vielfalt an Hüten, Stiefeln, Hemden und Krawatten, die Reynolds als unverzichtbar ansah, erfüllte mich mit halb amüsiertem Erstaunen, obwohl ich mir vorgenommen hatte, über nichts überrascht zu sein. Aber unser Einkauf war noch nicht beendet, selbst als Reynolds zu meiner unaussprechlichen Erleichterung erklärte, meine Garderobe sei so vollständig, wie man sie in einer Provinzstadt einrichten könne. Der Büchsenmacher, das Sportgeschäft und das Pferdedepot wurden nacheinander besucht. Und als wir gegen sechs Uhr ins Hotel zurückkehrten, besaß ich zwei Waffen, die für mich eine vollkommene Offenbarung waren, einen Cricketschläger, einen Tennisschläger, eine kleine Turnhalle, einen Satz Florett und vieles mehr Dinge, einen stilvollen, gut gebauten Hundewagen und einen soliden, nützlichen Kolben.

Ich ließ mich in einen Sessel im Kaffeeraum sinken und bestellte eine Tasse Tee, da ich mich weigerte, auf Reynolds Vorschlag bezüglich der Angemessenheit des Essens zu hören, bevor ich mich auf den Heimweg machte. Während der Kellner das Zimmer verlassen hatte, um es zu holen, schlenderte ich zum Fenster, um auf das Wetter hinauszuschauen, das schon seit einiger Zeit bedrohlich war, und stellte auf dem Weg fest, dass ich nicht allein in der Wohnung war. An einem der am weitesten entfernten Tische saß ein Mann und speiste, und als ich vorbeikam, blickte er auf und musterte mich mit einem kühlen, kritischen Blick, der sich plötzlich in ein angenehmes Lächeln des Erkennens verwandelte.

"Herr. Morton, nicht wahr?" sagte er und streckte seine Hand aus. "Herr. Ravenor sagte mir, dass ich wahrscheinlich auf dich stoßen sollte."

Ich war so überrascht, dass ich für einen Moment vergaß, die angebotene Hand anzunehmen. Mr. Ravenors Sekretärin war die letzte Person, von der ich erwartet hätte, sie bei einem einsamen Abendessen in einem Hotel in Torchester anzutreffen.

Kapitel XV.
Ein TÊTE-À-TÊTE-Abendessen.

„Was hast du in Torchester gemacht, was? Einkaufen?" Herr Marx erkundigte sich. Ich sah keinen Grund, ihm etwas zu verheimlichen, und habe es auch nicht getan. Ziemlich unbeholfen erzählte ich ihm von Mr. Ravenors Brief an mich und dass ich den ganzen Nachmittag bei Reynolds gewesen war. Vielleicht habe ich mit ein wenig Begeisterung von unseren etwas aufwendigen Einkäufen gesprochen. Jedenfalls lachte er, als ich fertig war, leise vor sich hin – ein langes, geräuschloses, aber nicht unangenehmes Lachen.

„Nun, ich bin froh, dich kennengelernt zu haben", sagte er, seine Lippen zuckten immer noch, als wäre er amüsiert. „Setz dich und iss etwas mit mir zu Abend."

Ich zögerte, denn genau in diesem Moment kamen mir Mr. Ravenors Worte über seine Sekretärin in den Sinn. Außerdem war ich mir überhaupt nicht sicher, ob er mir gefiel. Aber welche Alternative gab es andererseits für mich? Welche Entschuldigung könnte ich dafür finden, eine so einfache Einladung abzulehnen? In ein paar Minuten würde der Kellner mit dem bescheidenen Essen erscheinen, das ich bestellt hatte, und es wäre mir unmöglich, ihm zu befehlen, es in einem anderen Teil des Zimmers abzustellen, oder es stehen zu lassen und einfach das Hotel zu verlassen weil dieser Mann da war. Dies zu tun hieße, ihm so klar wie möglich zu sagen, dass ich ein besonderes Bedürfnis verspürte, ihm aus dem Weg zu gehen, und er würde sofort ahnen, dass ich einem Geheiß von Herrn Ravenor gehorchte. NEIN; es war unvermeidlich. Ich sollte seine Einladung besser annehmen, und kurz tat ich es auch.

„Das stimmt", sagte er freundlich. „Das ist eine seltsame Fantasie von mir, aber ich hasse es, alleine zu essen. Kellner, bringen Sie sofort noch etwas Suppe. Dieser Herr wird mit mir speisen."

Während des Abendessens wurde unser Gespräch unterbrochen. Mit dem Hut in der Hand stand Reynolds vor uns und blickte Mr. Marx und dann mich und den Tisch vor uns an, mit einem Gesichtsausdruck, den ich nicht ganz verstand, obwohl er mich übermäßig ärgerte. Er sprach zu mir:

„Der Hundekarren ist vorbeigekommen, Sir."

Ich stand halb auf und warf meine Serviette hin, wenn auch mit einigem Widerwillen. Bedauernd reichte ich Herrn Marx die Hand, aber er weigerte sich, sie anzunehmen.

„Sie müssen nicht mit Reynolds nach Hause gehen, es sei denn, Sie möchten", sagte er. „Ich habe hier einen Brougham vom Schloss und kann dich auf dem Heimweg an der Farm absetzen."

Ich zögerte, denn die Versuchung zu bleiben war groß. Eigentlich hätte ich sofort zustimmen sollen, nur erinnerte mich Reynolds' ernstes, stirnrunzelndes Gesicht irgendwie an Mr. Ravenors einstweilige Verfügung. Reynolds regelte die Angelegenheit wie ein Idiot.

„Ich denke, Mr. Morton sollte besser mit mir zurückkehren, Sir", sagte er zu Mr. Marx. „Wenn Sie bereit sind, Sir", fügte er zu mir hinzu. „Die Stute wird sehr unruhig, wenn man sie warten lässt."

Meine jungenhafte Eitelkeit wurde durch den Stil seiner Ansprache und seine unkluge Autoritätsüberschätzung zutiefst verletzt, und ich antwortete schnell:

„Dann verschwinden Sie besser sofort, Reynolds. Ich werde das Angebot von Herrn Marx annehmen."

Er war sichtlich unruhig und unternahm noch einmal einen Versuch.

„Ich glaube, Mr. Ravenor würde es vorziehen, wenn Sie mit mir zurückkämen, Sir", sagte er.

Herr Marx hatte sich in seinem Stuhl zurückgelehnt, einigermaßen geistesabwesend an seinem Kaffee nippend und allem Anschein nach völlig gleichgültig, für welche Richtung ich mich entscheiden sollte. Jetzt blickte er jedoch auf und wandte sich zum ersten Mal an Reynolds.

„Woher zum Teufel wissen Sie, was Ihr Meister bevorzugen würde?" sagte er kühl.

Reynolds gab keine Antwort, sondern sah mich flehend an. Ich habe beschlossen, ihn nicht zu sehen.

„Ich könnte mir vorstellen", fuhr Herr Marx fort, lehnte sich wieder in seinem Stuhl zurück und rührte bewusst seinen Kaffee um, „dass Herr Ravenor, wenn er in dieser Angelegenheit überhaupt eine Wahl hätte, was mir sehr unwahrscheinlich erscheint, Herrn ... vorziehen würde." Morton reitet sicher und mit trockener Haut nach Hause. Hören!"

Wir taten es, und in diesem Moment jagte ein heftiger Windstoß einen gewaltigen Regenschauer gegen die zitternden Fensterscheiben.

„Das entscheidet!" rief ich aus. „Ich nehme Ihr Angebot an, Herr Marx, wenn es Ihnen nichts ausmacht."

„Bei weitem das Vernünftigere", bemerkte er nachlässig. „Trinken Sie ein Glas Wein, Reynolds, bevor Sie beginnen. Vor Ihnen liegt eine nasse Fahrt."

Reynolds schüttelte den Kopf, wünschte mir respektvoll einen guten Abend und zog sich zurück.

Herr Marx sah zu, wie Reynolds den Raum verließ, und zuckte dann leicht mit den Schultern.

„Ehrlich, aber dumm. Nun, jetzt bist du in meiner Obhut, Morton, ich muss sehen, ob ich dich nicht irgendwie amüsieren kann. Waren Sie schon einmal im Theater?"

Ich konnte ein leichtes Erröten nicht unterdrücken, als ich zugab, dass ich noch nie eines von außen gesehen hatte.

Herr Marx sah mich nach meiner Zulassung an, als wäre ich eine Art natürliche Neugier.

„Na ja, wir gehen, wenn du willst", sagte er. „Ich glaube, es gibt hier ein sehr gutes Angebot für die Provinzen, und es wird eine Veränderung für Sie sein."

„Wir werden dadurch sehr spät dran sein, nicht wahr?" Ich wagte es zu sagen.

"Nicht unbedingt. Ich gehe davon aus, dass es ungefähr halb zehn sein wird und die Kutsche uns an der Tür abholen kann."

Ich sagte nichts mehr, aus Angst, er würde mich beim Wort nehmen und den Gedanken aufgeben, hinzugehen. Ein paar Minuten später forderte Herr Marx seine Rechnung ab, beglich sie und erklärte mit einem Blick auf die Uhr, dass es Zeit sei, aufzubrechen. Der Kellner rief ein Hansom, und wir fuhren durch die belebten Straßen, Mr. Marx rauchte gemächlich eine duftende Zigarette, und ich beugte mich vor und beobachtete die eilige Menge von Menschen, einige davon vergnügungssüchtig, aber größtenteils gerade erst von ihrer täglichen Arbeit erlöst Fabrik oder Werkstatt.

Es war eine nasse Nacht und die Straßen wirkten wie ein perfektes Meer aus Regenschirmen. Der Regen prasselte in Strömen herab, prasselte gegen die geschlossene Glasfront unseres Taxis und verdunkelte dessen Oberfläche, bis es unmöglich wurde, weiter als bis zum Pferdekopf zu sehen. Seufzend lehnte ich mich neben Herrn Marx zurück und stellte fest, dass er mich mit einem amüsierten Lächeln beobachtet hatte.

„Ein geschäftiger kleiner Ort, Torchester", bemerkte er.

„Mir kommt es so vor", gab ich zu. „Ich war noch nie in einer anderen Stadt außer Mellborough."

"Glücklicher Junge!" rief er, halb leichthin, halb ernst. „Sie haben alle Freuden des Lebens vor sich, mit der Soße der Neuheit, die Ihnen hilft, sie zu genießen. Was würde ich dafür geben, nie Paris oder Wien gesehen zu haben, nie verliebt gewesen zu sein oder Wachteln auf Toast gegessen zu haben! Aber hier sind wir im Theater!"

Kapitel XVI.
MISS MABEL FAY.

Das Taxi hielt ruckartig unter einer langen Reihe hell brennender Lichter an. Wir stiegen ab und ich folgte Herrn Marx eine breite, mit dicken Teppichen ausgelegte Treppe hinauf in einen halbkreisförmigen Korridor, der mit purpurroten Vorhängen drapiert und von rosafarbenen Lichtern schwach beleuchtet war. Ein schwacher Duft hing über dem Ort, und von unten erklang die sanfte Melodie eines rhythmischen deutschen Walzers, den das Orchester spielte. Ich hielt fast den Atem an, mit einer merkwürdigen Mischung aus Erwartung und Aufregung, als ich Herrn Marx und einem Diener den Korridor entlang folgte.

Letzterer öffnete die Tür zu einem scheinbar kleinen Raum und wir traten ein. Herr Marx ging sofort nach vorne, schlug die Vorhänge zurück und winkte mich an seine Seite. Ich gehorchte ihm und sah mich verwundert um.

Es war zufällig ein angesagter Abend und der Laden war überfüllt. Auf gleicher Höhe mit uns – wir befanden uns in einer Kiste – standen Reihen von Männern und Frauen in Abendgarderobe; oben ein etwas ungeordneter Mob auf der Galerie; und unten verriet ein dichtes Gedränge – zumindest kam es mir so – von Sitzenden ihre Ungeduld auf die Aufführung durch ständiges Stampfen mit den Füßen und andere grollende Geräusche.

Für einen normalen Theaterbesucher war es in der Tat ein ganz gewöhnlicher Anblick; Für mich war es eine Offenbarung. Ich stand vorne in der Loge und sah mich um, bis Herr Marx lächelnd einen Stuhl zu mir schob und mich aufforderte, mich zu setzen. Dann wandte ich mich der Bühne zu und blieb mit dem Blick auf den Vorhang gerichtet und sehnte mich ungeduldig danach, dass er sich öffnete.

Leider für meine Erwartungen! Als es endlich soweit war, war es tatsächlich ein bezauberndes Bild, das ich betrachtete, aber wie anders! Eine Gruppe Mädchen in kurzen Röcken und malerischer Bauernkleidung bewegt sich leichtfüßig über die Bühne und singt; ein Mann in Uniform, der leidenschaftlich mit einem von ihnen liebte, der ihn schüchtern mit der Hand wegwies und ihn mit ihren Augen zum Bleiben aufforderte. Das Ganze hat ein hübsches und umwerfendes Bild ergeben. Aber was hatte das alles zu bedeuten?

Herr Marx hatte mein Gesicht beobachtet und beugte sich mit einer Frage auf den Lippen zu mir herüber.

"Was soll das alles heißen?" Ich flüsterte. „Das ist doch kein Theaterstück, oder? Ich kann mich an so etwas nicht erinnern.“

"Ein Spiel? NEIN; „Es ist eine komische Oper“, antwortete er.

Ich wandte mich ab und schaute mir die Aufführung noch einmal an. Ich glaube, ich sah ein wenig enttäuscht aus; aber nach und nach ließ meine Enttäuschung nach. Es war alles so frisch für mich.

Gegen Ende des ersten Aktes erschienen im Zusammenhang mit einem der Vorfälle mehrere neue Charaktere – darunter das Mädchen, das die Hauptrolle spielte – auf der Bühne. Es gab einen kleinen Applaus und ich wollte mich gerade umdrehen, um Herrn Marx eine Bemerkung zu machen, als ich einen scharfen, halb unterdrückten Ausruf über seine Lippen hörte und seinen heißen Atem auf meiner Wange spürte.

Ich sah ihn überrascht an. Er war von seinem Stuhl aufgestanden und stand dicht neben meinem Ellbogen und beugte sich über mich, den Blick auf die Mitte der Bühne gerichtet und einen ungläubigen Ausdruck auf seinem blassen Gesicht. Instinktiv folgte ich der Richtung seines verzückten Blicks. Es schien mir, als sei es auf das Mädchen gerichtet, das zuletzt erschienen war und sich mit den Röcken ihres dunkelgrünen Reitkleides in der Hand zum Singen anschickte.

Er erholte sich sehr schnell von seiner Überraschung oder welcher Emotion auch immer und brach in ein kurzes Lachen aus. Aber ich bemerkte, dass er seinen Stuhl weiter nach hinten in die Loge schob und die Vorhänge etwas weiter nach vorne zog.

„Ist etwas los, Herr Marx?“ Ich fragte.

Er zuckte mit den Schultern und runzelte leicht die Stirn.

"Gar nichts. Ich glaubte, ein Gesicht auf der Bühne zu erkennen, aber ich täuschte mich. Ein gutaussehendes Mädchen, nicht wahr? Diejenige, die singt, meine ich?“

Ich dachte, dass gutes Aussehen eine sehr schwache Ausdrucksweise sei, und ich sagte es mit Nachdruck. Tatsächlich hielt ich sie für das schönste und anmutigste Geschöpf, das ich je gesehen hatte; und im Laufe des Abends ertappte ich mich dabei, wie ich ihren Liedern so heftig applaudierte, dass sie lächelnd in unsere Loge blickte und Herr Marx, der immer noch hinter dem Vorhang saß, mich mit einem amüsierten Zucken der Lippen ansah.

„Morton, Morton, das geht nicht!" rief er lachend. „Du wirst dich bald Hals über Ohren in diese junge Frau verlieben."

Ich wurde in einem Moment sehr rot und fühlte mich unwohl, denn sie hatte gerade einen lächelnden Blick zu uns geworfen und Herr Marx hatte ihn abgefangen. Ich schämte mich und war gleichzeitig wütend auf mich selbst, weil ich so laut applaudierte, dass es auffiel; aber Herr Marx schien sich nichts dabei zu denken.

„Es gibt eine bessere Möglichkeit, Ihre Wertschätzung für die Talente dieser jungen Dame – Miss Mabel Fay, wie ich sehe – zu zeigen, als durch Applaus. Sehen Sie diese Blumen?"

Ich drehte mich um und sah einen großen Strauß weißer Azaleen und Rosen, den der Kellner mitgebracht haben musste.

„Sie können sie ihr geben, wenn Sie möchten", schlug Herr Marx vor.

Ich schüttelte sofort den Kopf, fest entschlossen, nichts dergleichen zu tun. Aber Herr Marx war ebenso entschlossen, dass ich es tun sollte. Es sei völlig richtig gewesen, versicherte er mir; Er hatte sie absichtlich holen lassen, und ich musste nur aufstehen und sie ihr zuwerfen. Während er redete, schrieb er auf eine einfache Karte, die er an die Blumen heftete und sie mir dann in die Hand drückte.

Wie es dazu kam, weiß ich nicht genau, aber Herr Marx ging seinen eigenen Weg. Es war das Ende des Auftritts und alle applaudierten Mabel Fays Lied. Sie stand mit dem Gesicht zum Haus, verneigte sich und lächelte, und ihre lachenden Augen begegneten meinen für einen Moment, dann ruhten sie auf den Blumen, die ich in der Hand hielt, und blickten schließlich voller stummer Einladung wieder in meine.

Ich hob meine Hand. Herr Marx flüsterte: „Jetzt!" Und der Blumenstrauß lag ihr zu Füßen. Sie hob es anmutig auf, warf einen koketten Blick zu mir hoch, und dann fiel der Vorhang, und ich lehnte mich in meinem Stuhl zurück und war völlig überzeugt, dass ich mich völlig lächerlich gemacht hatte.

Ungefähr in der Mitte des dritten Aktes stand Herr Marx auf und ging zur Tür. Er hielt es einen Moment lang offen in der Hand, hielt inne und blickte sich um.

„Ich werde dich für ein paar Minuten verlassen", sagte er. „Ich werde nicht mehr lange brauchen."

Dann ging er und ich hörte ihn den Korridor entlanggehen.

Eine Stunde verging und er kam nicht zurück. Der letzte Akt kam, der Vorhang fiel und mit einem Seufzer des Bedauerns stand ich auf, um zu gehen. Er war immer noch nicht zurückgekommen.

Ich zog meinen Mantel an und blieb herum, unsicher, was ich tun sollte. Dann klopfte es an der Logentür, aber statt Herrn Marx trat ein Diener ein und reichte mir einen Zettel. Ich riss es auf und las, hastig mit Bleistift gekritzelt:

„Ich bin hinten im Haus. Komm zu mir. Der Träger wird dir den Weg zeigen. – M."

Kapitel XVII.
HINTER DEN KULISSEN DES TORCHESTER THEATRE.

Ich folgte meinem Führer bis zum Ende des Korridors, durch eine Tür, die er aufschloss und sorgfältig wieder verschloss, und an der Seite der verlassenen Bühne vorbei, auf der ich einen Moment innehielt, um mit Staunen die Reihe von Seilen und Flaschenzügen zu betrachten Läufer, die die Tischler gerade in Ordnung brachten, und auf den mit Segeltuch bedeckten, unbeleuchteten Zuschauerraum, der jetzt – seltsame Verwandlung – wie der Eingang einer dunklen Höhle aussah. Nachdem wir uns sorgfältig den Weg gesucht hatten, erreichten wir eine Tür mit der Aufschrift „Managerzimmer". Eine Stimme von innen forderte uns auf, einzutreten, und ich wurde hereingeführt.

Herr Marx saß in einem Sessel und unterhielt sich einigermaßen ernst mit einem schlanken, dunklen jungen Mann, der am Kaminsims lehnte. Ein älterer Mann schrieb an einem Tisch am anderen Ende des Raumes, mit dem Rücken zur Tür.

Herr Marx begrüßte mich mit einem Nicken und stellte mich kurz dem jungen Mann an seiner Seite vor:

"Herr. Morton – Mr. Isaacs. Herr Isaacs ist der Manager der Firma, die hier spielt."

Herr Isaacs drehte mir ein unverkennbar jüdisches Gesicht zu und streckte seine Hand aus.

„Freut mich, Sie kennenzulernen, Herr Morton! Ich hoffe, Ihnen hat die Aufführung gefallen", sagte er mit einem Lächeln, das den Blick auf sein sehr weißes Gebiss freigab. „Sehr fair, nicht wahr? Hahaha!"

Ich antwortete, dass es mir außerordentlich gut gefallen habe, blickte Herrn Marx an und fragte mich, wie lange er wohl bleiben würde. Ich hatte plötzlich eine starke Abneigung gegen Herrn Isaacs empfunden.

„Möchten Sie noch lange warten, Herr Marx?" Ich fragte.

„Ich habe nach der Kutsche geschickt", antwortete er; „In zehn Minuten wird es hier sein."

Mir kam es so vor, als ob Herrn Marx' Verhalten und die Art und Weise, wie er immer wieder zur Tür blickte, etwas seltsam war.

In diesem Moment klopfte jemand an die Tür.

"Komm herein!" rief Herr Isaacs.

Eine Dame gehorchte seinem Ruf und strömte mit einem äußerst unnötigen Rascheln ihrer Seidenröcke in den Raum. Mr. Isaacs begrüßte sie überschwänglich.

„Miss Fay, Ihre bescheidenste Dienerin!“ rief er und verneigte sich tief. „Lassen Sie mich zwei meiner Freunde vorstellen, Mr. Morton und Mr. Marx.“

Die Dame streckte ihre unbehandschuhte Hand aus, die mit einer Fülle von Ringen bedeckt war.

„Ich kenne diesen jungen Herrn vom Sehen“, sagte sie laut und ziemlich hoch. „Du hast mir diese schönen Blumen zugeworfen, nicht wahr? So gut von dir – furchtbar gut! Ich habe sie von meiner jungen Frau nach Hause geschickt.“

Ich stammelte eine zusammenhangslose Antwort und wünschte mir von Herzen, dass ich hundert Meilen entfernt wäre. Was für eine Ernüchterung das war! Ich schaute auf ihre dicht mit Bleistift gezeichneten Augenbrauen, auf den verschmierten Puder und die Farbe, die dick auf ihrem Gesicht lagen: auf ihre kühnen, starrenden Augen, die Krähenfüße darunter, die die Kunst mit aller Kraft zu verbergen versucht hatte, ohne Erfolg; Ich blickte auf die Fülle gelber Haare, von denen ich intuitiv wusste, dass sie falsch waren, und ich spürte, wie meine Wangen vor Scham brannten, weil ich dazu verleitet worden war, sie für einen Moment zu bewundern. Unglücklicherweise führte sie meine Verlegenheit auf einen anderen Grund zurück, denn es schien sie teils zu befriedigen, teils zu amüsieren.

„Mein junger Freund und ich haben Ihre Leistung gleichermaßen bewundert, Miss Fay, obwohl er vielleicht demonstrativer war“, sagte Herr Marx und trat vor. „Würden Sie die Glückwünsche und den Dank eines Provinzials annehmen, der selten das Vergnügen hat, eine solche Schauspielerei zu sehen oder eine solche Stimme zu hören?“

Sie dankte ihm mit einem affektierten kleinen Lachen, das plötzlich verstummte und sie blickte ihm aufmerksam ins Gesicht.

„Haben wir uns noch nie getroffen?" sie fragte neugierig. „Etwas an deinem Gesicht oder deiner Stimme kommt mir bekannt vor."

Er erwiderte ihren Blick fest, schüttelte jedoch mit einem leichten Lächeln den Kopf.

„Ich fürchte, ich werde diese Ehre vielleicht nicht für mich in Anspruch nehmen", sagte er. „Wenn wir es getan hätten, hätte es bei mir unmöglich eine Unsicherheit darüber geben können. Es wäre eine wertvolle Erinnerung gewesen."

Sie sah zweifelnd aus, wandte sich aber nachlässig ab.

„Dann ist es wohl mein Fehler", bemerkte sie. „Du scheinst mich auf jeden Fall an jemanden zu erinnern, den ich kannte. Ausgefallen vielleicht. Herr Isaacs, ich bin gekommen, um um Ihre Begleitung nach Hause zu betteln." (Hier warf sie mir einen kurzen Blick zu, der meine Wangen wieder heiß werden ließ.) „Ich habe Julia weitergeschickt, und ich kann nicht alleine gehen, oder, Mr. Morton?" fragte sie und drehte sich zu mir um.

„Ich – ich denke nicht", antwortete ich und wünschte inständig, dass Herr Marx gehen würde. Doch wie mit Absicht war er ans andere Ende des Raumes gegangen und hatte mir den Rücken zugewandt.

Es herrschte kurzes Schweigen. Mr. Isaacs warf mir einen Blick zu, pfiff leise vor sich hin und schlenderte dann langsam zum Fenster, als wollte er sehen, was für eine Nacht es war. Miss Fay warf mir einen ungeduldigen Blick zu, mit leicht zusammengezogenen Augenbrauen. Ich sehnte mich verzweifelt danach, wegzukommen, aber mir fiel beim besten Willen keine Entschuldigung ein.

„Sie werden Ihre Begleitung also nicht anbieten, Mr. Morton?" Sie flüsterte.

„Ich kann nicht. Ich kenne die Stadt nicht – war noch nie hier – und vor uns liegt eine zwölf Meilen lange Fahrt. Wir erwarten die Kutsche jeden Moment. Ah, da ist es!" Fügte ich mit einem plötzlichen Gefühl der Erleichterung hinzu, als ich draußen das

Stampfen und Scharren von Pferdefüßen und das Klirren von Geschirren hörte. "Herr. Marx, Burdett ist gekommen!" Ich rief.

Er blickte stirnrunzelnd auf.

"In Ordnung; es besteht keine Eile!" er sagte. „Wenn Sie nicht bereit sind, beten Sie, studieren Sie mich nicht. Ich sollte unten im ‚Bell‘ eine Zigarre und einen Brandy-Soda genießen, bevor wir beginnen.“

„Ich bin ganz bereit, danke“, antwortete ich langsam, denn seine Worte und sein Verhalten hatten mir Anlass zum Nachdenken gegeben. „Wenn es Ihnen nichts ausmacht, würde ich gerne verschwinden. Es ist ein langer Weg, wissen Sie.“

„Oh, bitte, lass mich dich nicht aufhalten!“ rief Miss Fay und warf den Kopf zurück. "Herr. Isaacs, wenn du bereit bist, bin ich es. Gute Nacht, Herr Marx; Gute Nacht, Mr. Morton!“

Sie zog mich ein wenig zur Seite – ein Manöver, das ich nicht verhindern konnte – und flüsterte mir ins Ohr:

„Du schüchterner, dummer Junge! Dort!"

Sie schüttelte mir noch einmal die Hand und ließ etwas in meiner Handfläche liegen. Als sie weg waren und ich im Gang war, schaute ich es mir an. Es war eine einfache Karte und darauf war hastig eine Adresse gekritzelt:

FRÄULEIN MABEL FAY ,

15, Queen Street.

Ich spürte, wie meine Wangen rot wurden, als ich es in Stücke riss und sie auf den Boden warf. Dann folgte ich Herrn Marx zur Kutsche, und während ich mich zwischen den Kissen neben ihm zurücklehnte, begann ich ernsthaft über einen Gedanken nachzudenken, auf den jeder unbedeutende Vorfall im letzten Teil des Abends hingewiesen hatte; Herr Marx hatte absichtlich versucht, mich dazu zu bringen, mich gegenüber Miss Mabel Fay lächerlich zu machen. Warum?

Kapitel XVIII.
UM MITTERNACHT IM MOOR.

Wir waren mehr als auf halbem Weg nach Hause, als Herr Marx ein Schweigen brach, das immer bedrückender wurde.

„Na, hat dir der Abend gefallen?" er hat gefragt.

„Natürlich habe ich das, und ich bin Ihnen sehr dankbar, dass Sie mich ins Theater mitgenommen haben", fügte ich hinzu. Schließlich habe ich ihn vielleicht falsch eingeschätzt. Welches mögliche Motiv könnte er haben, mein Feind zu sein?

„Oh, das ist alles in Ordnung", erklärte er, zündete sich vorsichtig eine Zigarre an und warf das Streichholz aus dem Fenster. „Ich fürchte allerdings, dass dir heute Abend mehr als eine Illusion zerstreut wurde", fuhr er lächelnd fort. „Sie müssen hier draußen Ihr ganzes Leben lang viel Zeit und Gelegenheit gehabt haben, sie zu weben. Warst du noch nie weg, um deine Verwandten zu besuchen oder irgendetwas in der Art?"

Ich schüttelte den Kopf.

„Ich glaube nicht, dass ich irgendwelche Verwandten habe", sagte ich. „Ich habe noch nie davon gehört. Mein Vater sagte immer, er sei der letzte seiner Familie."

„Aber deine Mutter? Sicherlich kennst du einige ihrer Leute?"

„Ich habe sie noch nie davon sprechen hören", antwortete ich knapp.

"Seltsam! Du erinnerst dich nicht zufällig an ihren Mädchennamen, oder?"

„Ich weiß nicht, ob ich es jemals gehört habe", sagte ich ihm.

Ich begann mir zu wünschen, dass Herr Marx ein anderes Gesprächsthema wählen würde. Zweifellos war es überaus freundlich von ihm, sich so sehr für meine Angelegenheiten zu interessieren, und seine Fragen hatten vollkommen echte Beweggründe, aber meine Unfähigkeit, eine davon zu beantworten, wurde mir ein wenig peinlich.

„Eine weitere Frage, die ich dir stellen wollte, und es wird die letzte sein", sagte er, als würde er meine Gefühle erraten. „Sind Sie hier geboren?"

"Das nehme ich an. Ich habe nie gehört, dass ich woanders geboren wurde."

Wieder herrschte langes Schweigen, und es schien mir, dass Herr Marx sehr tief in Gedanken versunken war. Ich begann mich schläfrig zu fühlen und lehnte mich mit geschlossenen Augen zwischen den weichen, nachgiebigen Kissen zurück.

Es war eine der wildesten und rauesten Nächte des Jahres. An beiden Kutschenfenstern strömten Regentropfen, und wir konnten den Wind über das offene Land heulen und traurig zwischen den blattlosen Bäumen pfeifen hören.

Wir hatten etwa drei Viertel unserer Reise zurückgelegt und hatten gerade den schwärzesten Teil davon erreicht. Auf beiden Seiten der Straße und dicht an ihr entlang, ohne auch nur durch Hecken getrennt, befand sich ein Stück kahles, offenes Land, das im Sommer angenehm genug war, jetzt aber nur noch eine Ebene war, auf der ein paar vereinzelte Plantagen verstreut lagen kränklicher, verkrüppelter Tannen, zwischen denen der Hurrikan unheimliche Musik machte.

Wir befanden uns mitten in dieser tristen Gegend. Herr Marx rauchte immer noch seine Zigarre, aber mit geschlossenen Augen, und döste oder war tief in Gedanken versunken. Ich versuchte vergeblich zu schlafen, den Anteil der Pelzdecke fest um meine Knie geschlungen – vergeblich, denn mein Kopf drehte sich noch immer, nach einem für mich so aufregenden Tag.

So aufregend es auch gewesen war, sein Ende sollte es noch spannender werden. Plötzlich, ohne die geringste Vorwarnung, verspürten wir einen scharfen Ruck und hörten, wie der Kutscher seinen Pferden zurief, die wütend stürzten. Herr Marx und ich beugten uns beide vor, und gerade als wir das taten, ertönte ein gewaltiges Krachen von zerbrechendem Glas, und durch das zersplitterte Kutschenfenster auf der Seite, die ihm am nächsten war, fiel ein schwerer Stein, gefolgt von eine wirre Masse aus Steinen, Kies und anderem Schutt.

Herr Marx sprang auf, die Hand auf der Türklinke und das Blut strömte von seiner Stirn. Doch bevor er die Tür öffnen konnte, geschah etwas Seltsames. Draußen, halb sichtbar durch die Glasreste und halb ohne dazwischenliegendes Hindernis, blitzte für eine einzige Sekunde das weiße, gespenstische Gesicht eines Mannes auf, der zu uns hereinspähte. Es kam und ging so schnell, dass ich nur eine vage Vorstellung von den Merkmalen gewinnen konnte; aber bei Herrn Marx schien es anders zu sein. Wie ein Blitz huschte ein Ausdruck über sein Gesicht, der mir nie aus der Erinnerung verschwunden ist. Jedes Gesicht schien sich zu weiten und zu zittern, von der krampfartigen Qual des entsetzten Wiedererkennens erfüllt. Für einen Moment schien er hilflos zu sein, jede Kraft seiner Bewegung und jeder Nerv waren betäubt. Dann ertönte ein leiser Schrei, wie ich ihn noch nie zuvor oder seitdem aus der Kehle eines Menschen gehört hatte, aus seinen zitternden Lippen, und seine rechte Hand riss seinen Mantel auf und suchte nach seiner Brusttasche.

Die Tür der Kutsche sprang auf, als er wie ein wildes Tier auf die Straße sprang, und lange Feuerstreifen schossen von dem glänzenden Revolver, den er in der Hand hielt – ein grelles Licht, das mir plötzliche Einblicke in sein weißes, blutendes Gesicht gewährte Er stand auf der Straße und feuerte ein Fass nach dem anderen in die Dunkelheit ab.

Ich sprang heraus und eilte an seine Seite, schaute mich gespannt in die dunkle Nacht um und zusammen standen wir da und lauschten in atemloser Stille. Über das wilde, offene Moor raste der Wind mit tiefem, dröhnendem Geräusch auf uns zu, und in den kahlen Baumwipfeln einer kleinen Plantage vor uns hörten wir ihn kreischen und schreien wie das höllische Gelächter einer Hexenarmee. Die tintenschwarzen Wolken, die sich dicht über unseren Köpfen senkten, lösten sich in einem wilden Regenguss auf, und die Dunkelheit war so intensiv, dass wir zwar das hektische Stampfen der Pferde hinter uns hören konnten, sie aber auch die Kutsche nicht sehen konnten. Die Elemente schienen sich auf der Seite unseres mysteriösen Angreifers erklärt zu haben. Die Schwärze der Nacht und das Tosen von Wind und Regen verdunkelten unsere gesamte Umgebung und dämpften alle Geräusche außer ihren eigenen.

"Warten Sie hier!" rief Herr Marx in einem harten, unnatürlichen Ton. Und bevor ich meinen Mund öffnen konnte, war er außer Sichtweite und es schien, als hätte die schwarze, gähnende Dunkelheit ihn verschlungen.

Eine Weile stand ich regungslos da. Dann erinnerte mich der Hilferuf des Kutschers hinter mir und das erneute Geräusch kämpfender Pferde an ihre Notlage, und ich tastete mich wieder zurück zur Straße.

Ich kam gerade noch rechtzeitig. Die Pferde, schöne, kräftige Geschöpfe, fast reinrassig, waren völlig außer sich vor Angst, und der Pferdeknecht, der sie festgehalten und versucht hatte, sie zu bändigen, war völlig erschöpft. Unter uns gelang es uns, sie nach einem kurzen Kampf zu beruhigen, und sobald ich genug Luft fand, begann ich, Burdett – der wie eine unbewegliche Statue an seinem Platz auf der Loge gestanden hatte – nach dem ersten Grund für ihre Besorgnis zu befragen.

„Was haben sie zuerst gescheut?“ Ich fragte. „Hast du jemanden gesehen?“

„Ich habe gerade einen Blick auf den Schurken geworfen, Sir, und das war alles“, antwortete Burdett. „Wir wirbelten wunderschön dahin, denn als sie auf dem Heimweg waren, wussten sie, dass die Tiere es wussten, als Dandy plötzlich scheute und die Stute auf ihren Hinterbeinen aufstieg und so nah wie möglich an ihnen vorbeizog mich auf die Straße. Ich lockerte die Zügel und legte die Peitsche darüber, während Tom heruntersprang. Und in diesem Moment sah ich eine Gestalt mitten auf der Straße und hörte ein Krachen durch das Wagenfenster. Tom, er hatte ihre Köpfe inzwischen schon erwischt, was ein Glück war; Denn als das Feuer begann, waren sie wie verrückte Kreaturen und ich hätte sie nie festhalten können. Es ist eine Gnade, dass wir nicht ganz am Ende sind, und das ist kein Fehler. Der Herr rette mich davor, in einer Nacht wie dieser jemals wieder mit meinen Knochen unterwegs zu sein!“

„Sie haben also nicht das Gesicht des Mannes gesehen, der uns angegriffen hat?“ Ich fragte eifrig.

„Da ich weder die Augen eines Adlers noch einer Katze hatte, Sir, das habe ich nicht“, antwortete Burdett. „Schauen Sie sich einfach um und sehen Sie, was für eine Nacht das ist. Ich kann Ihre Umrisse gerade erst erkennen, Sir; Obwohl ich dich schon seit fünf Minuten ansehe, kann ich nichts von deinem Gesicht sehen.“

„Du auch nicht, nehme ich an, Tom?“ Ich habe den Bräutigam gefragt.

"Nein Sir; nichts außer nur einer schwarzen Figur. Gut, dass keiner von Ihnen verletzt wurde, Sir.“

„Ich bin mir nicht sicher, ob Herr Marx das nicht ist", antwortete ich; „Sein Gesicht blutete stark. Ich wünschte, er würde zurückkommen."

Noch nie verging die Zeit so langsam wie damals, als wir im Sturm und Regen auf die Rückkehr von Herrn Marx warteten. Es muss fast eine Stunde gedauert haben, bis wir ihn in der Ferne rufen hörten, und bald darauf sahen wir seine Gestalt ganz in der Nähe aus der Dunkelheit auftauchen. Er war alleine.

Von Kopf bis Fuß mit Schlamm bespritzt, ohne Hut und mit großen Blutspuren auf der Stirn und den Wangen bot er zunächst eine furchterregende Gestalt. Aber sein Gesicht hatte den schrecklichen Ausdruck des benommenen Entsetzens verloren, der es mir für einen Moment so schrecklich gemacht hatte, und als er atemlos und erschöpft in die Kissen zurücksank, versuchte er sogar zu lächeln.

„Alles umsonst, sehen Sie", sagte er. „Konnte nirgendwo eine einzige Spur von irgendjemandem finden."

„Sind Sie sehr verletzt, Sir?" fragte der Bräutigam, der die kaputte Kutschentür zuschnürte.

"Gar nicht. Nur ein Kratzer. Sag Burdett, er soll jetzt so schnell wie möglich nach Hause fahren, Tom, da ist ein guter Kerl."

Wir blieben zusammen, um über diese seltsame Angelegenheit zu sprechen. Herr Marx schien sich bereits dazu entschieden zu haben.

„Ohne Zweifel", sagte er mit Bedacht, „war es irgendein Landstreicher, verzweifelt vor Mangel oder Alkohol, der sich entschloss, den Straßenräuber zu spielen." Er fing gut an, und als er dann zwei statt nur einen von uns sah, scheiterte er und rannte davon. Ich glaube nicht, dass ich jemals in meinem Leben einen solchen Start hatte."

„Du bist am schlechtesten davongekommen", bemerkte ich und zeigte auf seine Stirn.

„Es war nicht so, dass es mich verärgert hat", antwortete er. „Es war eine schreckliche Idee, die mir nur für einen Moment durch den Kopf ging. Das Gesicht, das durch das Fenster schaute – Sie haben es gesehen –, ähnelte schrecklich dem Gesicht eines toten Mannes – von dem ich weiß, dass er tot ist. Es löste in mir, gerade solange die Idee andauerte, ein Gefühl aus, das ich hoffentlich nie wieder erleben werde, solange ich lebe. Es war schrecklich."

Das Gesicht der Toten! Es war kein heiterer Gedanke. Aber ich schaute auf die zerstörte Tür und das zerstörte Fenster der Kutsche und fühlte mich sofort beruhigt. Unser Angreifer, wer auch immer er gewesen sein mochte, war kein geisterhafter Mensch. Das zerbrochene Glas, das zerrissene Holzwerk und die Wunde an Herrn Marx' Stirn waren unbestreitbare Beweise für seine materielle Präsenz und Stärke.

Mit einem Ruck fuhr die Kutsche heran. Wir hatten mein Zuhause erreicht.

„Wäre es nicht besser, wenn Sie hereinkämen und Ihre Stirn baden würden, Herr Marx?" Ich schlug zögernd vor.

Er schüttelte den Kopf und lehnte ab.

"Nein danke. Ich werde so schnell wie möglich zum Schloss zurückkehren und es selbst behandeln. Auf Wiedersehen, Morton. Wenn ich Sie vor Ihrer Abreise nicht wiedersehe, wünsche ich Ihnen viel Erfolg bei Mr. Randall.

Ich dankte ihm herzlich, schüttelte ihm die Hand, schloss die Wagentür und rief Burdett zu, er solle weiterfahren. Einen oder zwei Augenblick lang stand ich auf der Straße und beobachtete die Lichter, die in der Ferne immer schwächer wurden. Dann ging ich langsam den Weg hinauf zum Haus.

Auf halbem Weg blieb ich stehen und lauschte mit angehaltenem Atem aufmerksam. Der Wind hatte nachgelassen und der Regen hatte fast aufgehört, aber die Nacht war immer noch pechdunkel. Ich hörte mit angestrengten Ohren und klopfendem Herzen zu und wusste bald, dass ich mich nicht geirrt hatte. Als ich den Hügel zwischen Rothland Wood Gate und meinem Aufenthaltsort entlang der Straße, über die wir gerade gekommen waren, hinunterkam, konnte ich das schwache, aber dennoch unverkennbare Lichtgeräusch rennender Schritte hören. Ich drehte mich um, schlich leise den Weg entlang und blieb wartend mitten auf der Straße stehen.

KAPITEL XIX.
Ein seltsamer Angriff.

Es konnte in Wirklichkeit nicht länger als ein oder zwei Minuten gedauert haben, obwohl es mir damals schrecklich lange vorkam, bis ich das Geräusch, das meine Aufmerksamkeit erregt hatte, wieder hörte. Als ich es tat, war es ganz in der Nähe, direkt am Anfang der Reihe von Wirtschaftsgebäuden, die die Straße säumten. Es bestand keine Möglichkeit eines Fehlers. Die Situation war jedenfalls hinreichend klar. Kaum fünfzig Meter entfernt kam ein Mann auf mich zugerannt, entweder barfuß oder mit sehr weichen Schuhen; und es war nach Mitternacht, stockfinster und eine einsame Straße.

Die Schritte kamen immer näher und mein Herz begann tatsächlich sehr schnell zu schlagen. Als ich endlich ernst durch die Dunkelheit spähte, erkannte ich die schattenhafte Gestalt eines Mannes, der nur ein oder zwei Meter von mir entfernt mitten auf der Straße rannte, und ein Paar wilder, brennender Augen glitzerten wie Feuer vor dem dunklen Hintergrund . Ich spürte seinen warmen, keuchenden Atem auf meiner Wange, hörte einen leisen, heftigen Schrei und sah eine Sekunde später, wie die Gestalt zur Seite sprang und im Schatten der Scheunenwand verschwand.

Ich folgte vorsichtig; aber obwohl ich in alle Richtungen tastete, konnte ich nichts sehen. Ich stand also ganz still mit dem Rücken zur Wand und rief leise:

"Wer bist du? Warum versteckst du dich vor mir?"

Keine Antwort. Ich habe es noch einmal versucht:

„Ich möchte dich nicht verletzen. Ich werde dir keinen Schaden zufügen. Ich möchte nur wissen, wer du bist und was …"

Ich habe den Satz nie beendet. Plötzlich wurde ich mir bewusst, dass mich zwei grelle Augen ansahen, die wie Stücke glühender Kohle aus einem zerknitterten Haufen auf dem Boden aussahen. Dann ertönte ein schnelles, keuchendes Schnauben, ein Sprung, und ich spürte, wie die langen, nervösen Finger eines Mannes meine Kehle umklammerten. Keuchend und nach Luft schnappend warf ich sie weg, nur um festzustellen, dass ich von zwei langen Armen wie in einem Schraubstock festgehalten wurde. Ich holte tief Luft und bereitete mich auf den Kampf mit meinem unbekannten Angreifer vor.

Mehr als einmal gab ich mich verloren auf, denn mein Gegner war offensichtlich ein mächtiger Mann und schien darauf bedacht zu sein, mich zu erwürgen. Aber so heftig er sich zunächst auch wehrte, erkannte ich bald, dass seine Stärke nur aus der Raserei nervöser Verzweiflung bestand und dass sie ihn schnell verließ. Nach und nach gewann ich die Oberhand, und schließlich warf ich ihn mit größter Anstrengung auf den Rücken, und bevor er sich wieder erholen konnte, legte ich mein Knie auf seine Brust und atmete erleichtert auf.

Ich sprach mit ihm, schrie, drohte, befahl; aber er nahm keine Notiz davon. Dann spähte ich genau in sein nach oben gerichtetes Gesicht und seine wilden Augen, und die Wahrheit wurde mir sofort klar. Ich hatte mit einem Verrückten zu kämpfen, einem hoffnungslosen, rasenden Wahnsinnigen, und wahrscheinlich war er es, der uns in der Kutsche angegriffen hatte.

Mein erster Impuls war der tiefe Dankbarkeit für meine Flucht; Dann begann ich mich zu fragen, was um alles in der Welt ich mit ihm machen sollte. Er lag jetzt wie ein Baumstamm, vollkommen ruhig; aber ich wusste, dass ich ihn nur lockern musste, und der Kampf würde von neuem beginnen – vielleicht anders enden. Ich konnte ihn nicht mit ins Haus nehmen, denn es gab keinen Raum, aus dem er nicht leicht entkommen konnte. Der einzige Ort schien mir das Kutschenhaus zu sein. Es war trocken und sauber, hatte keine Fenster, außer oben, und ein gutes, starkes Vorhängeschloss. Ich entschied, dass das Kutschenhaus genügen würde, wenn ich ihn nur dorthin bringen könnte.

Ich zog mein Taschentuch aus der Tasche, knüllte es mit den Zähnen zusammen und fesselte seine Hände, so gut ich konnte. Dann packte ich ihn am Kragen, zog ihn halb, halb half ihm den Gartenweg hinauf, bis wir das Kutschenhaus erreichten, und öffnete mit einer Hand die Tür und stieß ihn hinein. Er leistete keinen Widerstand; tatsächlich schien er völlig eingeschüchtert zu sein; und ein bemitleidenswertes Objekt sah er aus, auf dem Boden kauernd, das Gesicht zur Wand gerichtet. Ich zündete ein Streichholz an, um ihn besser sehen zu können.

Seine einzige Kleidung bestand aus einem grauen Flanellhemd und einer dunklen Hose, die beide stellenweise zerrissen und vom

Regen durchnässt waren. Von seinem Gesicht konnte ich wenig erkennen, denn es war halb verdeckt von den Haaren, die von Schmutz und Regen verfilzt waren, und von seinem buschigen Schnurrbart und seinem Bart, zerzaust und ungepflegt. Seine Füße waren nackt und schwarz mit einer dicken Schlammschicht; daher sein sanfter, verstohlener Schritt. Alles in allem war er ein gruseliges Objekt, da er zusammengekauert an der Wand lag und unverständlichen Jargon vor sich hin murmelte.

Ich ließ seine Hände los, ließ ihn dort zurück und betrat leise das Haus, fand etwas Essen und Teppiche und brachte sie zu ihm hinaus. Er beäugte Ersteres gierig, und bevor ich es ablegen konnte, riss er mir ein Stück Brot aus der Hand und begann es eifrig zu verschlingen. Den Rest legte ich neben ihn, warf die Decken über ihn und stahl mich davon.

KAPITEL XX.
DAS KLOSTER ZWISCHEN DEN HÜGELN.

Als ich morgens aufwachte, stand die Sonne bereits hoch am Himmel und es war deutlich nach meiner üblichen Aufgangsstunde. Ich sprang sofort aus dem Bett und begann mit der Toilette. Ich hatte mein Bad kaum beendet, als es laut an der Tür klopfte.

"Hallo!" Ich habe geschrien. „Ist irgendetwas los?"

"Jawohl. Bitte, Sir, John möchte wissen, ob Sie letzte Nacht etwas im Kutschenhaus eingesperrt haben. Es gab--"

„Ja, das habe ich", unterbrach ich schnell. „Sag ihm, er soll nicht dorthin gehen, bis ich herunterkomme."

„Bitte, Sir, es ist zu spät", antwortete das Mädchen in einem ängstlichen Ton. „Es ist entkommen, was auch immer es ist."

Ich ließ das Handtuch fallen, mit dem ich mich gerieben hatte, und beeilte mich, meine Kleidung anzuziehen. Nach ein paar Minuten war ich unten im Hof, wo mehrere Männer zusammenstanden und sich unterhielten. John verließ sie sofort und kam zu mir.

„Warum wolltest du so früh zum Kutschenhaus gehen?" Rief ich aus und warf einen Blick auf die weit geöffnete Tür und den leeren Innenraum. „Ich hatte letzte Nacht eine schreckliche Aufgabe, diesen Mann da reinzubringen, und jetzt hast du ihn gehen lassen."

„Nun, Sir, es war ein schrecklicher Krach, den er angerichtet hat", erklärte John. „Als ich heute Morgen gegen fünf Uhr ankam, ging ich gerade durch den Stapelplatz, als ich von innen ein schreckliches Klopfen an der Tür des Kutschenhauses hörte. Natürlich wusste ich nicht, dass dort jemand war, also ging ich einfach nach oben und öffnete die Tür, um zu sehen, was los war, und, lor, ich hatte einen Skeer, und kein Fehler! Es war ziemlich dunkel und ich konnte nur ein paar Augen sehen, die mich so wütend anstarrten wie die eines wilden Tieres. „Komm hier raus und lass uns einen Blick auf dich werfen", sage ich, denn, siehst du, dachte ich, als es sich um jemanden handelte, der sich tagsüber unbemerkt eingeschlichen hatte und aus Versehen eingesperrt wurde. Es gibt keine Antwort, und ich wollte gerade ein

Streichholz anzünden und einen Blick auf ihn werfen, als er wie eine Wildkatze auf mich losspringt. Ich habe versucht, ihn festzuhalten, und ich wäre verdammt, wenn er seine Zähne nicht annähernd durch meine Hand treffen würde."

Er berührte leicht seine rechte Hand und ich bemerkte zum ersten Mal, dass sie verbunden war.

„Dann ist er dir also entkommen?" Ich bemerkte.

„Mir entkommen?" wiederholte John in einem Ton völliger Abscheu. „Er war nicht so ein süß aussehender Gegenstand oder auch nicht so gutmütig, dass ich mir übermäßig um das Vergnügen seiner Gesellschaft sorgen würde, warnte er nicht! Ich nahm einfach meine Hand aus seinem Maul und ließ ihn so schnell gehen, wie er wollte, mit einem kräftigen Tritt nach hinten, um ihm auch beim Weiterkommen zu helfen. „Sehen Sie, Sir, ich wusste nicht, dass Sie etwas damit zu tun hatten, ihn da reinzustecken", fügte der Mann entschuldigend hinzu. „Ich dachte, er wäre ziemlich promiskuitiv reingekommen."

Um die Wahrheit zu sagen: Obwohl ich zunächst beunruhigt war, bereute ich das Geschehene nicht besonders. Auf jeden Fall ersparte es mir die Mühe, zur Polizeistation in Mellborough zu gehen. Dennoch war der Gedanke, dass er vielleicht jetzt in der Nähe herumlungerte und viele Gelegenheiten hatte, sich eine Waffe zu besorgen, nicht gerade angenehm.

„Wer könnte er gewesen sein, Sir?" fragte John neugierig.

„Genau das, was ich gerne wissen würde", antwortete ich. „Er ist ein Wahnsinniger und ein gefährlicher Mensch, das steht fest – ich glaube, er ist aus einer Anstalt geflohen." Und ich erzählte ihm von meinem Abenteuer am Vorabend, dem die ganze Gruppe mit offenem Mund zuhörte.

„Ich denke, Sir", bemerkte John, als ich fertig war, „dass es für Foulds und mich besser wäre, einen Rundgang zu machen und zu sehen, ob wir ihn nicht finden können, sonst wird er es tun." jemandem einen Unfug machen."

„Wenn Sie nicht sehr beschäftigt sind, würde ich es gerne tun", sagte ich. „Ich fühle mich nicht ganz wohl bei dem Gedanken, dass er hier herumirrt. Wenn Sie ihn finden, sperren Sie ihn ein und schicken Sie eine Nachricht an die Polizeistation in Mellborough.

Nach dem Frühstück an diesem Morgen stellte meine Mutter eine Bitte, die mich fast ebenso überraschte wie mich erfreute.

„Ich werde zum Kloster gehen, Philip“, sagte sie leise. "Wirst du mit mir kommen?"

„Natürlich werde ich das tun, Mutter“, antwortete ich prompt. „Nichts könnte mir mehr Freude bereiten. Wann fängst du an?"

„Ich werde in einer halben Stunde fertig sein“, sagte sie mit einem schwachen Lächeln, als wäre sie über meine bereitwillige Zustimmung erfreut. Dann verließ sie den Raum, um sich fertig zu machen.

Ungefähr zu der Zeit, die sie erwähnt hatte, kam sie zu mir in den Garten und wir begannen unseren Spaziergang. Es verlief sehr ereignislos, aber ich glaube nicht, dass ich es jemals vergessen werde. Meine Mutter schien nach ihrem kurzen Rückfall in verhältnismäßige Freundlichkeit unzugänglicher denn je geworden zu sein; und sie ging neben mir her, mit gesenktem Blick und einem nervösen, nachdenklichen Ausdruck auf ihrem blassen Gesicht.

Auch ich fühlte mich zu Beginn etwas deprimiert, aber schon bald hatte die frische, reine Luft, die immer stärker wurde, als wir die Straße verließen und dem Fußweg am Beacon Hill folgten, eine unveränderliche Wirkung auf meine Stimmung. Alle verwirrenden Gedanken und bösen Vorahnungen verschwanden wie von Zauberhand von mir, und mein Herz schlug und das Blut floss durch meine Adern mit der ganzen ungestümen Begeisterung einer zuversichtlichen Jugend.

Oben auf dem Hügel hielten wir inne, ich, um mich auf mein Lieblingsbild umzusehen, und meine Mutter, um sich einen Moment auszuruhen. Dann sahen wir, wie groß der Sturm in der Nacht zuvor gewesen war.

Hier und da standen kahle Baumstämme und mancher Viehstall und Scheune stand ohne Dach. Der Sturm schien überall verheerende Schäden angerichtet zu haben, außer dort, wo auf dem Gipfel seines bewaldeten Hügels Ravenor Castle mit seiner großen Reihe mächtiger Zinnen, seinen riesigen Türmen und grauen Mauern von unbesiegbarer Dicke stirnrunzelnd auf das Land zu seinen Füßen herabblickte . Als ich hinüberblickte, kam es mir vor, als sei der Ort noch nie so imposant gewirkt wie damals.

Meine Mutter stand an meiner Seite und bemerkte meinen aufmerksamen Blick.

„Du bewunderst Ravenor Castle sehr, Philip?" sagte sie leise.

Mit Mühe zog ich meinen Blick zurück.

„Das tue ich, Mutter", gestand ich; "wirklich sehr viel. Der Ort übt eine gewisse Faszination auf mich aus – und auf den Mann, der dort lebt!"

Meine Mutter hatte sich ein wenig von mir abgewandt und stand mit zum Himmel gerichtetem Gesicht und stumm bewegten Lippen da. Aus ihren Augen konnte ich sehen, wie langsam Tränen aufstiegen und ihre große, schlanke Gestalt von Schluchzen geschüttelt wurde. Ich sprang an ihre Seite und ergriff ihre Hand.

„Was ist los, Mutter?" Ich weinte. "Sag mir!"

Sie schüttelte traurig den Kopf.

„Nicht jetzt, Philip – nicht jetzt. Komm, lass uns gehen!"

Seite an Seite begannen wir den Hügel hinunterzusteigen. Unser Weg schlängelte sich um mehrere frisch gepflanzte Dornenwälder herum und führte dann durch eine Pinienplantage.

Dann bogen wir, was mich betraf, mit Bedauern wieder in die schlammige Straße ein und gingen mehr als eine Meile zwischen hohen, geraden Hecken hindurch. Endlich, kurz nach Mittag, bogen wir nach links ab, passierten einen Bauernhof und folgten einem gewundenen Pfad, der uns mal an Rübenfeldern vorbei, mal über mit Farn bedecktes offenes Land zum Gipfel unseres Gipfels führte letzter Hügel.

Auch hier machten wir eine Pause. Unter uns, dicht vor dem Hintergrund der farblosen Hügel, trostlos an der trostlosesten Stelle der kargen Landschaft gelegen, drängten sich die geraden Türme und streng einfachen Gebäude des Klosters zusammen. Etwas darüber, auf einem künstlichen Felsvorsprung, hob sich ein grobes Kreuz in lebhaftem Relief vom Himmel ab, und die Augen meiner Mutter waren mit einer Art verzückter Wehmut darauf gerichtet, als wir Seite an Seite oben auf dem Gipfel standen Hügel mit Blick nach unten.

Es war ein passender Ort, den diese Männer – die es zu ihren Tugenden zählten, dass sie sich in ihrer strengen Selbstaufopferung sogar von den Schönheiten der Natur abgeschnitten hatten – als Wohnsitz gewählt hatten. Aber obwohl der Ort eine besondere Eindrücklichkeit hatte, die immer wieder eine gewisse Faszination auf mich ausübte, war ich heute froh, als meine Mutter wieder weiterzog.

Als wir uns dem Ende unserer Reise näherten und in die lange, gerade Allee einbogen, die zu den Klostertoren führte, nahm die seltsame Aufregung, die ich zu Beginn des Tages im Verhalten meiner Mutter bemerkt hatte, sichtlich zu. Die kalte Ausdruckslosigkeit, die so lange in ihrem Gesicht gelebt hatte, verschwand, und darin kroch ein Ausdruck, den ich, nachdem ich ihn einmal gesehen hatte, nicht noch einmal ansehen wollte. Es schien, als ob sie versuchte, sich auf eine gewaltige Tortur vorzubereiten, und ich hätte alles gegeben, um das Mitgefühl, das in mir stark aufgestiegen war, in Worte fassen zu können.

Unnatürlich, kalt, streng und im besten Fall gleichgültig, so wie sie in letzter Zeit zu mir gewesen war, war sie immer noch meine Mutter und ich liebte sie. Aber ich wagte es nicht, mit Worten die heftige Angst zu unterbrechen, die bereits Spuren in ihrem weißen, angespannten Gesicht zu hinterlassen begann. Erst als wir vor der kahlen Steinfassade des Klosters standen und sie mit schwachen Fingern die große Eisenglocke gezogen hatte, konnte ich überhaupt sprechen, und dann waren die Worte nicht so, wie ich sie sprechen wollte. Wenn ich später an sie dachte – und ich dachte oft an sie und an jede Kleinigkeit dieses denkwürdigen Spaziergangs –, kamen sie mir schwach und schlecht ausgewählt vor.

Aber so wie sie waren, bin ich froh, dass ich sie gesprochen habe.

Sie hörte zu wie jemand, dessen Gedanken weit weg waren, aber als ich aufhörte, legte sie atemlos ihre Hand auf meinen Arm und sagte mit ihren trüben, traurigen Augen, die in meine blickten, einfach:

„Das ist deinetwegen, Philip – deinetwegen!"

Dann, bevor ich sie fragen konnte, was sie meinte, öffnete sich langsam die große Tür und der Gastmeister stand vor uns. Sie ging mit einem stummen Gruß an ihm vorbei und verschwand auf dem Weg zur Kapelle; und obwohl ich sie sehnsüchtig beobachtete, wagte ich es nicht, ihr zu folgen. Dann lehnte ich Pater Bernards Einladung ab, in sein Zimmer zu gehen und mich auszuruhen, wandte mich von der Tür ab und schlenderte auf das Gelände hinaus.

Stunde um Stunde verging der kurze Wintertag. Pater Bernard machte sich auf die Suche nach mir und bot mir Erfrischungen an; aber ich schüttelte den Kopf. Ich konnte weder essen noch trinken noch mich ausruhen. Eine seltsame, aber starke Befürchtung einer bevorstehenden Krise in meinem Leben – eines großen Übels im Zusammenhang mit dem Besuch meiner Mutter an diesem Ort – hatte mich ergriffen, und alle meine Bemühungen dagegen waren wirkungslos.

Es war später Nachmittag, als sie kam. Ich war auf den Gipfel des „Golgatha" geklettert und beobachtete mit krankem Herzen und sehnsüchtigen Augen die Tür, aus der sie herauskommen musste. Plötzlich wurde es geöffnet und sie stand einen Moment auf der Schwelle und sah sich nach mir um. Bis zu meinem Tod werde ich an sie denken, wie ich sie damals sah.

Ihr Gesicht war das Gesicht einer Heiligen – ruhig, leidenschaftslos und glücklich, mit einem sanften, zügellosen Glück. Als ich sie ansah, wusste ich, dass sie die Last ihres großen Kummers hinter sich gelassen hatte. Aber sie hatte einen Preis dafür bezahlt. So blass und zerbrechlich sie immer gewirkt hatte, schien sie jetzt von einer grausamen, vernichtenden Tortur erschöpft zu sein, die alles Menschliche aus ihren Gesichtszügen vertrieben hatte und nur noch ein spirituelles Leben übrig ließ. Als sie langsam in die Auffahrt hineinging und ich sie noch deutlicher sah, schien es mir, als hätte sie eine seltsame, neue Schönheit gewonnen; aber es war eine Schönheit, die mich mit plötzlicher schaudernder Angst auf sie blicken ließ.

Ich eilte an ihre Seite und sie begrüßte mich mit einem Lächeln, wie ich es selten auf ihrem Gesicht gesehen hatte und das völlig im Einklang mit ihrem sanften Gesichtsausdruck stand. Dann nahm sie meinen Arm und wir machten uns auf den Weg nach Hause.

„Bist du jetzt glücklicher, Mutter?" Ich wagte es, sie zu fragen, und sie antwortete mir, indem sie schweigend meinen Arm drückte.

Wir gingen die Allee hinunter, die dicht mit verwesenden Blättern übersät war, entlang der gewundenen Gasse und durch das Tor, das zum Ive's Head Hill hinaufführte. Ein- oder zweimal, als wir den Aufstieg machten, hatte ich das Gefühl, dass sie schwer an meinem Arm hing, und ich fragte, ob sie müde sei; aber sie schüttelte nur den Kopf. Wir hatten den Gipfel erreicht, bevor die schreckliche Angst, die an meinem Herzen nagte, endgültig Gestalt annahm. Dann konnte ich zum ersten Mal seit Beginn unserer Rückreise in ihr Gesicht blicken, das sie von mir abgewendet hatte, und als ich die schreckliche Veränderung sah, die sich darin eingeschlichen hatte, blieb mir das Herz stehen und alle meine Sinne schienen vor Angst betäubt zu sein.

„Mutter", rief ich, „du bist krank! Was ist los? Oh, sprich mit mir – tu es!"

Sie war in meine Arme gefallen, und ihre Hände, die meine berührten, als sie an ihre Seite fielen, waren so kalt wie Eis. Ihr Gesicht war wie das Gesicht einer Person, die bereits über die Schatten des Todes gesiegt hat. Weit entfernt, zu unseren Füßen, hob sich das Kreuz von Golgatha mit schroffer Lebhaftigkeit vom sich schnell verdunkelnden Himmel ab und ihre schließenden Augen waren fest darauf gerichtet. Ihre Lippen waren zu einem glücklichen, selbstbewussten Lächeln leicht geöffnet, und ihr ganzes Wesen schien in höchster religiöser Hingabe versunken zu sein. Einmal flüsterte sie meinen Namen und drückte sanft meine Hand; Dann bewegten sich ihre Lippen erneut und ich hörte den schrecklichen Klang des feierlichen Gebets, das in einem gebrochenen Flüstern verstummte: „ *In manus Tuas, Domine* !"

In meinem Herzen wusste ich, dass sie im Sterben lag und dass menschliche Hilfe nutzlos sein würde. Dennoch wollte ich nicht alle Hoffnung aufgeben, und als ich sie sanft absetzte, sah ich mich ängstlich um. Auf dem Gipfel der nächsten Hügelkette saß ein Mann zu Pferd und blickte auf das Kloster herab – eine regungslose Gestalt vor dem Himmel. Ich schrie zu ihm, und als er meine Stimme hörte, drehte er sich um und blickte zu uns; Dann bohrte er plötzlich die Sporen tief in die Seiten seines großen schwarzen Pferdes und donnerte mit einem Tempo den

Hügel hinauf, das den Boden unter meinen Füßen beben ließ wie bei einem Erdbeben.

"Was ist falsch?" er weinte heiser; und als ich ihm ins Gesicht sah, erkannte ich Mr. Ravenor.

Ich deutete auf die am Boden liegende Gestalt meiner Mutter, blickte ihn mit trockenen Augen an und antwortete mechanisch:

"Sie liegt im Sterben!"

Die Worte hatten meine Lippen kaum verlassen, als er schon von seinem Pferd sprang, seinen Arm um sie legte und sich über ihr blasses Gesicht beugte.

„Oh, das ist schrecklich!“ er murmelte. „Du darfst nicht sterben – du darfst nicht sterben! Ich habe--"

Seine Stimme schien vor Emotionen erstickt zu sein und er beendete seinen Satz nicht. Sie sprach mit ihm, aber so leise, dass ich die Worte nicht verstehen konnte.

Ich ging ein paar Meter weg und sah mich noch einmal wild um. Weit entfernt am dunklen Hang konnte ich die weißgekleideten Gestalten der Laienbrüder sehen, die sich über ihre Arbeit beugten. Näher war niemand. Die Straße unten war verlassen und eine tiefe Stille schien über der kahlen, schattigen Landschaft zu liegen. Kummer im Herzen drehte ich mich um und fiel neben meiner Mutter auf die Knie.

Wir blieben dort und fürchteten uns fast, ihr ins Gesicht zu sehen, bis die Dämmerung über den Hügeln tiefer wurde und langsam sogar das dunkle Kreuz, das sich vor dem grauen Himmel abhob, aus unserem Blickfeld verschwand. Dann beugte sich Mr. Ravenor für einen Moment nach vorne und ein leises Stöhnen kam über seine Lippen. Es sagte mir, was ich befürchtete – dass meine Mutter tot war!

KAPITEL XXI.
EINE NACHRICHT VON DEN TOTEN.

Der Anfall meiner Trauer ließ langsam nach, ich stand auf und sah mich mit tränenden Augen um. Herr Ravenor war immer noch an meiner Seite und gemeinsam trugen wir meine Mutter zurück zum Kloster. Die Nachricht von unserer Annäherung war uns vorausgeeilt, und lange bevor wir das Ende unserer Reise erreichten, läutete die feierliche Minutenglocke in die stille Nacht, weckte seltsame Echos in den Hügeln und fand einen Nachhall ihrer Trauer in meinem Herzen.

So streng und beeindruckend mir die große, kahle Fassade des Klosters immer vorgekommen war, so kalt und trostlos war sie mir noch nie vorgekommen, als als sich unsere melancholische kleine Prozession um den Kalvarienberg schlängelte und sich langsam dem Eingang näherte. Die Düsternis eines Winterabends hing um das Gebäude, das, da von nirgendwo ein Lichtstrahl zu sehen war, wie eine Behausung der Toten aussah – ein riesiges Gewölbe.

Doch plötzlich, als wir näher kamen, wurde die Haustür langsam geöffnet und die dunkle Gestalt eines Mönchs, der eine brennende Kerze über dem Kopf hielt, stand auf den Stufen und wiederholte mit leiser, monotoner Stimme ein lateinisches Gebet. Als er aufhörte, herrschte einen Moment Stille, und dann ertönte aus der Kapelle der Klang tiefer Stimmen, die langsam und feierlich im Gleichklang das *Miserere sangen* .

Der Rest dieser Nacht kommt mir jetzt wie ein Traum vor, an den ich mich nur noch wenig erinnern kann. Aber ich erinnere mich, dass ich lange nach Mitternacht, als ich mich auf den Steinboden des Gästezimmers warf, leise Schritte und das Rascheln von Kleidungsstücken hörte, die sich mir näherten, und als ich aufblickte, sah ich das süßeste Gesicht, das ich je gesehen hatte in einem Mann oder einer Frau, die aus den tiefen Falten einer Mönchskutte auf meine herabblicken.

Er blieb eine Weile bei mir und sprach willkommene, tröstende Worte; Dann raffte er seine Roben zusammen, stand auf und machte sich bereit zu gehen. Aber zuerst reichte er mir ein kleines Päckchen.

„Das lag in meiner Verantwortung, Philip Morton", sagte er. „Ich hätte mir nicht träumen lassen, dass ich so bald aufgefordert werden würde, mein Vertrauen zu erfüllen. Nimm es, mein Sohn."

Das Päckchen, das ich mit ehrfürchtigen Fingern öffnete, war sehr klein und bestand nur aus einem einzigen Brief. Damit ich es besser sehen und lesen konnte, stieß ich das schmale, rautengerahmte Fenster auf, und das Mondlicht erfüllte den kleinen Raum mit einem sanften, milden Licht. Dann habe ich gelesen:

„Das Barnwood-Kloster von St. Clemens,

„ 19. November 18—.

„ MEIN LIEBSTER SOHN , ich schreibe dir diese Zeilen, Philip, und fühle mich glücklicher als seit vielen Jahren, weil ich zutiefst und sicher davon überzeugt bin, dass mein Leben schnell zu Ende geht und dass das Ende kommen könnte jede Minute. Ach! Mein Sohn, ich habe das Gefühl, dass ich nicht alles bei dir gewesen bin, was eine Mutter sein sollte. Es kann sein, dass meine Kälte mir die Liebe entfremdet hat, von der ich weiß, dass du bereit warst, sie zu geben. Es kann so sein; Aber ich glaube lieber, dass Sie Mitleid mit mir haben werden, wenn ich Ihnen sage, dass die Kälte, die zwischen uns entstanden ist, nicht meine Entscheidung war, sondern nur Teil einer schrecklichen Strafe, die ich viele ermüdende Jahre lang ertragen musste.
„Was meine Sünde – oder seien Sie gnädig mit mir selbst und nennen Sie sie meinen Fehler – war, das möchte ich Ihnen hier nicht sagen. Eines Tages wird es die Person, deren Ermessen ich überlassen habe, vielleicht für angebracht halten, Ihnen die ganze Geschichte zu erzählen. Um meinetwillen, Philip, um der Liebe willen, von der ich weiß, dass du mich hegst – und die ich, Gott weiß, für dich empfinde – bitte ich dich, zu warten, bis diese Zeit kommt, und nicht zu versuchen, sie zu beschleunigen.
„Denken Sie so freundlich wie möglich an mich, Liebes. Auch wenn der Weg, den ich eingeschlagen habe, nicht der weiseste war, so habe ich zumindest furchtbar darunter gelitten. Viele Jahre lang haben Trauer, Entsetzen und Reue mein Leben zu einem langen Fegefeuer gemacht. Ja, ich habe tatsächlich gelitten. Aber endlich habe ich Frieden gefunden.

„Staunen Sie nicht über das, was ich Ihnen sagen werde, Philip. Mein Testament – das Wenige, das ich hinterlassen muss, gehört Ihnen – ist erstellt und unterzeichnet und ich habe Herrn Ravenor zu Ihrem Vormund ernannt. Dafür gibt es Gründe, die Sie nicht

kennen können, aber er wird die Anklage nur allzu gerne
annehmen; Und in allen Dingen, Philip, folge seinem Befehl und
unterwerfe dich seinen Wünschen, auch wenn er von dir eine
völlige Änderung deiner Lebensstellung verlangen sollte.

„Leb wohl, mein geliebter Sohn – lebe wohl! Gott schenke, dass
Ihr Leben gut und glücklich sein möge und dass Ihre letzten Tage
genauso friedlich sein mögen wie meine. Ich kann dir nichts
Besseres wünschen. Noch einmal, lebe wohl! – Deine Zuneigung

" MUTTER. "

KAPITEL XXII.
FÜR DAS LEBEN.

Der Tod meiner Mutter markierte eine Epoche in meinem Leben, denn unmittelbar danach kam es zu einer großen Veränderung meiner Umstände und meiner Stellung. Von den trostlosen Tagen kurz vor und nach der Beerdigung möchte ich hier nur wenig erzählen. Ihre Traurigkeit gilt mir und mir allein.

Bis nach der Zeremonie blieb ich im Kloster und suchte Ablenkung von meinen Gedanken durch Streifzüge über die Hügel, durch Wachen mitten in der Nacht vor der Stelle, wo meine Mutter mit vielen Kerzen, die um ihren offenen Sarg brannten, lag, und durch lange Gespräche mit ihr Pater Alexander, mein Tröster. Als die Zeit der Beerdigung kam, stand Mr. Ravenor an meiner Seite, der einzige andere Trauernde, und ich wusste, dass die Bänke aus erlesenen weißen Blumen, die den Sarg bedeckten und die Winterluft mit Duft erfüllten, sein Geschenk waren.

Nachdem alles vorbei war, kam er zu mir, wo ich etwas abseits stand, und legte seine Hand auf meine Schulter.

„Philip, mein Junge", sagte er freundlich, „kommst du mit mir zurück zum Schloss? Ich bin jetzt dein Vormund, weißt du."

Ich holte tief Luft.

„Lass mich für eine Woche alleine auf die Farm zurückkehren", sagte ich; „Dann komme ich zu dir. Seien Sie bereit, zu Dr. Randall zu gehen."

„Dann soll es so sein", antwortete er. „Vielleicht ist es das Beste."

Mit Bedauern verabschiedete ich mich von den Mönchen, insbesondere von Pater Alexander, denn sie waren alle sehr gut zu mir gewesen. Dann begleitete ich Mr. Ravenor zu seiner Kutsche und wurde schnell nach Hause gefahren.

Die folgende Woche verbrachte ich in Einsamkeit, und im Laufe der Tage verließ mich die Bitterkeit meines Kummers. Nicht, dass die Erinnerung an meine Mutter weniger wertvoll geworden wäre – eher im Gegenteil; aber ich begann zu erkennen, dass das, was passiert war, das Beste war. Es wäre besser, dass sie so gestorben wäre, voller Gedanken an heilige Dinge und mit ruhigem

Gewissen, als dass sie immer noch mit schmerzendem Herzen eine Last tragen sollte, die sie nie verdient hatte.

Am letzten Tag der Woche wurde mir gesagt, dass ein Besucher gekommen sei und mich sehen wollte, und bevor ich nach seinem Namen fragen konnte, hatte er den Raum betreten. Es war Herr Marx.

Der Mann war sicherlich ein bewundernswerter Schauspieler. Mein Instinkt sagte mir, dass er sich weder um meine Mutter noch um mich kümmerte; aber seine wenigen Worte des Mitgefühls waren hervorragend gewählt und anmutig gesprochen. Dann wechselte er sofort das Thema und sprach freundlich über andere Dinge; und als er weiterging, fiel mir plötzlich ein, dass ich ihn seit der Nacht unserer Heimfahrt von Torchester nicht gesehen hatte und dass er daher nichts von dem Abenteuer wissen konnte, das mir nach seiner Abreise widerfahren war. Ich nutzte daher eine Gesprächspause, um ihm alles darüber zu erzählen; und obwohl sein Gesicht ausdruckslos war, konnte ich sehen, dass es einen großen Eindruck machte.

„Erinnerst du dich, wie der Mann war?" fragte er und zog die Brauen zusammen. "Kannst du ihn beschreiben?"

Ich tat es, so gut ich konnte, und mitten in meiner Erzählung brachte er mit irgendeiner trivialen Ausrede seinen Stuhl aus dem Licht in die Schatten des Zimmers. Aber wenn er sich meiner Beobachtung entziehen wollte, kam er etwas zu spät, denn ich hatte bereits sein bleiches Gesicht und seine zitternden Hände bemerkt. Offensichtlich steckte hinter diesem Mitternachtsangriff mehr, als ich gedacht hatte. Wer war der Wahnsinnige? Ich fragte mich. Als ich ihn genau ansah, war ich mir sicher, dass Herr Marx es wusste. Mr. Ravenor braucht mich jetzt nicht mehr vor der Gesellschaft dieses Mannes zu warnen. Meine passive Abneigung hatte sich bereits zu einer aktiven Abneigung entwickelt.

Instinktiv hatte ich das Gefühl, dass er sowohl skrupellos als auch nicht vertrauenswürdig war. Ich hatte das Gefühl, dass er mich für seine eigenen Zwecke suchte, und die ganze Zeit über hatte ich halb Angst vor ihm.

Zweifellos zeigte mein Benehmen, dass er kein willkommener Besucher war, aber er blieb trotzdem. Schließlich brachte mir meine Haushälterin meine Nachmittagstasse Tee und ich war gezwungen, ihn zu bitten, sich mir anzuschließen. Er tat es, trank es nachdenklich und stand sofort danach auf, um zu gehen.

„Ich habe mich gefragt, was aus diesem armen Verrückten geworden sein kann", sagte er nachlässig. „Kaum eine angenehme Person, die man an einem dunklen Abend treffen kann."

Ich zuckte mit den Schultern, als ich mit ihm in den Flur ging.

„Es ist fast vierzehn Tage her", bemerkte ich; „Er kann kaum die ganze Zeit in der Nachbarschaft geblieben sein und sich versteckt haben."

„Trotzdem hätten wir davon erfahren müssen, wenn er gefangen genommen worden wäre", wandte Herr Marx ein.

"Wahrscheinlich. Und doch verstehe ich nicht, warum. Ich sollte es jedenfalls nicht tun, da ich im Kloster war; Und Sie, ich weiß nicht, wie Sie davon erfahren hätten, wenn Sie nicht die Lokalzeitungen gelesen hätten."

„Eine Schwäche, an der ich nicht schuld bin", antwortete er trocken. „Ich war auch nicht außerhalb des Geländes. Wir haben hart gearbeitet."

„Bist du hierher gelaufen?" Ich fragte.

Er schüttelte den Kopf.

„Ich kam in einer Falle vom Schloss herunter, aber der Mann wollte nach Mellborough und ich sagte ihm, er solle nicht auf mich warten. Du gehst wohl nicht mit mir durch den Park, nur um Appetit auf das Abendessen zu bekommen? Es ist ein herrlicher Abend."

Ich sah ihn verstohlen, aber aufmerksam an. Ja, Herr Marx war ein Feigling, zusätzlich zu seinen anderen kleinen Fehlern.

„Nein, danke", antwortete ich knapp. „Ich hatte heute schon einen langen Spaziergang. Guten Abend!"

Ich ging zurück ins Wohnzimmer, aber bevor ich meinen Sessel erreicht hatte, begann ich zu denken, dass ich mich kaum gut benahm. Schließlich war Herr Marx ein Mann mittleren Alters, und es war möglich, dass seine Kräfte durch die Gehirnarbeit, mit der er ständig beschäftigt war, und sein sesshaftes Leben geschwächt waren.

Angenommen, er würde diesem Wahnsinnigen begegnen und unter seinen Händen leiden, vielleicht sogar sein Leben verlieren, sollte ich mir dann nicht selbst die Schuld geben? Ich habe schnell eine Entscheidung getroffen. Ich würde ihn erschrecken lassen, aber ich würde ihm in einiger Entfernung folgen und dafür sorgen, dass ihm kein Schaden zugefügt wird.

Ich nahm einen kurzen, schweren Stock vom Gestell, überquerte den Stapelplatz und sprang über die Zaunlatten in den Park, wobei ich dem Tor absichtlich aus dem Weg ging. Ungefähr hundert Meter vor ihm ging Herr Marx schnell, beide Hände in den Ulstertaschen, und sah sich häufig um. Am Vortag waren die Männer im Park damit beschäftigt gewesen, den Farn zu schneiden, und am Straßenrand warteten viele Stapel davon darauf, abtransportiert zu werden. Mir fiel auf, dass Herr Marx, wann immer er sich einem davon näherte, einen großen Bogen um ihn machte, und ich lächelte vor mich hin über diesen Beweis seiner Besorgnis.

Ich ging auf dem Rasen, damit er meine Schritte nicht hörte und ihn leicht im Blick behalten konnte, denn es war ein klarer, frostiger Abend und der Vollmond schien am wolkenlosen Himmel. An einer plötzlichen Biegung der Straße kam er in Sicht auf eine Stelle, wo auf beiden Seiten einander Stapel von Farnkraut zurückgelassen worden waren. Ich sah, wie er innehielt, als ob er zögerte, was er vermeiden sollte, und im selben Moment sah ich deutlich einen dunklen Körper, der hinter einem von ihnen hockte und leicht hin und her schwankte.

Ich begann sofort zu rennen, aber bevor das Echo meines Warnrufs verklungen war, sprang eine Gestalt wie eine Wildkatze an Herrn Marx' Kehle. Es gab einen Blitz und einen scharfen Knall, aber aus der Richtung des ersteren konnte ich erkennen, dass der Revolver in die Luft geschleudert worden war und harmlos explodierte.

Als ich schließlich den Angreifer und sein Opfer erreichte, bot sich mir ein schrecklicher Anblick. Das Gesicht des Verrückten war gespenstisch und seine wilden Augen sprangen vor Wut fast aus ihren Höhlen.

Weiß und abgemagert wie das eines Skeletts war sein Gesicht immer noch ausdrucksfähig — und zwar zu einem solchen Ausdruck. Ein rasendes Verlangen zu töten schien sein einziges

Ziel zu sein, und seine langen, dünnen Finger umklammerten Herrn Marx' Hals wie in einem Schraubstock. Die Augäpfel des letzteren ragten aus seinem Kopf hervor und sein Atem ging in kurzen, qualvollen Keuchen; Doch die ganze Zeit über hielt Herr Marx den Verrückten so fest im Griff, dass ich seine Rippen brechen hörte wie Fischbeine.

Meine Ankunft rettete Herrn Marx vor einem schnellen Tod durch Würgen. Obwohl ich den Verrückten in meine Arme hob und jeden Muskel anspannte, um ihn wegzuziehen, entspannten sich seine Finger erst, als ich seinen Atem anhielt und ihn für einen Moment bewusstlos machte.

Ich wartete darauf, dass Herr Marx zu sich kam und mein Fuß leicht auf dem liegenden Körper seines Angreifers ruhte. Bald stand er langsam auf und begann, auf der Straße herumzutasten.

"Was willst du?" Ich fragte. „Irgendwas verloren?"

„Mein Revolver."

Ich zeigte auf die Stelle, wo es im Mondlicht glänzte. Er hob es auf und stellte es auf ein nicht entladenes Fass. Ich beobachtete ihn neugierig.

„Das wirst du nicht noch einmal wollen", bemerkte ich. „Was wirst du damit machen?"

„Ich werde dieses Biest aus seinem Elend erlösen", antwortete er. „Gehen Sie aus dem Weg!"

"Unsinn! Du wirst nichts dergleichen tun!" Ich weinte heftig. "Was! einen bewusstlosen Mann töten? Er hat das gleiche Recht zu leben wie du. Du sollst in meiner Gegenwart keinen Mord begehen, und am allerwenigsten sollst du ein armes, verrücktes Geschöpf wie dieses töten. Stell das Ding auf!"

Ein schrecklicher Ausdruck blitzte in seinem Gesicht auf, und als er plötzlich seinen Arm hob, blickte ich in die dunkle Mündung seines Revolvers.

Mit einem schnellen Satz riss ich ihm den Revolver aus der Hand, beugte mich nach hinten und warf ihn weit in den Farn.

„Ich weiß nicht, was Sie tun würden, Herr Marx", sagte ich und sah ihn fest an, „aber ich glaube, Sie sind nicht der geeignete

Mensch, dem man sich den Umgang mit Schusswaffen anvertrauen kann."

Er stand still, sprachlos vor Wut. Ich drehte ihm den Rücken zu und stellte zu meiner Überraschung fest, dass der Mann, dessen Leben sich Herr Marx so sehr gewünscht hatte, auf der Seite lag und mich mit weit geöffneten Augen ansah.

„Nun, gehen Sie Ihren eigenen Weg", sagte Herr Marx ruhig; „Ich wage zu behaupten, dass Sie Recht haben. Es bestand kein Grund, gewalttätig zu sein oder meinen Lieblingsrevolver wegzuwerfen. Was gedenkst du mit ihm zu machen?"

Herr Marx trat vor, aber als er ihn sah, sank der Verrückte, der sich schwer auf meinen Arm stützte und vor Schmerz stöhnte, zu Boden und kauerte wie ein Hund zu meinen Füßen. Er bedeckte sein Gesicht mit den Händen und brach in einen der erbärmlichsten Notschreie aus, die ich je von menschlichen Lippen gehört habe. Ich winkte Herrn Marx zurück.

„Ich denke, ich kann ihn alleine bewältigen; und dein Anblick erschüttert ihn. Wirst du uns nach unten folgen?"

Herr Marx trat ein oder zwei Schritte vor, seine Augen blitzten vor Wut. Dann drehte er uns plötzlich den Rücken zu und ging wortlos schnell davon. Ich hob meinen Gefangenen auf und halb trug, halb schleppte ich ihn zurück zur Farm.

Wenige Stunden später war der Arzt aus Rothland eingetroffen und hatte die gebrochenen Knochen zügig versorgt. Er schien sehr an dem Fall interessiert zu sein und untersuchte ihn sorgfältig.

„Glauben Sie, dass er schon lange ein Wahnsinniger ist?" Ich fragte.

Der Arzt schüttelte den Kopf.

„Im Gegenteil", antwortete er, „ich würde sagen, dass sein Wahnsinn erst vor kurzem aufgetreten ist – wahrscheinlich die Folge eines schweren Schocks." Wenn er richtig behandelt wird, besteht kein Zweifel daran, dass er seinen Verstand wiedererlangen wird."

Nach wenigen Tagen war der Gesundheitszustand des Verrückten so gut, dass er umgesiedelt werden konnte; Und da sich alle Nachforschungen und Anzeigen über ihn als erfolglos

erwiesen, wurde er in die Irrenanstalt des Kreises in Torchester
eingewiesen.

KAPITEL XXIII.
MEIN SCHUTZENGEL.

Am dritten Tag nach meinem Abenteuer im Park rief mich Herr Ravenor an. Er kam von Kopf bis Fuß bespritzt herein und war offensichtlich eine lange Strecke und schnell gefahren. Ich bot ihm einen Stuhl und etwas Erfrischung an, denn er sah blass und müde aus, aber er lehnte beides ab und ging langsam im Zimmer auf und ab, wobei seine Hände eine lange Reitpeitsche hinter seinem Rücken umfassten.

„Ich kann dir jetzt nur ein oder zwei Minuten geben, Morton", sagte er mit einer leichten Rückkehr zu seiner früheren schroffen *Hochmut* ; „Ich erwarte heute Abend Besucher aus London und muss zurückkommen, um sie zu empfangen. Aber es gibt etwas, das ich Ihnen sagen muss. Sie werden überrascht sein zu hören, dass Ihre Mutter Ihnen ein beträchtliches Vermögen hinterlassen hat?"

Ich war sehr überrascht.

„Sind Sie da ganz sicher, Mr. Ravenor?" Ich wagte es zu fragen. „Meine Mutter hat immer mit mir gesprochen, als wären wir arm."

„Ich mache keine Fehler", antwortete er, hielt inne und blickte aus großer Höhe mit zusammengezogenen Brauen und durchdringenden Augen auf mich herab, „schon gar nicht in Angelegenheiten von so großer Bedeutung." Wie hoch die genaue Summe sein wird, kann ich noch nicht sagen, aber es sind mehr als zwanzigtausend Pfund, sodass Sie Ihren Beruf selbst wählen können. Was wird es sein, frage ich mich – die Anwaltschaft, die Armee, die Kirche, die Landwirtschaft? Komm, du bist ein Junge mit Fantasie und warst noch nie verliebt. Sie müssen irgendeine Art von Tagträumen gehabt haben. Wohin haben sie dich geführt?"

„Keines der von Ihnen genannten Berufe", antwortete ich prompt.

„Wohin dann? Sag mir. Ich bin neugierig.

„Meine Vorstellungen waren immer sehr vage", sagte ich langsam. „Ich möchte weit weg von jeder Stadt wohnen, viel lesen und den Rest meiner Zeit im Freien verbringen; und dann könnte ich vielleicht nach einer Weile versuchen, mir etwas auszudenken und es in Worte zu fassen."

„Kurz gesagt, Sie möchten Autor werden", unterbrach Mr. Ravenor mit einem leichten Lächeln.

"Ja; aber ich sollte nicht schreiben wollen, um Leute zu amüsieren oder berühmt zu werden", fuhr ich fort, ermutigt durch Mr. Ravenors Ernsthaftigkeit. „Ich möchte die Menschen zum Nachdenken anregen. Ich möchte sie dazu bringen, sich von ihrem alltäglichen Leben abzuwenden und zu erkennen, dass die Welt voller größerer und höherer Dinge ist als bloßer materieller Wohlstand. Männer scheinen mir ihre tägliche Arbeit und ihr Vergnügen zu fesselnd zu finden. Sie betrachten sich selbst und andere nur als Individuen, niemals als Glieder einer großen gemeinsamen Menschheit mit einem mächtigen Schicksal. Mit zunehmendem Alter wird die Welt für sie immer enger, statt immer weiter. Das liegt daran, dass sie den Gebrauch ihrer Vorstellungskraft vernachlässigen – so scheint es mir zumindest."

„Haben Sie Hibbets kleine Broschüren gelesen?" fragte Herr Ravenor.

„Beide", antwortete ich. „Ich mag seine Ideen."

„Kommen Ihre Klamotten aus Torchester?" erkundigte er sich scheinbar belanglos.

"Ja; „Sie kamen letzte Woche", erzählte ich ihm und wunderte mich.

"Sehr gut; Ziehen Sie Ihren Anzug an und kommen Sie heute Abend um acht Uhr zum Schloss. Du sollst mit mir speisen und Hibbet treffen."

Treffen Sie Sir Richard Hibbet! Speisen Sie am selben Tisch! Meine Wangen wurden rot und mein Herz schlug schnell. Das Leben öffnete sich für mich.

"Ja; er und Marris und Williams, der Verleger, wissen Sie, wohnen alle im Schloss. Heute Abend werden noch einige von ihnen unten sein. Komm nicht zu spät. Ich werde, wenn ich kann, Zeit für ein Gespräch mit Ihnen finden, denn ich möchte, dass Sie nächste Woche zu Dr. Randall gehen.

Er nickte und verabschiedete sich. Ich sah zu, wie er auf sein Pferd stieg und durch den offenen Park davongaloppierte. Dann

machte ich mich auf den Weg zu einem einsamen Spaziergang,
um über meine veränderten Aussichten nachzudenken.

KAPITEL XXIV.
MEINE ERSTE DINNERPARTY.

Um Viertel vor acht stand ich in der großen Halle von Ravenor Castle. Bei meinem ersten Besuch hatte mich die Weite und Düsternis etwas abgekühlt; jetzt war es ganz anders. Eine kleine Armee von Dienern in malerischer Livree und mit gepudertem Haar bewegte sich lautlos umher. Auf vielen Konsolen brannten sanfte Lichter und vertrieben die dunklen Schatten, die etwas trostlos herumgehangen hatten; und es lag ein duftender Blumenduft und ein angenehmes Gefühl von Wärme in der Luft. Ich begann sofort die Geschichten zu verstehen, die ich über den Luxus und die Pracht gehört hatte, mit denen Mr. Ravenor seine Gäste bei den seltenen Gelegenheiten bewirtete, bei denen er seine Türen öffnete.

Mr. Ravenor befand sich in seinen Privaträumen, wurde mir gesagt, und sein eigener Kammerdiener, der gerufen worden war, um meinen Namen anzunehmen, führte mich nach kurzem Zögern in die Bibliothek. Ich ging zum Feuer, denn mir war kalt, wahrscheinlich weil ich es nicht gewohnt war, so dünne Kleidung zu tragen; und als ich da stand, die Hände hinter dem Rücken, schaute ich mich mit einem Gefühl von Ehrfurcht um, angesichts der riesigen Büchersammlung, die mich umgab.

„Und wer bist du bitte?“

Ich zuckte zusammen und schaute in die Richtung, aus der die Stimme – ein süßer, kindlicher Diskant – kam. Demütig saß eine sehr junge Dame mit zerzaustem Haar und einem Buch auf dem Schoß in der Mitte eines großen Sessels. Ihre klaren blauen Augen waren ruhig, aber fragend auf mich gerichtet, als erwarte sie eine sofortige Antwort, und auf ihrer Stirn lag ein leichtes Stirnrunzeln. Alles in allem wirkte sie für ein so kleines Mädchen ziemlich beeindruckend.

„Ich wusste nicht, dass du da bist“, erklärte ich meinen Start. „Mein Name ist Morton – Philip Morton.“

Sie musterte mich ernst und kritisch und schaffte es, dass ich mich unwohl fühlte. Anscheinend endete die Prüfung jedoch zu meinen Gunsten, denn das Stirnrunzeln verschwand und sie klappte ihr Buch zu.

„Philip ist hübsch“, sagte sie herablassend. „Ich halte nicht viel von Morton. Ich mag Philip allerdings eher.“

„Ich – darüber bin ich froh“, antwortete ich lahm. Es war sehr lächerlich, aber mir fiel nichts anderes ein, was ich sagen könnte. Ich wollte etwas Geniales sagen, aber es kam nicht zustande; Also blieb ich stehen und schaute sie an und wurde ziemlich rot im Gesicht.

"Weißt du wer ich bin?" Sie fragte.

„Ich habe nicht die geringste Ahnung“, gab ich zu.

Sie stützte ihren kleinen, zarten Kopf auf ihre Hand und begann, ihre Füße langsam hin und her zu bewegen.

„Ich bin Lady Beatrice Cecilia – meine Mutter ist Lady Silchester“, sagte sie. „Finden Sie, dass es ein hübscher Name ist?“

„Sehr“, antwortete ich und biss mir auf die Lippe; „Viel hübscher als meines.“

„Weißt du, ich denke, du bist ein netter Junge!“ sie fuhr fort. „Ich mag dich eher.“

"Ich bin so froh!" Ich antwortete und war unverhältnismäßig erfreut. „Ich bin sicher, dass ich dich mag“, fügte ich inbrünstig hinzu.

„Es ist sehr nett von Ihnen, das zu sagen, wenn Sie mich gerade erst gesehen haben“, bemerkte sie; „Aber ganz sicher kann man nicht sein. Du weißt doch nichts über mich. Ich könnte furchtbar unangenehm sein.“

„Aber ich bin mir sicher, dass du das nicht tust“, antwortete ich und hatte das Gefühl, dass ich weiterkam.

Sie war so freundlich, sich über mein Vertrauen zu freuen; aber sie machte eine oder zwei Minuten lang keine weitere Bemerkung, währenddessen zerbrach ich mir vergeblich den Kopf nach einer wirksamen Bemerkung, während mein Blick auf sie gerichtet war. Sie machte auf jeden Fall ein sehr bezauberndes Bild, zusammengerollt in dem großen schwarzen Eichenstuhl, mit dem Feuerschein, der auf ihrem rotgoldenen Haar spielte und in ihren hellen Augen glitzerte.

„Du hast gelesen, nicht wahr?“ fragte ich und zeigte auf das Buch, das in ihrem Schoß lag.

„Es ist überhaupt kein schönes Buch!" sagte sie entschieden. „Ich mag keines der Bücher hier. Oh!"

Ich drehte mich schnell um, denn ich sah, dass sie hinter mich schaute. Auf der Schwelle seines inneren Zimmers stand die große, dunkle Gestalt von Mr. Ravenor, hübscher als je zuvor, wie es mir schien, in seinem schlichten Abendkleid.

Langsam trat er mit einem schwachen Lächeln auf seinem blassen Gesicht aus den Schatten hervor, legte seine Hand auf ihre Schulter und sah zuerst meine kleine Gastgeberin und dann mich an.

„Du hast also einen meiner Gäste für mich bewirtet, Trixie, oder?" er sagte. „Es ist ziemlich spät für dich, aufzustehen, nicht wahr? Ihre Krankenschwester hat überall nach Ihnen gesucht."

„Dann muss ich wohl gehen", bemerkte Lady Beatrice Cecilia bewusst. Sie stand auf, schüttelte ihr Haar, stellte das Buch, das sie gelesen hatte, wieder auf das Regal und machte sich bereit zu gehen. Aber zuerst kam sie zu mir auf den Kaminvorleger und streckte mir ihre kleine weiße Hand entgegen.

„Gute Nacht, Philip Morton", sagte sie und sah mit einem ernsten Lächeln zu mir auf. „Ich freue mich sehr, dass Sie hierher gekommen sind, um mit mir zu sprechen. Ich war so langweilig."

Ich hielt eine erwidernde Rede, die, wenn auch etwas unbeholfen ausgedrückt, zumindest den Vorzug der Ernsthaftigkeit hatte, und meine Augen folgten ihr bewundernd, als sie zur Tür ging und mit einem Blick zurück und einem Lächeln verschwand. Dann fuhr ich zusammen und errötete, als ich feststellte, dass Mr. Ravenor mich beobachtete.

„Ich weiß nicht, warum sie dich hierher hätten bringen sollen", sagte er. "Hier entlang."

Ich folgte Mr. Ravenor durch den Flur in eine Reihe von mit Satin geschmückten Zimmern, die voneinander abgingen und meiner Unerfahrenheit wie eine Abfolge strahlend erleuchteter Feengemächer vorkamen. Im kleinsten und abgelegensten Raum standen drei Männer und redeten miteinander, und in einem niedrigen Stuhl neben ihnen lag Lady Silchester, die einen zierlichen Schirm aus Pfauenfedern zwischen ihrem Gesicht und dem Feuer hielt und der Unterhaltung mit leicht gelangweilter Miene zuhörte . Sie war in voller Abendtoilette, und bei jedem

Heben und Senken ihres schneeweißen Halses blitzten und funkelten mehrere Reihen Diamanten. Später wurde mir klar, dass Lady Silchester ein guter Typus der wohlerzogenen Gesellschaftsfrau war; Aber dann war sie für mich eine Offenbarung – die Offenbarung einer neuen Spezies.

Mein Erscheinen schien sie zunächst zu überraschen und dann ein wenig zu verunsichern, aber beide Gefühle verschwanden sofort und sie begrüßte mich mit einem bezaubernden kleinen Lächeln, während sie träge ihre Hand hob und sie für einen Moment in meine legte.

Als wir eintraten, verstummte das Gespräch für einen Moment. Mr. Ravenor legte seine Hand auf meine Schulter und drehte sich zu der kleinen Gruppe um.

„Sir Richard, ich möchte Ihnen einen meiner jungen Mündel und einen Ihrer Schüler vorstellen. Sir Richard Hibbet – Mr. Morton; Professor Marris – Herr. Morton; Mr. Later – Mr. Morton."

Sie schüttelten mir alle die Hand, erweiterten ihren Kreis ein wenig und setzten das Gespräch fort.

Dies wurde plötzlich durch die Ankündigung des Abendessens unterbrochen, der Professor nahm unsere Gastgeberin auf, die anderen folgten, Mr. Ravenor und ich bildeten die Nachhut.

Während des Abendessens mangelte es nicht an Gesprächen, die sich jedoch nach und nach rein literarischen Themen zuwandten und dabei blieben. Für mich war es insgesamt faszinierend, obwohl es oft außerhalb meines Verständnisses lag.

Lange nachdem Lady Silchester gegangen war, saßen wir um den kleinen Tisch herum, der mit Tellern und fein geschliffenem Glas glänzte und mit erlesenen Blumen und wunderbaren Früchten beladen war; und meine Sinne waren fast betäubt von der Brillanz meiner materiellen Umgebung und den ständig fließenden Gesprächen, die mir immer etwas Neues beizubringen und neue Gedankenfelder zu eröffnen schienen. Manchmal wusste ich kaum, was ich am meisten bewundern sollte – den trockenen, scharfen Witz und die bissigen Bemerkungen des Professors; das perfekt ausgedrückte, klassische Englisch von Mr. Later; der gesunde, gesunde Menschenverstand von Sir Richard, gewürzt mit einem scheinbar unerschöpflichen Vorrat an Anekdoten und Zitaten aus allen erdenklichen Quellen; oder die brillanten

Epigramme, die scharfen Kritiken und die gelegentlichen Anflüge
echter Beredsamkeit, mit denen Mr. Ravenor mit seltener Kunst
das Gespräch immer wieder anregte.

Fast unbemerkt war Herr Marx, immer noch im Morgenmantel,
mit blassem Gesicht und dunklen Rändern unter den Augen,
eingetreten und ließ sich müde auf einen Sitz sinken; aber obwohl
er offensichtlich interessiert zuhörte, beteiligte er sich nicht an
dem Wortgefecht, das um ihn herum tobte. Plötzlich war alles zu
Ende. Mr. Ravenor warf einen Blick auf seine Uhr und stand auf.

„Meine Herren", sagte er, „ich muss Sie bitten, mich für eine
Stunde zu entschuldigen. Wenn Sie die Bibliothek besichtigen
möchten, zeigt Ihnen Herr Marx sie, oder das Raucherzimmer
und das Billardzimmer stehen Ihnen zur Verfügung. Oder wenn
Sie hier bleiben möchten, gibt es noch jede Menge Gelbrobben-
Bordeaux und die Zigarren stehen auf dem Tisch. Philip, ich will
dich."

Ich stand auf und folgte ihm zur Tür. Dabei musste ich an Herrn
Marx vorbei, der unter irgendeinem Vorwand seinen Platz
verlassen hatte. Er beugte sich zu mir herüber, abgezehrt und
blass, und drückte mir einen Zettel in die Finger.

„Lies es sofort", murmelte er schnell und leise. Dann rückte er
vor und nahm Mr. Ravenors Platz am Kopfende des Tisches ein.

Ich fühlte mich geneigt, es ihm zurückzuwerfen; aber ich habe es
nicht getan. Als ich durch den Flur ging, faltete ich es auseinander
und las diese wenigen Worte, die ich mit großer, zitternder Hand
gekritzelt hatte:

„Sie dürfen nicht zu Dr. Randall gehen. Mr. Ravenor wird Ihnen
die Wahl lassen. Gehen Sie irgendwo hin, nur nicht dorthin.
Wenn Sie diese Warnung vernachlässigen, werden Sie es Ihr
Leben lang bereuen. Ich schwöre es. Zerreiße das",

KAPITEL XXV.
HERR. WARNUNG VON MARX.

Mein erster Impuls, als ich die kurze Notiz von Herrn Marx durchblätterte, war, sie Herrn Ravenor zu zeigen; aber nach einer Sekunde Überlegung änderte ich meine Meinung. Herr Marx war für mich ein völliges Rätsel. Manchmal schien es möglich, dass das Interesse, das er zweifellos an mir zeigte, aufrichtig und freundlich war, und ich kämpfte gegen meine Abneigung gegen den Mann an. Dann erinnerte ich mich an sein brutales Verhalten gegenüber dem Verrückten und an die anderen unerklärlichen Aspekte seines Verhaltens, und in meiner Fantasie begannen die dunkelsten Verdächtigungen und Zweifel Gestalt anzunehmen.

Er hatte etwas völlig Geheimnisvolles an sich – seine Verbindung zu Mr. Ravenor und sein Verhalten mir gegenüber. Ich war verwirrt und mehr als halb geneigt, mich gegen den Mann zu entscheiden, den ich persönlich verabscheute. Andererseits war ich jung und meinen Mitmenschen gegenüber immer noch optimistisch.

Welchen Schaden hatte ich Herrn Marx zugefügt, und warum sollte er versuchen, mich zu verletzen? Es schien unwahrscheinlich, fast lächerlich. Letztendlich veranlasste mich ein gewisser Sinn für Fairness, sein Nachwort zu respektieren, und ich sagte Mr. Ravenor gegenüber nichts über die Warnung seiner Sekretärin.

Mein Interview mit ihm war tatsächlich sehr kurz. Er ging voran in das Arbeitszimmer, in dem ich ihn zum ersten Mal gesehen hatte, und nachdem er die Tür geschlossen hatte, drehte er sich um und sah mich auf dem Kaminvorleger an. Der Raum war schwach erleuchtet, aber dort, wo er stand, warf das schnell erlöschende Feuer einen schwachen Schein um seine große, gerade Gestalt und zeigte mir ein Gesicht, das kalt und entschlossen wie Marmor war, aber nicht unfreundlich.

„Philip Morton", sagte er langsam, „mir ist der Gedanke gekommen, dass ich bei meinem Wunsch, dass du nach Lincolnshire gehen möchtest, in gewissem Maße von egoistischen Überlegungen beeinflusst worden sein könnte." Wenn Sie auch nur die geringste Vorliebe für eine öffentliche Schule haben ..."

Ich wusste instinktiv, woher diese Idee kam und unterbrach ihn.

„Nichts sollte mich dazu bewegen, irgendwo anders hinzugehen als zu Dr. Randall!" rief ich fest.

„In diesem Fall", fuhr er fort, „wünsche ich Ihnen, dass Sie morgen abreisen. Du wirst bereit sein?"

Ich stimmte sofort zu.

„Auch ich verlasse diesen Ort – vielleicht für eine sehr lange Zeit", fuhr er fort. „In zwei Monaten hoffe ich, nach Persien zu starten, und bis dahin werden meine Bewegungen ungewiss sein. Ich kann mich hier nicht niederlassen. Es ist nutzlos."

Aus seinen dunkelblauen Augen leuchtete große Müdigkeit und er unterdrückte einen Seufzer. Irgendein Gedanke oder eine von Bedauern geprägte Erinnerung war ihm durch den Kopf gegangen; aber was es war, konnte ich nicht sagen.

„Erinnern Sie sich an den Brief Ihrer Mutter an Sie und ihre Sterbebitte?" fuhr er in verändertem Ton fort. „Ich kann es jetzt nicht erklären, obwohl ich Sie daran erinnern muss. Dieses Paket" – und er reichte mir einen großen, versiegelten Umschlag – „enthält ein Scheckbuch, die Adresse des Anwalts, der Ihre Angelegenheiten verwaltet, und einen Brief, den Sie nicht öffnen werden, es sei denn, Sie haben bestimmte Neuigkeiten und Beweise für meinen Tod. Sie werden feststellen, dass Sie vergleichsweise reich sind. Wie das zustande kommt, kann ich Ihnen jetzt nicht sagen, und Sie müssen sich an die letzte Anweisung Ihrer Mutter erinnern, nicht zu versuchen, es herauszufinden, bis die Zeit gekommen ist, an der Sie alles wissen werden. Zum jetzigen Zeitpunkt kann ich Ihnen nur versichern, dass das Geld rechtmäßig Ihnen gehört, dass es sich nicht um eine Schenkung handelt und dass niemand sonst einen Anspruch darauf hat. Das ist alles, was ich zu diesem Thema sagen kann. Sind Sie zufrieden?"

Neugier schien mir eine gemeine Sache zu sein, als ich den Worten meines Vormunds lauschte und in sein trauriges, strenges Gesicht blickte. Die ganze alte Faszination, die ich vom ersten Moment an in seiner Gegenwart verspürt hatte, war in dieser Nacht stark auf mich ausgeübt. Was auch immer er mir aufgetragen hatte, ich hätte es tun sollen. Und so antwortete ich:

"Ich bin zufrieden. Was du mir sagst, gehört mir. Ich werde es annehmen und keine Fragen stellen."

„Das ist gut", sagte er leise. „Und jetzt noch ein Wort zu deiner Zukunft, Philip, denn morgen wirst du einige der Verantwortungen des frühen Mannesalters übernehmen. Ein großer Mann sagte einmal, der beste Ratgeber der Jugend sei der Mann, dessen eigenes Leben gescheitert sei. Wenn dies mehr als ein Paradoxon ist, dann kann es niemanden geben, der besser für diesen Posten geeignet ist als ich. Der Geschmack des Lebens ist bereits wie tote Asche zwischen meinen Zähnen geworden; und die Schuld liegt bei mir. Herr Marris redete heute Abend vor dem Abendessen im Salon eine Menge Unsinn. Ich möchte Ihnen nur ein oder zwei Worte zum gleichen Thema sagen und erinnere mich daran, dass ich als Außenstehender und unpersönlich spreche.

„Bevor ich 21 Jahre alt war, hatte ich an den meisten Schulen der modernen Philosophie studiert und meine Religion wie einen alten Lappen abgelegt. Ich war von dem Gefühl meiner eigenen intellektuellen Überlegenheit gegenüber anderen Männern überwältigt. Ich erklärte, es sei die Philosophie, die den Menschen das Leben lehrte, und die Philosophie, die sie das Sterben lehrte. Mit diesem Motto vor mir machte ich mich sorgfältig daran, jede Spur von Glauben auszulöschen, mit der ich jemals ausgestattet worden war. Es ist mir gelungen – zu gut. Es ist tot; und manchmal habe ich Angst, dass es nie wieder erwachen wird. Und was bin ich? Ein so elender Mensch wie nie zuvor atmete auf dieser Erde. Mir kommt es so vor, als hätte ich einen Teil meines Lebens zerstört, und die Wunde wird für immer quälen.

„Es gibt einen Teil der menschlichen Natur, Philip – das heißt bei solchen Männern wie ich war und du sein wirst – der mitfühlende, emotionale, ehrfürchtige Teil, der nach einem gewissen Glauben an eine höhere, eine unendliche Macht schreit, für eine Art Religion, an der sie festhalten und die sie mit jeder Handlung des täglichen Lebens verknüpfen kann. Sie müssen dieses Verlangen stillen, wenn Sie Glück erfahren möchten. Für mich gibt es kein solches Wissen. Ich habe absichtlich spirituellen Selbstmord begangen; Ich habe den Glauben an den Wurzeln gerissen und eine Lücke in meinem Herzen geschaffen, die nichts anderes jemals füllen kann. Ehrlich gesagt sage ich dir, Philip, dass es Zeiten gibt, in denen mir Religion jeglicher Art nicht besser vorkommt als ein Märchen. Es muss Ihnen nicht so vorkommen. Gestalten Sie sich jede Form des Glaubens – der christliche Glaube ist genauso gut wie jeder andere – und halten Sie entschlossen daran fest. Das ist mein Rat an Sie – an meinen, der an keinen Gott und keinen zukünftigen Staat glaubt. Folge ihm und lebe wohl!"

Er streckte seine Hand aus und ergriff meine für einen Moment. Ich hätte etwas gesagt, aber bevor ich Worte finden konnte, war er durch eine mit Vorhängen versehene Tür in seine innere Wohnung verschwunden. Also wandte ich mich ab und ging.

KAPITEL XXVI.
EIN VERLORENES FOTO.

Es war ungefähr fünf Uhr an einem der trostlosesten Nachmittage, an die ich mich je erinnern konnte, als mich der langsame Zug, der immer in äußerst erbärmlicher Geschwindigkeit von Peterborough durch die östlichen Grafschaften schleicht, in Little Drayton absetzte. Außer dem Bahnhofsvorsteher befanden sich nur zwei Personen auf dem nassen Bahnsteig – einer ein Gepäckträger, der nach einem kurzen, erstaunten Blick auf mich mit fast wölfischer Schnelligkeit zu meinen Taschen ging, vermutlich angesichts des seltenen Erscheinens eines Passagiers mit Gepäck; der andere war ein dünner, dunkler junger Mann, gekleidet in einen hellen Regenmantel mit sehr großen Karos und rauchend einer langen Zigarre. Während ich meine Sachen einsammelte, kam er gemächlich auf mich zu und redete mich an.

„Ihr Name Morton?" erkundigte er sich, ohne die Zigarre von den Zähnen zu nehmen.

Ich stimmte zu.

„Bist du heruntergekommen, um mich zu treffen?" Ich fragte.

"Ja; Der alte Randall ist zum Abendessen ausgegangen, also hat er Cis und mich gebeten, dich abzuholen. Cart ist draußen; Aber wir können nicht das ganze Gepäck mitnehmen. Passen Sie einfach auf, was Sie wollen, ja, und wir schicken Ihnen morgen den Rest zu."

Ich wählte einen Koffer aus und folgte ihm aus dem Bahnhof. Ein leichter, vierrädriger brauner Karren wartete, gezogen von zwei kleinen, clever aussehenden Kolben, alles in allem ein sehr schickes Gefährt.

„Stellen Sie die Tasche hinten rein, Gepäckträger", befahl mein neuer Bekannter. „Nun, Mr. Morton, wenn Sie bereit sind, machen wir uns auf den Weg. Dein Zug hat eine halbe Stunde Verspätung und Cis wird sich fragen, was aus uns geworden ist."

„Ist Cis Mr. Ravenors Neffe, Silchester?" fragte ich, als ich neben ihn kletterte.

"Oh ja! Übrigens hätte ich mich vorstellen sollen, oder? Mein Name ist de Cartienne – Leonard de Cartienne."

„Und sind Sie Dr. Randalls anderer Schüler?" Ich habe nachgefragt.

"Ja; Ich mache da einen Grind. Es ist auch tierisch langsam. Du wirst es bald bereuen, dass du gekommen bist, das kann ich dir sagen."

Als ich mich umsah, war ich geneigt zu glauben, dass das nicht unwahrscheinlich sei. Es war zu dunkel, um weit zu sehen, aber was ich sehen konnte, war alles andere als vielversprechend. Das Land war völlig flach, trostlos und karg, und die Aussicht war weder durch Bäume noch Hecken noch Hügel unterbrochen. Am Straßenrand befand sich ein kleiner Kanal, über dessen düsterem Wasser und auf der anderen Straßenseite gespenstische Nebelwolken brüteten. Der Regen fiel immer noch heftig und die Räder unseres Wagens liefen geräuschlos im sandigen, pastösen Schlamm.

„Grässliche Nacht, nicht wahr?" bemerkte mein Begleiter und brach erneut die Stille.

"Eher!" Ich stimmte energisch zu. „Was für ein flaches, hässliches Land! So etwas habe ich noch nie gesehen."

„Abscheuliches Land! Insgesamt ein scheußlicher Ort!" de Cartienne stimmte zu. „Ich habe es total satt, das kann ich dir sagen! Bleib ruhig, Brandy! ruhig, Sir!" dem nahen Tier einen Schlag mit der Peitsche geben.

„Wie nennt ihr eure Pferde?" Ich fragte neugierig.

„Brandy und Limonade. Ein toller Name für ein Paar. Meinst du nicht auch?"

„Auf jeden Fall ungewöhnlich", antwortete ich zweideutig. „Haben Sie nicht gesagt, dass wir irgendwo nach Silchester rufen sollen?"

„Mittleres Cis? Oh ja; Wir müssen ihn im Rose and Crown abholen."

"Ein Hotel?"

„Na ja, wohl kaum. Tatsache ist", fuhr de Cartienne fort, senkte die Stimme ein wenig und blickte nach hinten, um zu sehen, ob der Bräutigam zuhörte – „Tatsache ist, dass Cis ein wenig dazu neigt, sich lächerlich zu machen. Es gibt ein hübsches Mädchen an diesem Ort und er investiert dort ungewöhnlich viel Zeit. Sie ist wirklich ein schrecklich hübsches Mädchen“, fügte er vertraulich hinzu. „Werde auch keinen Unsinn ertragen. Der Ort ist zwar nur eine Kneipe, aber jeder, der dort hingeht, muss sich benehmen. Es werden nicht viele Kerle hinter ihr her sein, aber wenn sie möchte, könnte sie die ganze Stadt haben. Das macht sie meiner Meinung nach umso gefährlicher.“

„Und Lord Silchester –“

„Hängt den ‚Herrn‘!“ unterbrach mein Begleiter und peitschte seine Pferde.

„Na dann, Silchester! Ich nehme an, er bewundert sie sehr?“

„Bewundert sie! Ich glaube, er tut es! Er ist furchtbar auf sie los! Es ist manchmal ziemlich widerlich, wie sie vorgehen. Heute Abend gibt es dort allerdings einen normalen Eintopf, eine tolle Szene.“

"Wie wäre es mit?"

„Nun, es scheint, dass Millys Vater – er ist der Vermieter des Hauses, wissen Sie – vor etwa einem Monat von zu Hause weggegangen ist, weil er gesagt hat, er würde aus geschäftlichen Gründen nach London fahren. Er wurde in vierzehn Tagen oder drei Wochen zurückerwartet; aber er ist nie aufgetaucht und hat nicht geschrieben. Also schickte Milly schließlich zu dem Ort, an dem er in der Stadt immer anhält, und auch zu einigen Freunden, die er treffen wollte. Heute Morgen kommt eine Antwort von beiden. Man hat von ihm überhaupt nichts gesehen oder gehört. Natürlich stellt sich Milly sofort das Schlimmste vor, gerät in Hysterie und war, als wir heute Abend auf dem Weg nach unten anriefen, halb verrückt.“

„Und so blieb Silchester bei ihr, um sie zu trösten?“

„Genau“, stimmte de Cartienne mit einem seltsamen Lächeln zu. „Ich frage mich auch nicht, ob es ihm gelungen ist!“

Wir betraten die Straße einer altmodischen, verstreuten Stadt, deren schimmernde Lichter schon seit einiger Zeit zu sehen waren. de Cartienne, der sich ein wenig vorbeugte, widmete seine ganze Aufmerksamkeit den Pferden, denn die Steine waren nass und rutschig, und Brandy schien sich vor allem und jedem zu scheuen, was sich ihm bot, von den kleinen Wasserpfützen, die im Lampenlicht glitzerten, die da lagen in den Mulden der Straße, bis hin zu seinem eigenen Schatten. Ich schaute mich neugierig um. Der altmodische Marktplatz, die wunderlich gebauten Häuser, die schwach beleuchteten Läden und die kleinen Ansammlungen gaffender Bauern, die unsere schnelle Annäherung nach rechts und links verstreute, waren auf jeden Fall interessanter und angenehmer anzusehen als die Feuchtigkeit , elendes Land draußen. Plötzlich hielten wir mit einem Ruck vor einem kleinen, aber sauber aussehenden Gasthaus, und der Stallknecht sprang von hinten herunter und ging zu den Köpfen der Pferde.

„Führe sie ein wenig die Straße hinauf, John", sagte de Cartienne, als er hinunterstieg. „Es ist nicht nötig, Cis' Torheit der ganzen Stadt bekannt zu machen", fügte er mit leiserer Stimme hinzu. „Komm schon, Morton, wir gehen und vertreiben ihn."

Ich folgte ihm über das nasse Pflaster und überschritt tief gebückt die Schwelle von „Rose and Crown". Wir kamen an einem Raum vorbei, in dem mehrere Arbeiter Bierkrüge tranken, und betraten die Bar, in der ein rotwangiges Landmädchen lautstarke und nicht allzu vornehme Schimpfwörter mit ein oder zwei jungen Männern austauschte, die sich um sie herumtrieben. Von hier aus führte eine weitere Tür in einen inneren Raum, und de Cartienne klopfte etwas demonstrativ an diese Tür. Es entstand eine Sekunde Pause; dann sang eine klare, angenehme Stimme: „Komm herein!" und wir traten ein.

Es war ein kleines, gemütliches Zimmer, nicht schlecht möbliert und mit einem fröhlichen Feuer, das im Kamin brannte. Am Kaminsims lehnte Cis mit dem Gesicht zu uns, dessen Ähnlichkeit mit Lady Beatrice so bemerkenswert war, dass ich ihn von ganzem Herzen mochte, bevor wir ein Wort gewechselt hatten. Neben ihm stand, den Kopf verdächtig nah an seiner Schulter, ein sehr blondes Mädchen mit schöner Figur und schönem Teint und großen blauen Augen. Ihr Gesicht war sicherlich hübsch, aber es war nicht besonders hübsch. Ihre Gesichtszüge waren zwar ihrer Art nach regelmäßig, aber in keiner Weise raffiniert oder *spirituell* , und ihr Gesichtsausdruck enthielt auch nichts, was sie von der Mittelmäßigkeit des guten Aussehens entlasten könnte.

Dennoch war sie zweifellos ein hübsches Mädchen, ziemlich hübsch genug, um die Schönheit eines ländlichen Ortes zu sein, und im Großen und Ganzen war ich ziemlich erleichtert, ihre Reize so gewöhnlicher Art zu finden. Im Gesicht dieser gutgelaunten Puppe könne kaum etwas Gefährliches stecken, dachte ich; Sie schien weder den Mut noch den Charakter zu haben, ihren jungenhaften Verehrer über die Grenzen einer löffelnden Sentimentalität zu führen. Das stand ihr jedenfalls nicht ins Gesicht geschrieben. Ein unverblümter Physiognomiker hätte wahrscheinlich erklärt, dass in ihr nicht genug Teufel steckte, um selbst einen ungestümen, großzügigen Jungen in Wallung zu bringen und ihn zur Rücksichtslosigkeit zu treiben. Mir kam es so vor und ich war froh darüber.

Gerade jetzt waren Spuren von Tränen in ihrem Gesicht und ein allgemein trauriger Ausdruck. Auch ihre Begleiterin wirkte verärgert und mitfühlend; aber als wir eintraten, blickte er mit einem strahlenden Lächeln auf.

„Du bist Philip Morton, nehme ich an?" rief er und streckte seine Hand aus. "Froh dich zu sehen! Ich habe von meinem Onkel von dir gehört, weißt du!" Ich schüttelte ihm die Hand und er stellte mich der jungen Frau an seiner Seite förmlich vor und nannte sie Miss Hart. Dann drehte er sich wieder zu mir um.

„Es war eigentlich meine Absicht, Sie am Bahnhof zu treffen", sagte er; „Aber wir haben zuerst hier angerufen und ich – ich wurde festgenommen."

„Das hat überhaupt keine Konsequenzen", versicherte ich ihm. "Herr. de Cartienne war da."

„Und Herr de Cartienne, der eine halbe Stunde im Regen in dieser höllischen alten Hütte, die sie Bahnhof nennen, warten musste, braucht eine kleine Erfrischung", mischte sich die genannte Person ein. „Wird die schöne Millicent sich herablassen, oder soll ich klingeln?"

Sie stand auf, durchquerte den Raum und öffnete die Tür zur Bar.

„Brandy-Soda für mich", befahl de Cartienne. „Cis trinkt Whisky, wie ich sehe, also wird er noch einen trinken und wir werden eine große Flasche Apollinaris zwischen uns haben. Morton, was hast du?"

Ich entschied mich für Rotwein und heißes Wasser, da ich noch nie Spirituosen probiert hatte. de Cartienne verzog das Gesicht, befahl es aber ohne Bemerkung.

„Ich sage, Morton, ich weiß nicht, was du davon halten wirst, dass wir in einem Wirtshaus wie diesem herumlungern und dich auch in deiner ersten Nacht hierher bringen!“ rief Silchester und zog seinen Stuhl zu meinem. „Schlechte Form, nicht wahr? Aber abends ist es so langweilig und Milly ist ein wirklich nettes Mädchen. Niemand konnte anders, als sie zu mögen. Außerdem steckt sie gerade in schrecklichen Schwierigkeiten“, fuhr er mit gesenkter Stimme fort. „Ihr Vater ist plötzlich verschwunden. Schrecklich mysteriöse Angelegenheit und kein Fehler. Wir können daraus keinen Schluss machen.“

„Es ist ungewöhnlich seltsam“, gab de Cartienne zu, der neben uns an der Wand lehnte. „Ich hätte sagen sollen, dass er irgendwo auf Tour gegangen ist, aber so lange hätte er es nicht durchhalten können.“

„Außerdem hatte er nur ein paar Pfund bei sich“, bemerkte Cecil.

„Es scheint fast so, als wäre er auf irgendeine Weise zugrunde gegangen“, sagte ich.

„Ich wage es nicht, es Milly zu sagen, aber ich weiß nicht, was ich sonst denken soll“, gab Cecil zu.

Für einen Moment schoss mir eine wilde Idee durch den Kopf, die jedoch fast genauso schnell wieder verging. Es war zu völlig unwahrscheinlich. Dennoch habe ich Cecil mit einiger Neugier eine Frage gestellt:

„Was für ein Mann war er?“

Cecil und de Cartienne begannen beide sofort, ihn zu beschreiben, und da de Cartienne alles änderte oder widersprach, was Cecil sagte, war ich bald in einem Zustand völliger Verwirrung über die Persönlichkeit des vermissten Mannes. Es schien, dass er klein und mittelgroß war; dass er blond war und dazu neigte, dunkel, kräftig und dünn, blass und rötlich zu sein. Milly warf ab und zu ein oder zwei Worte; Und da de Cartienne mit allem, was sie sagte, nicht einverstanden war und Cecil, ein wenig verwirrt, sich erst auf die eine und dann auf die andere Seite stellte, konnte die Beschreibung natürlich nicht den geringsten Eindruck von Mr. Harts Aussehen in meinem Gedächtnis hervorrufen. Schließlich hielt ich sie ziemlich ungeduldig auf.

„Ich fürchte, ich bin einer etwas ungerechtfertigten Neugier schuldig“, sagte ich, „denn ich habe keinen wirklichen Grund zu

fragen; Aber haben Sie nicht ein Foto Ihres Vaters, Miss Hart?
Ich kann der Beschreibung überhaupt nicht folgen."

Ich blickte zufällig zu de Cartienne, während ich meine Bitte
vorbrachte, und plötzlich, ohne ersichtlichen Grund, sah ich, wie
er zusammenzuckte und ein seltsamer Ausdruck auf seinem
Gesicht erschien. Zuerst dachte ich, er müsse krank sein; aber als
er sah, wie ich ihn ansah, schien er sich augenblicklich zu erholen,
obwohl er immer noch totenblass war.

„Warum, was zum Teufel starrst du da an, Morton?" fragte Cecil.

"Oh nichts!" Ich antwortete. „Ich dachte, dass de Cartienne krank
wäre, das ist alles."

Cecil warf ihm einen neugierigen Blick zu.

„Bei George! Er sieht ziemlich weiß aus, was die Kiemen angeht,
nicht wahr? Sag mal, alter Junge, bist du krank?"

de Cartienne schüttelte den Kopf.

„Oh, es ist nichts!" sagte er nachlässig. „Bitte starren Sie mich
nicht alle an, als wäre ich eine Art natürliche Neugier. Ich komme
mir ein bisschen seltsam vor, aber es vergeht. Ich denke, wenn
Miss Milly es mir erlaubt, setze ich mich für ein paar Minuten
alleine in das Nebenzimmer."

"Ich komme mit dir!" rief Cecil aus und sprang auf. "Armer Kerl!"

„Nein, bitte nicht!" protestierte de Cartienne. „Ich wäre lieber
allein; Das würde ich in der Tat tun. Mir geht es sofort wieder
gut."

Er verließ das Zimmer durch eine andere Tür und wir drei blieben
allein. Cecil und Miss Milly begannen mit leiser Stimme ein
Gespräch, und ich fühlte mich etwas *detrop* , griff in eine
Lokalzeitung und tat so, als würde ich mich mit dem Inhalt
beschäftigen. Nach ein paar Minuten erinnerte sich Cecil jedoch
an meine Existenz.

„Übrigens, Milly", sagte er, „Morton hat dich gefragt, ob du nicht
ein Foto von deinem Vater hast. Da ist einer im Wohnzimmer,
nicht wahr?"

Sie nickte.

„Nun, wir werden es uns ansehen und sehen, wie es Leonard geht. Er sah ungewöhnlich schäbig aus, nicht wahr? Komm mit, Morton."

Wir durchquerten einen schmalen Gang und betraten einen kleinen Salon. Miss Hart ging zum Kaminsims, und Cecil und ich blieben stehen und schauten uns um.

"Hallo!" er rief aus. „Leonard ist nicht hier; Ich wundere mich wo--"

Er wurde von einem Schrei völliger Überraschung von Miss Hart unterbrochen.

"Was ist jetzt das Problem? Wie du mich erschreckt hast, Milly!" rief er und eilte an ihre Seite. "Was ist es?"

„Warum, das Foto!"

"Was ist damit?"

"Es ist weg!"

KAPITEL XXVII.
LEONARD DE CARTIENNE.

Wir standen alle drei da und sahen uns einen Moment lang an. Milly Hart zeigte immer noch mit dem Finger auf die freie Stelle, an der das Foto gewesen war. Dann brach Cecil in ein kurzes Lachen aus.

„Wir sehen das sehr tragisch aus", sagte er leichthin. „Geheimnisvolles gemeinsames Verschwinden von Leonard de Cartienne und einem Foto von Mr. Hart. Wenn es nun das Foto eines hübschen Mädchens und nicht eines Mannes mittleren Alters gewesen wäre, hätten wir die beiden vielleicht miteinander in Verbindung bringen können. Hallo!"

Er unterbrach seine Rede und drehte sich um. In der Tür stand Leonard de Cartienne und sah uns an, mit einem leichten Lächeln auf den dünnen Lippen.

„Siehe, das fehlende Glied – ich meine, Mann!" rief Cecil aus. „Guter alter Leonard! Weißt du, du hast uns ziemlich erschreckt. Wir erwarteten, Sie hier anzutreffen, und der Raum war leer. Bist du besser?"

"Ja dank! Mir geht es jetzt gut", antwortete er. „Ich war draußen im Garten und hatte einen Schlag. Warum sieht Milly so verängstigt aus? Und was habe ich von Ihnen über ein Foto gehört?"

„Das Abbild des Vaters ist verschwunden", erklärte sie und drehte sich mit Tränen in den Augen um. „Es lag heute Nachmittag auf dem Kaminsims und als wir es uns jetzt ansahen, war es verschwunden!"

„Ich denke, wenn es wirklich verschwunden ist", bemerkte de Cartienne ungläubig, „muss der Diener es verschoben haben." Frage Sie."

Miss Hart klingelte und wir sahen uns in der Zwischenzeit im Zimmer um. Es war alles umsonst. Wir konnten keine Spur davon finden, und der Diener, der die Vorladung beantwortete, konnte uns auch keine Auskunft geben. Sie hatte es am frühen Morgen beim Staubwischen an seinem gewohnten Platz gesehen. Seitdem hatte sie den Raum nicht mehr betreten.

„Verdammtes queeres Ding!" erklärte Cecil, als wir die Suche endlich aufgegeben hatten. „Verdammter Schwuler!" wiederholte er nachdenklich, die Hände tief in den Hosentaschen vergraben und die Augen träge auf de Cartiennes Gesicht gerichtet. „Aber wir können nichts mehr tun, das ist sicher. Wir müssen wirklich weg, Milly. Wir sind schon fast eine Stunde hier und Brandy und Soda werden bestimmt unruhig, und du bist bestimmt ausgehungert, Morton, da bin ich mir sicher. Mitkommen! Auf Wiedersehen, Milly! Bleib bei Laune, altes Mädchen! Der Gouverneur wird bestimmt in ein oder zwei Tagen wieder auftauchen. Und machen Sie sich wegen des Fotos keine Sorgen. Irgendwo muss es sein."

„Aber das ist es nicht!" erklärte sie unter Tränen. „Wir haben überall gesucht! Oh, was soll ich tun?"

Cecil nahm einen äußerst betrübten Gesichtsausdruck an und blickte mitfühlend in ihr tränenüberströmtes Gesicht. Sie war auf jeden Fall ungewöhnlich hübsch.

„Machen Sie weiter, Leute", sagte er. „Ich bin gleich draußen. Ich fahre, Leonard. Ich glaube nicht, dass du dem ganz gewachsen bist."

de Cartienne stieß mich am Arm an, und wir gingen zusammen los und gingen die Straße hinauf zum Gasthaus, unter dessen überdachtem Torbogen die Falle aufgestellt war. Ein paar Minuten später gesellte sich Cecil zu uns.

„Ich hoffe, ich habe Sie nicht warten lassen", sagte er, zündete sich eine Zigarette an und kletterte auf den Logenplatz. „Nein, du gehst voran, Morton. Das ist richtig. Sehr seltsam an diesem Foto, nicht wahr? Es ist weg und kein Fehler. Wir haben uns noch einmal umgesehen."

"Unsinn!" rief de Cartienne ungeduldig. „Was für eine Aufregung um eine Kleinigkeit! Ein Mädchen hat überhaupt kein Gedächtnis! Ich gehe davon aus, dass sie es selbst bewegt hat. Ich wette, dass es morgen früh auftaucht.

„Ich glaube nicht", antwortete Cecil leise, während er die Zügel aufnahm. „Na dann, halte dich hinten fest!"

Wir ratterten in einem Tempo, das jede Unterhaltung unmöglich machte, die Straße hinunter und wieder hinaus ins offene Land. Die niedrigen Hecken und verkrüppelten Bäume am Straßenrand schienen an uns vorbeizufliegen, und eine plötzliche Kurve, die mich fast von meinem Sitz riss, brachte uns in Sichtweite eines breiten Halbkreises aus funkelnden Lichtern, der sich bis über den Horizont zu erstrecken schien .

"Was sind Sie?" fragte ich und zeigte nach vorne.

"Diese? Oh, Angelgeschmack!" antwortete Cecil.

„Ist das dann das Meer?" Ich fragte eifrig.

Er brach in Gelächter aus.

„Warum, was glaubst du sonst noch?" er rief aus. „Kannst du es nicht hören?"

Ich senkte den Kopf und lauschte. Die schwache Nachtbrise reichte gerade aus, um das dumpfe, eintönige Brüllen der Flut an unsere Ohren zu tragen.

„Kein sehr fröhlicher Streit, oder?" bemerkte Cecil.

"Heiter! Ich nenne es das höllischste Geräusch, das ich je gehört habe!" knurrte de Cartienne vom Rücksitz aus, „genug, um einem Kerl jeden Tag die Schrecken zu bereiten!"

„Sehen Sie das helle Licht ganz in der Nähe?" sagte Cecil und zeigte mit seiner Peitsche. „Das ist Borden Tower, wo wir rumhängen, wissen Sie. Wir werden in ein oder zwei Minuten da sein."

"Vielleicht!" knurrte de Cartienne von hinten und klammerte sich nervös an die Seite der Falle. „Cis, mein Lieber, du fährst kein Feuerwehrauto, und mit dieser verdammten Eile ist nichts gewonnen. George! Damals war ich fast draußen."

Wir waren um eine scharfe Ecke in eine kurvenreiche Auffahrt abgebogen, in der es keine Bäume und nur verkümmerte Sträucher gab. Auf der einen Seite, zwischen uns und dem Ufer, befand sich eine lange, unregelmäßige Anpflanzung kleiner Tannen, durch die der Nachtwind mit einem Geräusch heulte, das dem weiter entfernten Rauschen des Meeres nicht unähnlich war. Direkt davor ragte ein hohes, dunkles Gebäude auf, das sich mit fast verblüffender Schroffheit von der Leere aus Himmel und Moor abhob.

"Hier sind wir!" rief Cecil aus und hielt schwungvoll vor dem Haupteingang. „John, hilf dem armen, nervösen Invaliden von hinten herunter und bring Brandy und Soda sofort zum Stall. Es ist ihnen zu heiß, um in dieser feuchten Luft auch nur eine Sekunde stillzustehen."

Wir gingen durch einen großen, aber etwas trostlosen Saal in ein warmes, gemütliches Esszimmer. Im Kamin brannte ein helles Feuer, und ein Tisch in der Mitte des Raumes war sehr geschmackvoll zum Abendessen gedeckt.

„Fühlen Sie sich wie zu Hause, Morton!" rief Cecil aus, stand auf dem Kaminvorleger und streckte seine taube Hand nach dem Feuer aus. „Stellen Sie einen Sessel ans Feuer, während James Ihre Fallen auspackt und sich um Ihr Zimmer kümmert. Leonard, klingel, da ist ein guter Kerl, und sag ihnen Bescheid, dass wir zum Abendessen bereit sind."

"Danke; „Ich glaube, ich gehe sofort nach oben", bemerkte ich.

"In Ordnung! Hier ist James; Er wird dir dein Zimmer zeigen. Ein Diener zwischen uns drei. Guter alter James! Ich sage, Morton, keine Schwalbenschwänze, wissen Sie."

Ich nickte und folgte dem Mann, der in der Tür wartete, in mein Zimmer.

Nach meinem nackten Boden und der niedrigen Decke auf dem Bauernhof kam mir die Wohnung, in die ich geführt wurde, wie ein Tempel des Luxus vor. Auf dem Boden lagen ein weicher Teppich, viele Sessel, ein orientalischer Diwan, Spiegel und solide, schön geschnitzte Möbel. Auf der einen Seite führte ein Badezimmer und auf der anderen Seite ein kleines, gemütliches Wohnzimmer oder Arbeitszimmer.

„Kann ich noch etwas für Sie tun, Sir?" fragte der Mann, nachdem er mein heißes Wasser ausgegossen und den Inhalt meines Koffers hingelegt hatte.

Ich schüttelte den Kopf und entließ ihn. Nach einer sehr kurzen Toilette eilte ich die Treppe hinunter.

Das Abendessen war bemerkenswert gut und ich war sehr hungrig; aber ich fand Zeit, zwei Dinge zu bemerken. Das erste war, dass Cecil viel mehr Wein trank, als ihm in seinem Alter gut tat; und zweitens, dass de Cartienne, der selbst sehr wenig trank, diese Tatsache so weit er konnte verheimlichte und die Flasche ständig an Cecil weitergab. Das überraschte mich nicht sonderlich, denn ich hatte mir bereits eine eigene Meinung über de Cartienne gebildet.

Nach dem Abendessen brachte der Mann, der uns bediente, Kaffee und zog sich zurück. Cecil, dessen Wangen leicht gerötet waren und dessen Augen in überdurchschnittlichem Glanz funkelten, erhob sich und streckte sich.

„Ich sage, Leonard", rief er, „lass uns in dein Zimmer gehen und Karten spielen!" Sollen wir?"

de Cartienne zuckte mit den Schultern, bot aber nicht an, sich zu bewegen.

„Ich bin heute Abend nicht besonders begeistert von Karten", bemerkte er gähnend. „Ich glaube, wenn es nach dir ginge, würdest du von morgens bis abends spielen."

„Oh, hör auf, es bleibt nichts anderes zu tun!" Cecil antwortete. „Wenn wir hier unten bleiben, können wir nicht rauchen, und die alten Grumps werden uns bald wieder belästigen."

„Ich habe vergessen, dass wir nicht rauchen dürfen", sagte de Cartienne und stand auf. „Dann komm mit!" ·

„Es macht dir nichts aus, Morton, oder?" fragte Cecil und drehte sich zu mir um. „Es ist furchtbar gemütlich oben in Lens Zimmer."

„Auf jeden Fall nicht", antwortete ich und trank meinen Kaffee aus. „Ich komme, aber ich kann nicht spielen."

„Oh, das ist doch egal! Sie können uns eine Weile zusehen, dann werden Sie es bald merken. Hallo James!" Als dieser würdige Mann für eine Minute an der Tür erschien, rief Cecil: „Bringen Sie uns etwas Whisky und ein halbes Dutzend Flaschen Selterswasser in Mr. de Cartiennes Zimmer, ja?" Schauen Sie gut hin, da ist ein guter Kerl!"

de Cartiennes Zimmer, insbesondere sein Arbeitszimmer, waren weitaus luxuriöser als meines und von ausgezeichnetem Geschmack eingerichtet. Die Wände und der Kaminsims waren mit bezaubernden kleinen Skizzen, ein paar ausländischen Drucken, Fotografien und zierlichen Kleinigkeiten von Nippes bedeckt. Abgesehen von den Fotos, von denen einige etwas *gewagt waren* , ähnelte es eher dem Boudoir einer Dame als dem Wohnzimmer eines Mannes.

de Cartienne und Cecil setzten sich an einen kleinen runden Tisch und begannen fast sofort zu spielen. Ich stellte einen Sessel ans Feuer und schloss die Augen, als wollte ich schlafen gehen. Eigentlich wollte ich mir das Spiel anschauen, und zwar genau. Doch das Schicksal entschied anders. Ich war wirklich sehr schläfrig, und obwohl ich dagegen ankämpfte, musste ich am Ende nachgeben. Ich schlief ein und es muss fast zwei Stunden gedauert haben, bis ich durch eine Berührung meines Arms geweckt wurde.

„Wach auf, Morton, alter Junge! Es ist Zeit, dass wir auf unsere Zimmer gehen."

Ich setzte mich auf und schaute auf meine Uhr. Es war nach Mitternacht.

Cecil lehnte mit den Händen in den Taschen am Tisch und sah blass und müde, aber frohlockend aus.

„Ich hatte heute Abend seltenes Glück!" er rief aus. „Ich habe ein paar Ponys vom armen alten Len und einen ganzen Hut voller IOUs gewonnen. Hier sind sie!" Und er warf einen kleinen Stapel zerknitterter Papiere ins Feuer.

Ich warf de Cartienne einen Blick zu, um zu sehen, wie sich die Niederlage auf ihn ausgewirkt hatte. Zumindest nicht auf die übliche Art und Weise. Er saß mit verschränkten Armen in seinem Stuhl zurück, eine Zigarette zwischen den Zähnen und ein unergründliches Lächeln auf seinen dünnen Lippen. Irgendwie gefiel mir sein Gesichtsausdruck nicht. Es lag etwas, das ein wenig zu sehr an Verachtung grenzte, darin, als er Cecils Handeln beobachtete und auf den jubelnden Klang in seinem Ton lauschte – etwas, das eine latente Fähigkeit auszudrücken schien, das Ergebnis jederzeit mit Leichtigkeit umzukehren, wenn er es für richtig hielt.

Zweifellos ging es darum, voreilige Schlüsse zu ziehen; Doch als ich von Cecils jungenhaftem, hübschem Gesicht, das gerade ein wenig verschwunden, aber offen und aufrichtig war, auf das blasse, blasse Gesicht, die großen schwarzen Augen und den zynischen, gefühllosen Gesichtsausdruck seines Freundes blickte, kam es mir so vor, als ob ich es wäre Blick vom Angesicht des Versuchten zum Angesicht des Versuchers. Das eine schien das böse Genie des anderen zu sein.

KAPITEL XXVIII.
„WIE ROM ES TAT."

Am nächsten Morgen erwachte ich mit dem vagen, eigenartigen Gefühl, in einen völlig neuen Lebensabschnitt eingetreten zu sein. Nach und nach kamen meine halbschläfrigen Fähigkeiten wieder zum Vorschein und ich erinnerte mich daran, wo ich war. Mein neues Leben hatte tatsächlich ernsthaft begonnen.

Ich sprang aus dem Bett und zog das Rollo hoch. Nach der üppigen Hügellandschaft des Hauses, in dem ich mein ganzes Leben lang gelebt hatte, war es eine sehr seltsame Aussicht, die ich mir bot. Vor mir lag eine flache, unbebaute Wiese, die hier und da mit ein paar verkrüppelten Ginsterbüschen und zahlreichen Sandhaufen übersät war. Weiter entfernt fiel ein langer Kiesstreifen zum schaumigen Meer hinab, das unter dem grauen, sonnenlosen Himmel des frühen Wintermorgens ein trübes, bedrohliches Aussehen hatte. Obwohl es keine einladende Aussicht war, hatte die Neuheit doch etwas Anziehendes, und ich ließ die Jalousie herunter, eilte ins Badezimmer und begann, mich anzuziehen.

Es war nach acht Uhr, als ich unten ankam, aber ich sah niemanden in der Nähe, also verließ ich die Wohnung durch die Vordertür und ging die Auffahrt hinunter. Das Gelände war klein und konnte bald erkundet werden, und nachdem ich es erschöpft hatte, gelangte ich durch ein Tor in eine kleine Pinienplantage und von dort hinaus auf die Gemeinschaftsfläche. Dann spürte ich zum ersten Mal in meinem Leben eine starke Meeresbrise, und mit der Mütze in der Hand und dem Meer zugewandtem Gesicht stand ich einige Augenblicke da und genoss sie in vollen Zügen.

„Freut mich zu sehen, dass Sie ein Frühaufsteher sind, Mr. Morton. Es ist eine Gewohnheit, die sich meine anderen Schüler leider nicht angeeignet haben."

Ich drehte mich erschrocken um. An meiner Seite stand ein großer, dünner Mann, etwas über dem mittleren Alter, mit eisengrauem Haar und dünnen, regelmäßigen Gesichtszügen. Seine Augen waren die Augen eines Visionärs und eines Dichters, und sein abgenutztes, nachdenkliches Gesicht trug unverkennbar den Stempel eines Studenten. Mir gefiel sein Aussehen, so nachlässig und zerzaust er auch gekleidet war, und da ich wusste, dass es sich hier um Dr. Randall handeln musste, verspürte ich ein tiefes Gefühl der Erleichterung.

Denn angesichts der offensichtlichen Gewohnheiten und der Beschäftigung von Silchester und de Cartienne in der letzten Nacht hatte ich begonnen, mich etwas besorgt zu fragen, was für ein Mann der Lehrer solcher Schüler sein könnte. Jetzt war ich sicher, dass die Idee, die mir zuerst gekommen war, die richtige gewesen war und dass die Taten der vergangenen Nacht unter der Decke weitergeführt wurden. Der Mann James sah aus wie ein Diener, den man leicht bestechen konnte. Dies war zweifellos geschehen.

„Vielleicht haben sie nicht wie ich ihr ganzes Leben auf dem Land verbracht, Sir", antwortete ich. „Ich war es schon immer gewohnt, früh aufzustehen."

„Du bist also mein neuer Schüler?" er sagte. „Nun, Mr. Morton, ich freue mich sehr, Sie zu sehen, und ich habe das Gefühl, dass wir sehr gut miteinander auskommen werden. Ich wollte zum Meer hinuntergehen. Wirst du mit mir kommen?"

Ich folgte ihm auf dem gewundenen Weg zum Ufer, und unterwegs befragte er mich über meine Fähigkeiten und unterzog mich einer Art *Lebensprüfung* , deren Ergebnis ihn zufrieden zu stellen schien.

„Das ist eine ziemlich angenehme Überraschung für mich", sagte er, als wir uns wieder dem Haus zuwandten. „Sie sind fast so fortgeschritten wie de Cartienne und weitaus fortgeschrittener als Silchester. Ich nehme an, Sie wollen sich immatrikulieren?"

Ich sagte ihm, dass ich das dachte, aber er schien es kaum zu hören. Anscheinend waren seine Gedanken zu einem anderen Thema abgeschweift und er blieb fast eine Viertelstunde lang in Gedanken versunken. Später erfuhr ich, dass dies eine Gewohnheit von ihm war.

Erschrocken kam er zu sich, entschuldigte sich für seine Geistesabwesenheit und ging voran zurück zum Haus und in den Frühstücksraum. Das Tuch war für vier ausgelegt und die Urne zischte auf dem Tisch; aber es war niemand da.

„Sind weder Lord Silchester noch Mr. de Cartienne schon wach, James?" fragte Dr. Randall.

James glaubte es nicht, wollte es aber herausfinden. Wenige Augenblicke später kehrte er zurück.

„Lord Silchester bittet mich, Ihnen zu sagen, dass er letzte Nacht spät gelesen hat, Sir, und sich verschlafen hat; aber er wird so schnell wie möglich unten sein", verkündete James feierlich.

Als ich mich daran erinnerte, dass James uns letzte Nacht in de Cartiennes Zimmern aufgepasst hatte, fand ich das ziemlich cool. Aber es ging mich nichts an und ich schwieg.

Dr. Randall runzelte leicht die Stirn und sah verärgert aus.

„Mir scheint, dass Silchester die meiste Zeit nachts liest", bemerkte er. „Ich könnte mir wünschen, dass die Ergebnisse etwas deutlicher wären. Und Mr. de Cartienne, James? Hat er sich auch verschlafen?"

"Herr. „De Cartienne wird sofort hier sein, Sir", verkündete der Mann.

Wir begannen mit dem Frühstück. Als wir etwa zur Hälfte mit dem Essen fertig waren, öffnete sich die Tür und de Cartienne erschien. Er warf mir einen besorgten Blick zu und wirkte dann erleichtert, als er sah, dass Dr. Randall ihn wie immer begrüßte.

Plötzlich verließ der Arzt den Tisch und forderte uns auf, in einer halben Stunde zu ihm ins Arbeitszimmer zu kommen. Kaum hatte sich die Tür geschlossen, lehnte sich de Cartienne in seinem Stuhl zurück und lachte leise vor sich hin.

„Warum bist du so früh aufgestanden?" fragte er und sah mich neugierig an. „Es hat mich ziemlich erschüttert, als ich hörte, dass du mit Grumps allein warst; und Cis war in einem schrecklichen Zustand. Wir hatten Angst, dass Sie etwas über die letzte Nacht preisgeben könnten — natürlich aus Versehen; und dann hätte man die Deuce zahlen müssen und keinen Fehler gemacht. James, nimm meinen Teller und bring mir einen Brandy-and-Soda. Passen Sie auf, dass der Arzt Sie nicht sieht."

„Wessen Diener ist James?" Als er verschwand, fragte ich: „Deins oder das des Arztes?"

„Der Arzt stellt sich vor, dass er ihm gehört, nehme ich an; Aber er bekommt viel mehr von Cis und mir, als Grumps ihm zahlt", erklärte de Cartienne nachlässig. „Ich kannte ihn, bevor er hierher

kam, und brachte ihn dazu, sich für die Stelle zu bewerben, indem
ich versprach, seinen Lohn zu verdoppeln."

„Und die Vorteile?" Ich fragte.

„Das ist offensichtlich, sollte ich meinen. Einige davon hast du
bereits gesehen, und du wirst noch mehr sehen, bevor du lange
hier bist."

"Ich wage zu behaupten. Vielleicht wäre es besser, wenn ich
Ihnen sagen würde, de Cartienne, dass mir das, was ich gesehen
habe, nicht gefällt.

„Sehr wahrscheinlich nicht", antwortete er nachlässig. „Als ich
dich sah, dachte ich sofort, dass du ein bisschen ein Idiot bist —
ich bitte um Verzeihung, ich würde sagen, ziemlich spießig.
Dennoch glaube ich nicht, dass es sich lohnt, sich einzumischen.
Du kannst deinen Weg gehen und Cis und ich können unseren
gehen."

„Das würde es für mich etwas langweilig machen", sagte ich
langsam. „Vielleicht bin ich nicht ganz so geradlinig, wie Sie
denken. Ich nehme an, Sie würden mir das Kartenspielen
beibringen, wenn ich es lernen wollte?"

„Oh, sicherlich! Und wie man das auch benutzt", bemerkte er,
zog einen Schlüssel aus der Tasche und schwang ihn achtlos hin
und her.

„Dann werde ich es wohl lernen", antwortete ich. „Schließlich
wäre dieser Ort entsetzlich langweilig, wenn ich nicht tun würde,
was ihr tut."

Er sah mich forschend aus seinen scharfen dunklen Augen an,
aber ich nippte gemächlich an meinem Kaffee und schien mich
seiner prüfenden Aufmerksamkeit überhaupt nicht bewusst zu
sein. Anscheinend war er zufrieden, denn ich sah, wie sich die
harten Linien seines Mundes ein wenig entspannten, und er
lächelte — ein unangenehmes Lächeln verächtlichen Triumphs.

„Ich habe keinen Zweifel daran, dass Sie ein begabter Schüler sein
werden", bemerkte er. "Sind Sie fertig? Wenn ja, gehen wir in
mein Zimmer gehen und eine Zigarette rauchen, bevor wir mit
Grumps arbeiten."

„Erlaubt der Arzt das Rauchen?" Ich fragte.

„Um die Wahrheit zu sagen, Morton, wir haben ihn nie gefragt.
Was das Auge nicht sieht, trauert das Herz nicht, wissen Sie. Nach
diesem Prinzip rauchen wir in unseren Zimmern bei
geschlossenen Türen und geöffneten Fenstern. Mitkommen!"

KAPITEL XXIX.
Ein Sub-Rosa für die Dinnerparty.

In weniger als einer Woche hatte ich die Lage im Borden Tower im Griff. Dr. Randall war mit den besten Absichten der schlechteste Mann, den man für die Vormundschaft von zwei Schülern wie Lord Silchester und Leonard de Cartienne hätte auswählen können. Er war ein Gelehrter und Pedant, völlig ahnungslos und unwissend über die Sitten und Gebräuche der Welt, selbst so wahrhaftig und ehrenhaft, dass er sich kaum vorstellen konnte, dass bei anderen und schon gar nicht bei seinen eigenen Mündeln Betrug möglich wäre. Von den Dienern waren James und seine Frau die einzigen, die Autorität hatten, und sie waren die Werkzeuge von de Cartienne.

Letzteres konnte ich nicht ganz verstehen. Das Einzige, was an ihm völlig klar war, war, dass er für Silchester einfach der schlechteste Begleiter überhaupt war. Im Übrigen war er so klug, dass seine Anwesenheit hier als Schüler überhaupt unnötig schien. Er schien reich zu sein und hatte großes Interesse an Cecil. Anscheinend handelte es sich um ein freundliches Interesse, aber dessen war ich mir nicht sicher. Auf jeden Fall war es für Cecil eine schädliche Verbindung, und ich beschloss, alles in meiner Macht Stehende zu tun, um dem entgegenzuwirken.

Ich sah, dass es vergeblich sein würde, sofort zuzuschlagen und zu versuchen, ihm die Torheit der Kurse zu zeigen, in die er geführt wurde. Ich muss Zeit und Gelegenheit haben. Jegliche gewalttätige Maßnahme wäre in einem solchen Fall mehr als nutzlos. Mein einziger Weg, so abscheulich es auch war, bestand darin, mich ihnen bei ihren Unternehmungen anzuschließen und zu versuchen, Einfluss auf Cecil zu gewinnen, während ich ihn so weit wie möglich davon abhielt, noch mehr Unheil anzurichten.

Dementsprechend wurde ich am ersten Abend nach meiner Ankunft im Borden Tower in die Geheimnisse des Pokers und der preußischen Bank eingeweiht, und bei den folgenden Gelegenheiten schloss ich mich ihnen entweder an oder schaute zu. Das Ergebnis entsprach im Großen und Ganzen meinen Erwartungen. de Cartienne gewann immer, wenn der Einsatz sehr groß war, und Lord Silchester, wenn der Einsatz kaum der Mühe wert war.

Der frühere Teil des Tages war für mich bei weitem der angenehmere. Am Morgen arbeiteten wir mit Dr. Randall; Nachmittags gingen wir immer spazieren oder ritten – in jedem Fall war ein Besuch im „Rose and Crown" fester Bestandteil des Programms – und abends, nach dem Abendessen, sollten wir allerdings bis zehn Uhr lesen Die Art und Weise, wie wir diesen Teil des Tages tatsächlich verbrachten, war weitaus weniger profitabel.

Ich hatte vorgehabt, Miss Milly Hart auf eigene Faust einen besonderen Besuch abzustatten; aber entweder durch Zufall oder durch Absicht – damals war ich mir nicht sicher – schien de Cartienne meine Pläne immer zu vereiteln. Selbst mir selbst gegenüber würde ich nicht zugeben, dass ich ein anderes Motiv als reine Neugier hatte; Aber irgendwie war ich immer noch entschlossen, ein Foto des vermissten Mr. Hart zu sehen. Das seltsame Verschwinden desjenigen im Wohnzimmer des Gasthauses – er war nie gefunden worden – verwirrte mich, und wann immer ich mich dabei ertappte, an den Vorfall zu denken, stand er immer im Zusammenhang mit Leonard de Cartienne. Als ich die Sache ruhig betrachtete, kam es mir sehr absurd vor, aber ich konnte mich trotzdem nicht davon lösen. Es verfolgte mich, wie es manchmal bei Ideen der Fall ist.

Eines Nachmittags, etwa zwei Monate nach meiner Ankunft in Borden Towers, lasen Cecil und ich zusammen im Arbeitszimmer – oder besser gesagt, ich versuchte, einen seiner seltenen Fleißanfälle zu fördern, indem ich ihm durch eine steife Seite von Livy half – als Plötzlich öffnete sich die Tür und de Cartienne trat mit einem offenen Telegramm in der Hand ein. Als er mich sah, blieb er stehen und runzelte die Stirn.

„Hallo, Len! Was ist los?" rief Cecil aus. "Was hast du da? Ein Telegramm?"

de Cartienne nickte und überreichte es nach kurzem Zögern.

„Es ist aus Fothergill", erklärte er. „Er kommt heute Abend vorbei und möchte, dass wir mit ihm speisen."

„Das würde ich gern tun", sagte Cecil, „aber ich weiß nicht, wie wir das schaffen sollen. Der alte Grumps wollte uns natürlich nicht gehen lassen, und ich sehe nicht ein, wie wir das ohne sein Wissen schaffen können."

„Nicht wahr? Nun ja, das tue ich", bemerkte de Cartienne trocken. „Grumps reist heute Abend nach Belscombe, um dort den Vorsitz der Literaturgesellschaft zu übernehmen. Er muss um sechs zu Abend essen und um Viertel vor sieben gehen. Das weiß ich, weil ich gehört habe, wie er seine Befehle gegeben hat. So haben wir noch genügend Zeit, um um acht Uhr in die Stadt zu gelangen. und es ist natürlich in Ordnung, wenn wir zurückkommen."

„Das ist Kapital!" erklärte Cecil und schloss seine Livy mit einem lauten Knall. „Heute Abend werden wir uns am alten Fothergill rächen. Genau das, worauf ich mich gefreut habe."

de Cartienne zuckte mit den Schultern.

„Nun, ich weiß es nicht", sagte er langsam. „Das gefällt mir. Fothergill ist etwas zu gut für uns. Ich kann Ihnen sagen, dass ich heute Abend keine große Lust auf Karten haben werde. Als er das letzte Mal hier war, habe ich mehr Geld verloren, als mir lieb war."

Cecil lachte nachlässig.

„Du hast nicht so viel verloren wie ich", bemerkte er. „Aber Fothergill hatte ja auch viel Glück. Ich kann mich nie an eine solche Trümpfe erinnern wie bei seinem letzten Deal; Und du hast schurkisch gespielt, weißt du – hast ihm unzählige Streiche gespielt."

Der ganz leise Hauch eines Lächelns – es war ein böses Lächeln – zitterte auf de Cartiennes Lippen, und er wandte sich zum Fenster ab, als wolle er es verbergen.

„Ich war an diesem Abend nicht besonders gut in Form", gab er zu. „Ich muss es heute Abend wieder gutmachen, wenn wir Fothergill dazu bringen können, uns zu rächen."

Cecil trommelte mit den Fingern auf dem Tisch und hob leicht die Augenbrauen.

„Er kann doch nicht ablehnen, wenn wir darum bitten, oder?"

„Ich denke nicht", antwortete de Cartienne und schlenderte quer durch den Raum zur Tür. „Ich werde James besuchen und ihm sagen, dass wir den Schlüssel brauchen."

"In Ordnung. Und ich sage, Len", fuhr Cecil fort, „wir müssen Morton natürlich mitnehmen."

de Cartienne drehte sich mit einem wütenden Stirnrunzeln auf seinem dunklen Gesicht um.

„Ich kann mir kaum vorstellen, wie das möglich sein soll", sagte er steif. „Ich denke, es wäre eine ziemliche Freiheit gegenüber Fothergill. Er bittet uns nur um zwei."

Unter anderen Umständen hätte ich mich sofort geweigert, an der Party teilzunehmen, zumal die Einladung anscheinend von einem Freund de Cartiennes kam. Aber der immer dunkler werdende Schatten, den ich auf de Cartiennes Gesicht hatte aufblitzen sehen, weckte all meinen Verdacht ihm gegenüber erneut, und ich beschloss sofort, dass ich auf irgendeine Weise gehen würde. Sein offensichtlicher Widerwille, mich einzuladen, bestärkte mich nur in meiner Absicht. Obwohl er mich ansah, als erwartete er, dass ich meine Gleichgültigkeit darüber zum Ausdruck bringen würde, ob ich hinging oder nicht, unterließ ich es absichtlich, etwas Derartiges zu tun.

„Oh, das ist alles Mist!" Cecil protestierte. „Wir können Morton nicht allein hier eingesperrt zurücklassen."

„Ich glaube nicht, dass es Morton sonderlich interessieren würde", sagte de Cartienne mürrisch.

„Im Gegenteil, ich würde es wirklich sehr genießen", warf ich ein; „Obwohl ich natürlich nicht gehen möchte, wenn Sie glauben, dass Ihr Freund Einwände erheben würde", fügte ich milde hinzu. „Allein hier ist es ziemlich langweilig."

"Natürlich ist es das! Morton, alter Junge, du sollst mit uns gehen, keine Angst!" erklärte Cecil energisch. „Ich sag dir was, Len, wenn du nicht das Angenehme tust und die Sache mit Fothergill in Ordnung bringst – wie du kannst, wenn du willst, natürlich –, werde ich nicht gehen, also los! Was soll es sein – beides oder keines?"

„Beides natürlich", antwortete de Cartienne so höflich wie möglich. „Ich hätte nicht gedacht, dass Morton sich darum gekümmert hätte, das ist alles. Seid pünktlich um halb acht bereit, ihr Männer."

"In Ordnung!" rief Cecil, erfreut darüber, zur Abwechslung mal seinen eigenen Willen durchzusetzen. „Guter alter Len! Morton, wirf die scheußliche Livy in die Schublade und komm und zieh deine Sachen um. Wir werden heute Abend etwas Spaß haben!"

KAPITEL XXX.
ECARTÉ MIT MR. FOTHERGILL.

Kurz vor acht Uhr erschienen de Cartienne, Cecil und ich an der Bar des „Bull" Hotels und erkundigten uns nach Mr. Fothergill. Ein Kellner führte uns sofort in ein kleines privates Wohnzimmer, strahlend beleuchtet und unverkennbar gemütlich. Unter dem Kronleuchter stand ein kleiner runder Tisch, auf dem Teller und Blumen glitzerten; Und auf dem Kaminsims stand ein adrett aussehender kleiner Mann mittleren Alters, der ihn kritisch beäugte, in gut geschnittener Abendgarderobe und mit einer weißen Kamelie im Knopfloch.

Sein Haar war leicht grau gefärbt, aber sein Schnurrbart war immer noch pechschwarz und kunstvoll gelockt und gewachst. Seine Stirn war niedrig und seine vollen roten Lippen und die leicht gebogene Nase gaben ihm etwas von einem jüdischen Aussehen. Er hatte es einfach vermisst, gutaussehend zu sein, und ebenso hatte er es einfach vermisst, gut in Form zu sein; Zumindest kam es mir bei meiner ersten schnellen Befragung so vor, und ich habe meine Meinung auch im Nachhinein nicht geändert.

Sobald wir den Raum betraten, kam er uns entgegen, mit einem Lächeln, das ein sehr schönes Gebiss enthüllte. Ich beobachtete ihn genau, als er den Neuzugang in der Gruppe bemerkte, aber er zeigte weder Überraschung noch Verärgerung. Im Gegenteil, als Cecil mich als seinen Freund und Mitschüler im Borden Tower vorgestellt hatte, begrüßte er mich mit einer Höflichkeit, die ein wenig überschwänglich war. Im Großen und Ganzen kam ich zu dem Schluss, dass seine Manieren zu seinen Gunsten waren.

Es gab ein lockeres Gespräch, eine etwas ausführlichere Erklärung, als es mir für nötig erschien, zu seinem Stippvisite in Little Drayton, und dann wurde das Abendessen angekündigt. Alles war offensichtlich sorgfältig bestellt und vorbereitet und vom Feinsten. Mr. Fothergill war trotz seiner Mängel ein hervorragender Gastgeber; und seine Rede war, wenn auch manchmal ein wenig umgangssprachlich und derb, äußerst amüsant. Insgesamt war das Abendessen in jeder Hinsicht ein Erfolg. Für vier Männer, von denen zwei unter zwanzig waren, wurde viel zu viel Wein getrunken.

Ich glaube, ich habe es kaum bemerkt, bis das Tuch entfernt und der Nachtisch auf den Tisch gestellt wurde. Dann warnte mich ein seltsames Hochgefühl in meiner eigenen Stimmung, vorsichtig zu sein, und ich blickte mich sofort zu den anderen um.

Cecil saß mir direkt gegenüber und ich sah auf den ersten Blick, wie es mit ihm war. Sein Haar, das er immer ziemlich lang, aber sorgfältig gescheitelt hatte, war zerzaust und unordentlich; seine ordentliche Krawatte war zerknittert und auf einer Seite verrutscht; Seine Augen funkelten, als strahlte eine ungewöhnliche Erregung aus, und in seinen Wangen schimmerte eine Farbe, die in ihrer Intensität fast hektisch war.

Am Kopfende des Tisches lächelte unser Gastgeber noch immer und sah aus, als hätte er nichts Stärkeres als Wasser getrunken; und ihm gegenüber lehnte sich de Cartienne in seinem Stuhl zurück, mit einem schwachen Hauch von Farbe in seinen olivfarbenen Wangen und einem eigenartigen Glitzern in seinen dunklen Augen, das alles andere als angenehm anzusehen war. Insgesamt war der Auftritt des Trios für mich wie eine kalte Dusche und brachte mich schnell zu meiner früheren Wachsamkeit zurück. Ich spürte instinktiv, dass sich Unheil zusammenbraute.

„Ich sage, Fothergill, lass uns mal Karten spielen!" rief Cecil aus und brach ein kurzes Schweigen. „Du schuldest uns Rache, weißt du! George! Hast du uns nicht das letzte Mal ausgeräumt, als wir gespielt haben? Wir werden dich heute Nacht aus dem Verkehr ziehen, andernfalls wirst du gehängt! Was soll es sein?"

Mr. Fothergill zuckte abfällig mit den Schultern.

„Karten – Karten! Es sind immer Karten!" er antwortete leichthin. „Fällt dir nichts anderes ein, was du tun könntest?"

"Ja; Karten aufhängen!" murmelte de Cartienne.

„In Ordnung, ich bin einverstanden! Aber was kann man in diesem langweiligen Loch sonst noch anrichten?" fragte Cecil unzufrieden.

„Oh, lass uns plaudern und noch ein paar Gläser Wein trinken!" schlug Herr Fothergill vor. „Ich habe so viel Glück, dass ich es hasse, Karten zu spielen. Ich gewinne immer."

"Tust du?" bemerkte Cecil etwas kleinlich. „Nun, schau mal, Fothergill! Ich spiele heute Abend bei jedem Spiel gegen dich und schlage dich – also da! Ich fordere dich heraus! Du schuldest mir Rache. Ich will es!"

Mr. Fothergill sah ein wenig gelangweilt aus.

„Natürlich, wenn Sie es so ausdrücken", sagte er, „lassen Sie mir keine andere Wahl. Aber denken Sie daran, ich warne Sie vorher, Silchester, ich werde bestimmt gewinnen! Ich möchte Ihr Geld nicht gewinnen – das letzte Mal, als ich hier war, hatte ich genug –, aber wenn wir spielen, werde ich gewinnen, ob es mich interessiert oder nicht. Ich bin gerade in einer enormen Glückssträhne."

„Das werden wir sehen", antwortete Cecil hartnäckig. „Lass uns für ein paar Karten klingeln."

„Oder besser gesagt, lasst uns hier überhaupt nicht spielen", unterbrach de Cartienne. „Die Leute sind furchtbar altmodisch und wählerisch und möchten vielleicht schon um elf Uhr draußen sein."

„Bei George! wir gehen zum ,Rose and Crown!'", rief Cecil aus. „Ich war zwei Tage nicht dort. „Es ist ein anständiger kleiner Ort und wir können dort machen, was wir wollen", fügte er hinzu und wandte sich an Mr. Fothergill. „Es macht dir nichts aus, oder?"

„Nicht das Geringste auf der Welt!" erklärte unser Gastgeber, erhob sich und streckte sich. „Jeder Ort ist für mich geeignet. Aber je früher, desto besser, wenn wir gehen. Ich möchte nicht besonders spät kommen."

Wir standen alle auf, schickten den Kellner los, um unsere Mäntel zu holen, und machten uns auf den Weg in die kühle Nachtluft. Nach der aufgeheizten Atmosphäre des Raumes, in dem wir gegessen hatten, kam plötzlich die winterliche Brise als schnelle Stärkung. An der Straßenecke hielten Cecil und ich gleichzeitig an und entblößten unsere Köpfe.

„Bei George! Wie köstlich wäre ein Spaziergang!" rief er und fächelte sich mit seiner Mütze Luft zu. „Ich sage, Phil, alter Junge, nehmen wir an, wir flüchten und machen uns auf den Weg zum Meeresufer bis zur Litton Bay?"

„Eine großartige Idee!" Rief ich, nahm ihn beim Wort und hakte seinen Arm bei mir ein. "Lass es uns tun!"

Er brach in Gelächter aus.

„Na, Phil, du weißt, dass wir das nicht können!" er sagte. "Ich habe nur Spaß gemacht. Was um alles in der Welt würde Fothergill davon halten, dass wir ihm so einen Trick vorführen?"

„Oh, häng Fothergill!" Ich weinte. „Er will nur dein Geld gewinnen. An deiner Stelle würde ich nicht mit dem Kerl spielen, Cecil. Siehst du nicht, dass er ein Schurke ist?"

Er sah mich verwirrt an.

„Warum, hör auf damit", sagte er, „wie kannst du dich weigern, mit einem Mann zu spielen, nachdem du sein Abendessen gegessen hast? Können Sie außerdem nicht erkennen, dass er es überhaupt nicht ist, der mitspielen will? Ich war es, der es vorgeschlagen hat, und selbst dann war er nicht begeistert."

„Alles tierische List!" Ich murmelte wütend. Aber mehr konnte ich nicht sagen, denn de Cartienne und Mr. Fothergill waren zurückgegangen, um nach uns zu suchen, und Cecil war auf den Weg zu ihnen.

In wenigen Augenblicken erreichten wir das „Rose and Crown" und gingen direkt in den kleinen Salon auf der Rückseite. Miss Milly saß allein im Halbdunkel mit einem sehr trostlosen Gesicht. Als wir eintraten, hellte sich ihr Gesicht jedoch auf.

„Ganz alleine, Milly?" rief Cecil aus, ließ meinen Arm los und trat an ihre Seite. „Auch unter Tränen, glaube ich! Keine Neuigkeiten, nehme ich an?"

Sie schüttelte traurig den Kopf.

"Keiner! Ich habe fast die Hoffnung verloren", fügte sie hinzu.

Dann warf sie Mr. Fothergill einen fragenden Blick zu, und Cecil stellte ihn auf eine ungezwungene Art und Weise vor und erklärte unseren Besuch.

„Wir sind gekommen, um deinen ganzen Wein auszutrinken und ein ruhiges Kartenspiel zu spielen, anstatt den ganzen Abend im ‚Bull' zu bleiben." Sie können uns doch ins Wohnzimmer stellen, damit wir nicht im Weg sind, oder?"

"Oh ja!" sie antwortete eifrig. „Wie gut, dass Sie hierher gekommen sind! In den letzten Tagen war es furchtbar ruhig bei uns, kaum jemand war da und ich war so langweilig. Hier entlang bitte. Ich bin so froh, dass ich das Feuer angezündet habe."

Sie führte uns in das kleine Wohnzimmer, wo wir bei meinem ersten Besuch dort nach Mr. Harts Foto gesucht hatten. Ich zeigte auf die Stelle, wo es gewesen war.

„Sie haben das Porträt noch nicht gefunden?" Ich bemerkte.

Sie schüttelte den Kopf und sah verzweifelt aus.

„Bitte reden Sie nicht darüber", sagte sie. „Es kommt mir so vor, als wäre es weggezaubert worden, und schon beim bloßen Gedanken daran fühle ich mich unwohl."

Wir setzten uns um den Tisch und Mr. Fothergill holte zwei Kartenspiele aus seiner Tasche hervor und begann mit dem Austeilen. Am Ende einer Stunde hatte Cecil fast fünfzig Pfund gewonnen, ich war genauso, wie ich angefangen hatte, und de Cartienne und Mr. Fothergill waren ungefähr gleichwertige Verlierer.

„Ich habe das langsam satt!" Ich habe erklärt. „Lassen Sie mich aus diesem Deal raus, ja?"

Sie stimmten zu und ich durchquerte den Raum zu Milly. Ich tat so, als würde ich das kunstvolle Werk begutachten, mit dem sie beschäftigt war, und beugte mich dicht über sie.

„Miss Milly, ich möchte Ihnen eine Frage stellen, ohne dass die anderen es hören", sagte ich leise. "Verstehst du?"

Sie nickte. Ihre großen blauen Augen, die mir zugewandt waren, waren voller unschuldiger Verwunderung.

Ich blickte zum Tisch. Wie ich erwartet hatte, beobachtete uns de Cartienne, und ich konnte sehen, dass er alle Kräfte anstrengte, um unser Gespräch zu belauschen.

„Ich glaube, ich habe es auch satt!" rief er, warf plötzlich seine Karten weg und erhob sich; aber Cecil legte seine Hand auf seine Schulter und zwang ihn zu Boden.

„Unsinn, Mann! Sie müssen Ihre Hand auf jeden Fall ausspielen. Dann können Sie jederzeit aufhören."

de Cartienne nahm mit offensichtlichem Widerwillen seinen Platz wieder ein. Ich beugte mich wieder über Milly.

„Hat noch jemand eines dieser Fotos von Ihrem Vater?" Ich fragte. „Gibt es jemanden, von dem Sie sich einen ausleihen könnten?"

Sie schüttelte den Kopf und blickte auf den leeren Rahmen.

„Das war der Einzige", antwortete sie.

„Wo hat er sie hinbringen lassen?"

„Bei Lawrence, gleich gegenüber."

"Und wann?"

„Ich glaube, das war vor ungefähr neun Monaten. Warum fragen Sie, Mr. Morton?" fügte sie besorgt hinzu.

„Das erzähle ich dir ein andermal", antwortete ich leise.

Als ich das sagte, schaute ich zum Tisch und sah gerade noch, wie sich de Cartienne zu Cecil beugte und ihm etwas ins Ohr flüsterte. Dieser blickte sich sofort zu uns um.

„Ihr zwei scheint etwas Interessantes zum Reden gefunden zu haben", bemerkte er und warf einen Blick auf Milly, als bräuchte er eine Erklärung.

„Das haben wir nicht", antwortete sie seufzend.

"Herr. Morton hat mich gerade gefragt – Oh, Mr. Morton, Sie treten mir auf den Fuß!"

Ich zog meinen Fuß zurück und versuchte es mit einem warnenden Blick, aber es half nichts.

"Herr. „Morton fragte mich", fuhr sie fort, „ob ich nicht noch ein weiteres dieser Fotos hätte."

„Und hast du – hat irgendjemand?" unterbrach de Cartienne und richtete seine durchdringenden schwarzen Augen auf sie.

Sie schüttelte den Kopf.

"NEIN; aber vielleicht kann ich welche bekommen. Sie wurden bei Lawrence aufgenommen und ich nehme an, er hat das Negativ."

Ich warf de Cartienne einen kurzen Blick zu. Er schien zutiefst desinteressiert zu sein und versuchte, aus den Karten, die er hingeworfen hatte, ein Haus zu bauen. Entweder muss er ein perfekter Schauspieler sein, oder meine vagen Vermutungen waren in diesem Moment völlig unbegründet. Ich konnte mich nicht entscheiden, welches.

„Hatten Sie genug Karten, Cis?" fragte er unvermittelt.

„Ich nicht. Wir lassen dich allerdings eine Weile außen vor. Fothergill und ich werden Ecarté spielen."

de Cartienne zuckte mit den Schultern und warf sich auf das Sofa.

„Dann tun Sie mir leid", sagte er trocken. „Sie werden bald die Rückseite dieses kleinen Gewinnhaufens sehen. Fothergill ist ein bisschen zu gut für dich."

„Nun, wir werden sehen", antwortete Cecil und lachte selbstbewusst. „Ich bin selbst kein schlechter Händchen für Ecarté."

Sie begannen zu spielen. Dann verließ de Cartienne das Zimmer und kam mit zwei Gläsern in der Hand zurück.

„Haben Sie einen Zitronenkürbis, Morton?" fragte er nachlässig. „Da ist nur ein Tropfen Whiskey drin."

Ich nahm an, denn ich war durstig, und leerte das Glas, das er mir reichte, halb leer. Als ich das Glas abstellte, bemerkte ich ein grimmiges Lächeln auf de Cartiennes blassem Gesicht. Aber was es bedeutete, konnte ich nicht sagen, obwohl es mich seltsam unruhig machte.

Ich schaute mir das Stück ein paar Minuten lang an und zu meiner Überraschung war Cecil immer noch am Gewinnen. Dann überkam mich nach und nach eine gewaltige, überwältigende Schläfrigkeit. Ich versuchte es abzuwehren, indem ich umherging, mit Milly sprach und meine Gedanken auf das Stück konzentrierte. Es war nutzlos. Ich spürte, wie sich meine Augen schlossen und die Geräusche und Stimmen im Raum schwächer und unschärfer wurden. Eine Zeit lang blieb ich durch bloße Willenskraft in einem halbbewussten Zustand – halb wach und halb schlafend. Aber am Ende wurde ich besiegt. Ein Nebel hing vor meinen Augen und alle Geräusche verstummten. Ich schlief ein.

KAPITEL XXXI.
Eine verblüffende Entdeckung.

Als ich aufwachte, waren meine Sinne abgestumpft und mein Kopf schmerzte, was normalerweise auf einen Schlaf unter Drogeneinfluss oder auf einen unnatürlich schweren Schlaf folgt. Ich setzte mich auf dem Sofa auf, rieb mir die Augen und blickte voller Überraschung umher. Durch die Ritzen der heruntergelassenen Jalousien strömte Tageslicht herein, aber das Gas brannte immer noch in einem trüben, kränklichen Licht.

Der Tisch verriet alle Anzeichen einer nächtlichen Orgie. Auf dem zerknitterten, mit Asche verstreuten Tuch lagen mehrere Kartenspiele verstreut. Es gab ein halbes Dutzend Trinkgläser – eines fast voll, ein anderes in Stücke zerbrochen – und mehrere leere Sodawasserflaschen lagen auf dem Boden.

Aber der schrecklichste Anblick von allen war Cecils Gesicht. Er saß auf einem an den Tisch herangezogenen Stuhl, das Kinn auf die verschränkten Arme gesenkt, dunkle Ränder unter den Augen und in seinem aschfahlen Gesicht war keine Spur von Farbe zu erkennen. Es war niemand sonst im Raum.

Ich sprang auf und eilte an seine Seite.

„Cecil! Cecil!" Ich weinte. „Was ist los, alter Junge? Wach auf, um Himmels willen, und erzähl mir, was passiert ist!"

Er riss sich zusammen und kam mühsam auf die Beine. Dann schaute er sich im Raum um und schließlich in mein besorgtes Gesicht, mit einem seltsamen kleinen Lachen, angespannt und unnatürlich.

„Diesmal habe ich es fast geschafft", sagte er. „Bei George! Lasst uns das klären, bevor Milly herunterkommt. Ich möchte nicht, dass sie erfährt, dass wir die ganze Nacht hier waren. Armes kleines Mädchen! Sie würde es sich nie verzeihen, dass sie uns überhaupt hier spielen ließ."

"Wo sind die anderen?" Ich fragte.

„Fothergill ist in sein Hotel zurückgekehrt und Leonard ist mit ihm gegangen. Ich sagte, ich würde dich wecken und wir würden dir direkt folgen, aber ich glaube, ich muss geschlafen haben."

„Wir müssen gehen, und zwar sofort", sagte ich, „sonst werden wir nie zurück sein, bevor der Arzt herunterkommt." Komm, Cecil! Erzähl mir noch nichts."

Ich hakte mich bei ihm ein und zog ihn aus dem Zimmer. Wir schlichen leise den Gang entlang und durch die Hintertür hinaus. Ich hatte Angst, ihm Fragen zu stellen, und er schien es nicht eilig zu haben, preiszugeben, was passiert war, also eilten wir schweigend weiter, während Cecil seinen Kopf der starken Meeresbrise entblößte, die uns in die Zähne wehte, als wir die Stadt hinter uns gelassen hatten hatte die Wirkung eines starken, belebenden Tonikums.

Mit jedem Schritt spürte ich, wie mein Kopf klarer wurde, und als ich Cecil ansah, sah ich, wie mit jedem Atemzug die Farbe der salzigen Luft, die über das sandige, karge Land zwischen uns und dem Meer wehte, wieder in seine Wangen kroch.

Als wir endlich unser Ziel erreichten und uns vorsichtig auf den Weg zum Hintereingang machten, zögerte er. Uns gegenüber lag die Kiefernplantage, die zum Meer hinabführte, und zwischen den dicht gewachsenen schwarzen Stämmen leuchtete und glitzerte ein seltsames Licht. Ich hatte mein ganzes Leben auf dem Land verbracht und wusste genau, was es war, aber Cecil drehte sich um und beobachtete es voller Erstaunen.

„Schau, Phil!" er flüsterte. „Was ist das für ein Licht? Es scheint, als stünde die Plantage in Flammen!"

„Es ist der Sonnenaufgang", antwortete ich. „Sollen wir hingehen und es uns ansehen?"

Er nickte, und wir schlichen über den Rasen, durch die Pforte und den schmalen, gewundenen Pfad entlang, der dicht mit getrockneten Blättern und Tannenzapfen übersät war, hinunter zum Ufer. Wir kamen gerade rechtzeitig, um den endgültigen Effekt zu sehen. Ein Rand der Sonne war bereits in Sichtweite geschlichen und warf leuchtende, funkelnde Reflexe auf die tanzenden Wellen, und der östliche Himmel war vom Himmelsbogen bis zum Horizont mit Streifen leuchtend gefärbter, phantastisch geformter Wolken übersät ein Hintergrund im hellsten transparenten Blau.

In der Ferne glitzerten die Segel einiger Fischerboote wie hauchdünne Flügel auf einem Feenmeer; und noch weiter entfernt, wo die orangefarbenen und azurblauen Wolkenbänke in einem flammenden Meer aus poliertem Glas zu versinken schienen, leuchtete der weiße Schornstein eines vorbeifahrenden Dampfers wie eine Feuersäule.

Für Cecil war dieser Anblick so neu, dass er gebannt dastand und einen Ausdruck staunender Ehrfurcht auf seinem blassen Gesicht hatte. Und erst als wir den Blick in vollen Zügen genossen hatten und schweigend unsere Schritte durch die Plantage zurückverfolgten, kam es mir in den Sinn, über die Ereignisse der Nacht zu sprechen.

„Philip", sagte er feierlich, als ich das Thema erwähnte, „an der Arbeit dieser Nacht ist niemand außer mir selbst schuld." Um Leonard und diesem Kollegen Fothergill gerecht zu werden, drängten sie mich beide immer wieder, mit dem Spielen aufzuhören, aber ich tat es nicht. Es schien, als müsste sich das Glück bei jedem Geschäft ändern, und so machte ich weiter und weiter und weiter. Was für ein Idiot ich war!"

„Und das Ergebnis?" Ich fragte besorgt.

„Ich schulde Fothergill zwischen sechs und siebenhundert Pfund und habe nicht so viele Schilling."

Ich blieb abrupt stehen und sah ihn entsetzt an.

„Siebenhundert Pfund! Warum, Cis, wie um alles in der Welt bist du dazu gekommen, dieser Figur gerecht zu werden, und das mit einem Mann, von dem du so wenig weißt?"

„Oh, dem Mann geht es gut – zumindest ist er nicht schlauer, wenn du das meinst!" Cecil antwortete hartnäckig. „Es war ganz und gar meine eigene Schuld. Er ist ein besserer Spieler als ich und hat natürlich gewonnen."

„Aber er hätte nicht weitermachen sollen", protestierte ich. „Ich weiß nicht viel über solche Dinge, aber ich bin mir sicher, dass ein Gentleman sich nicht hinsetzen und siebenhundert Pfund von einem Jungen in Ihrem Alter gewinnen würde. Du bist noch keine achtzehn, weißt du, Cis."

„Ich verstehe nicht ganz, was das Alter damit zu tun hat", antwortete er düster. „Was Fothergill betrifft, bin ich, wie Sie sich vielleicht vorstellen können, im Moment nicht besonders sympathisch mit ihm; aber es war überhaupt nicht seine Schuld.

Ich ließ ihn weitermachen, und wissen Sie, in einem solchen Fall liegt der Gewinner größtenteils in den Händen des Verlierers. Er wollte immer wieder gehen und ging schließlich. Ich denke, ich hätte bis jetzt weiterspielen sollen, wenn er es nicht getan hätte.“

„Wann erwartet er, dass Sie sich niederlassen?“ Ich fragte.

„Ich muss ihn heute Nachmittag sehen. Ich sage, du kommst mit mir runter, alter Junge, nicht wahr?“ er flehte. „Ich muss natürlich um etwas Zeit bitten.“

„Ja, ich komme mit“, versprach ich. „Wie sollen Sie versuchen, das Geld aufzubringen?“

„Ich habe nicht die leiseste Ahnung“, gab er düster zu. „Ich habe mein Taschengeld bereits um mehrere Hundert überzogen. Die Mater ist so arm wie eine Kirchenmaus und ich wage es einfach nicht, meinen Onkel Ravenor zu fragen, obwohl er so reich wie Crœsus ist. Er könnte mich enterben.“

Wir erreichten das Haus und schlichen leise die Hintertreppe hinauf zu unseren Zimmern. Cecil warf sich, gekleidet wie er war, auf das Bett. Aber ich hatte keine Lust zu schlafen, und nach einem kalten Bad zog ich mich an und ging rechtzeitig zum Frühstück nach unten. Zu meiner Überraschung befand sich de Cartienne im Frühstücksraum, sorgfältig gekleidet wie immer und ohne Anzeichen in seinem Aussehen oder Verhalten, dass er die ganze Nacht draußen gewesen war. Er unterhielt sich locker mit Dr. Randall über eine triviale Angelegenheit im Zusammenhang mit dem Treffen, an dem dieser am Abend zuvor teilgenommen hatte.

„Cecil ist schon wieder zu spät“, bemerkte der Arzt stirnrunzelnd, als wir mit dem Frühstück begannen. „James, geh in Lord Silchesters Zimmer und frage ihn, wie lange er noch bleiben wird.“

James zog sich zurück und erschien nach ein paar Minuten mit ernstem Gesicht wieder.

„Lord Silchester bittet Sie, ihn heute Morgen zu entschuldigen“, lautete die Nachricht, die er zurückbrachte. „Er hat sehr starke Kopfschmerzen und konnte nicht schlafen.“

Dr. Randall, einer der gutherzigsten Männer, die atmeten, wirkte mitfühlend.

"Liebe mich!" er sagte. "Es tut mir sehr leid, das zu hören! Natürlich werden wir ihn entschuldigen. Wird ihm etwas nachgeschickt?"

„Nur eine Tasse Tee, Sir. Ich habe es in der Küche bestellt."

"Armer Kerl! Es ist seltsam, wie er unter diesen Angriffen leidet! Ich fürchte, er kann nicht sehr stark sein", bemerkte der Arzt geistesabwesend, während er sich ein Stück Toast mit Butter bestrich.

de Cartienne und ich wechselten einen Blick, sagten aber nichts.

Gleich nach dem Frühstück brachte uns der Arzt ins Arbeitszimmer und wir begannen mit den Morgenarbeiten. Es kam vor, dass de Cartienne und ich bei der Ausarbeitung einer Reihe algebraischer Fragen viel Papier verwendeten, und als der Arzt nach einem Stück suchte, um die Funktionsweise einer ziemlich steifen quadratischen Gleichung zu erklären, war der Ständer leer.

„Hat einer von euch ein Stück Altpapier in der Tasche?" er hat gefragt. „Die Rückseite eines Umschlags oder irgendetwas anderes reicht aus. Wie ich sehe, ist es Mittagszeit, daher lohnt es sich kaum, etwas nachholen zu lassen.

Ich griff in alle meine Taschen, aber sie waren leer. de Cartienne zog einen Umschlag aus seiner Tasche und reichte ihn dem Arzt. Als er sich jedoch von ihm getrennt hatte, sah ich, wie er plötzlich zusammenzuckte und es schien, als wollte er versuchen, ihn wieder in seinen Besitz zu bringen. Aber er kam zu spät, denn der Arzt war bereits dabei, alles mit Zahlen zu vertuschen.

de Cartienne stand auf und schaute ihm über die Schulter, wahrscheinlich in der Hoffnung, dass ich das Gleiche tun würde. Aber ich blieb, wo ich war, und achtete darauf, mein Interesse an dem Problem durch häufige Fragen zum Ausdruck zu bringen. Kaum hatte der Arzt seine schnelle Berechnung beendet und die Gleichung gelöst, streckte ich eifrig meine Hand danach aus.

„Darf ich es sehen, Sir?" Ich bettelte. „Ich vermute, dass Sie sich bei den Werten geirrt haben."

Er reichte es sofort mit einem ruhigen Lächeln über den Tisch.

„Ich glaube nicht, Morton", sagte er. „Untersuchen Sie es selbst."

de Cartienne trat an meine Seite, mit nervös zuckenden Lippen und einem hässlichen Leuchten in den Augen.

„Einen Moment, Morton", sagte er. „Ich werde es nicht länger behalten."

Ich legte eine Hand darauf und drückte ihn mit der anderen zurück.

„Bitte bin ich zuerst dran. Ist das nicht so, Dr. Randall?"

Er nickte freundlich, ohne die unterdrückte Aufregung in de Cartiennes Verhalten zu bemerken.

"Sicherlich. Ich freue mich, dass Sie beide so daran interessiert sind. Sag mir in der Mittagspause Bescheid über diesen Fehler, Morton", fügte er lächelnd hinzu. „Ich mache jetzt einen Spaziergang durch den Garten und ich würde Ihnen raten, das Gleiche zu tun. Wir hatten einen harten Vormittag."

Er stand auf und verließ das Zimmer. de Cartienne sah zu, wie sich die Tür schloss, und drehte sich dann zu mir um.

„Morton", sagte er schnell, „ich möchte diesen Umschlag. Auf der Rückseite befinden sich einige Notizen, die meine privaten Angelegenheiten betreffen. Mehr brauche ich wohl nicht zu sagen."

„Behalten Sie Ihre Hände bei sich, de Cartienne!" Ich antwortete und schüttelte ihn ab. „Ich werde Ihnen den Umschlag erst geben, wenn ich ihn geprüft habe."

„Du Kerl!" zischte er, seine Stimme zitterte vor Wut. „Wie kannst du es wagen, in meine Privatangelegenheiten einzudringen? Geben Sie mir den Umschlag, oder ich —"

„Du wirst was?" Ich antwortete, stand auf, steckte den Umschlag in meine Tasche und sah ihn an. „Sehen Sie, de Cartienne, ich werde nicht versuchen, mein Verhalten Ihnen gegenüber zu rechtfertigen. Auf den ersten Blick mag es so aussehen, als ob es sich nur um einen gemeinen Vorteil handelt, aber das ist mir völlig egal. Ich habe mich entschieden, was ich tun soll, und das ganze Gepolter der Welt wird mich nicht dazu bringen, es zu ändern. Ich werde mir die Rückseite dieses Umschlags ansehen. Du--"

Ich hörte auf, und das aus gutem Grund, denn mit einem plötzlichen, pantherartigen Sprung warf er sich auf mich, und seine schlanken weißen Finger griffen nach meiner Kehle. Es war ein kurzer Kampf, aber ein verzweifelter, denn er klammerte sich mit einer Kraft an mich, die in keinem Verhältnis zu seinem schlanken Körper und seinen langen, dünnen Armen zu stehen schien.

Ich war jedoch nicht in der Stimmung für Kleinigkeiten, und plötzlich packte ich ihn mit aller Kraft in der Mitte und schleuderte ihn unter dem Krachen umgefallener Möbel rückwärts in eine Ecke des Zimmers. Bevor er sich erholen konnte, zog ich den Umschlag aus meiner Tasche und betrachtete ihn.

Auf der Rückseite stand nichts außer der Adresse und dem Poststempel. Für mich waren sie jedoch völlig ausreichend. Der Poststempel stammte von Mellborough und die Handschrift war die eigentümliche, schmale Handschrift von Mr. Marx.

KAPITEL XXXII.
VORGESETZT.

Eine ganze Minute lang bewegte sich keiner von uns. Dann erhob sich de Cartienne langsam und ging zur Tür.

"Hier nimm das!" Sagte ich und hielt ihm den Umschlag hin. „Die privaten Memoranden dazu könnten für Sie nützlich sein."

Er riss es mir aus den Fingern und zerriss es in Atome. Dann ging er ruhig weg, mit einem bösen Gesichtsausdruck.

Beim Mittagessen erschien Cecil, weiß wie ein Geist und mit einem ängstlichen und verstörten Gesichtsausdruck, so gut er konnte. Dr. Randall war bei seinem Erscheinen ziemlich unruhig und gab sofort nach, als ich um Erlaubnis bat, ihn am Nachmittag auf eine Autofahrt mitnehmen zu dürfen. de Cartienne saß während des gesamten Essens stumm da, bis auf ein paar mitfühlende Sätze an Cecil, und verließ den Raum bei der ersten Gelegenheit.

Um drei Uhr wurde mein Hundewagen vorbeigebracht und Cecil und ich fuhren weg. Wir sprachen kaum miteinander, bis wir in den Straßen von Drayton waren, und dann, als ich mich aufraffte, forderte ich ihn auf, sich wieder aufzumuntern, und versicherte ihm vage, dass ich ihn irgendwie durchstehen würde. Er dankte mir, schien aber sehr verzweifelt zu sein.

Wir gingen zum „Bull" und erkundigten uns nach Mr. Fothergill. Er sei im Kaffeeraum gewesen, wurde uns gesagt, und dort hätten wir ihn beim Mittagessen angetroffen.

„Es ist so schön, dass ihr vorbeikommt und nach mir sucht!" rief er und begrüßte uns herzlich. „Kellner, eine Flasche Pommery. Schütteln Sie jetzt nicht den Kopf, Lord Silchester. Es wird dir gut tun. Ich kann sehen, dass du heute Morgen ein bisschen zwielichtig bist."

Cecil lächelte schwach.

„Ich bin noch nicht ganz auf der Höhe", gab er zu, „nur ein bisschen Kopfschmerzen – das ist alles." Ich sage, Mr. Fothergill", fuhr er fort und tauchte sofort *in medias res ein*, „es tut mir furchtbar leid, aber ich werde mich heute nicht mit Ihnen zufrieden geben können."

„Komm mit mir klar!“ wiederholte Mr. Fothergill, stellte sein Glas ungeschmeckt ab und sah überrascht aus. "Ich verstehe Sie nicht. Was klären?

„Na ja, das Geld, das ich letzte Nacht verloren habe“, erklärte Cecil.

Mr. Fothergill lehnte sich in seinem Stuhl zurück und blickte in Cecils weißes, besorgtes Gesicht mit einem Erstaunen, das, wenn es nur simuliert war, sicherlich bewundernswert umgesetzt wurde. Dann brach er in ein kleines Lachen aus.

„Mein lieber Lord Silchester“, sagte er energisch, „Sie können nicht einen Moment annehmen, dass ich so etwas erwartet habe. Nun, ich habe unser Stück kaum ernst genommen, und es wäre mir viel lieber, wenn wir nichts mehr darüber sagen würden. Bitte seien Sie nicht beleidigt“, fügte er hastig hinzu, denn die empfindliche Farbe war in Cecils Wangen gerötet. „Ich sage Ihnen, wie wir es arrangieren. Du sollst mir deine IO-Us geben und sie so bezahlen, wie es dir passt. Jeder Zeitpunkt innerhalb der nächsten fünf oder sechs Jahre reicht aus. Aber eine solche Summe von ab zu nehmen — einem Mann, der noch nicht volljährig ist —, das ist doch absurd! Ich schäme mich ziemlich dafür, dass ich so viel Glück hatte.“

Auf Cecils Gesicht war ein Ausdruck großer Erleichterung zu sehen, aber die Reaktion kam etwas zu plötzlich. Er verließ uns abrupt und schaute ein oder zwei Minuten lang aus dem Fenster. Dann kehrte er lächelnd zurück und streckte Mr. Fothergill seine Hand entgegen.

"Herr. Fothergill, du bist ein Volltreffer!“ erklärte er mit Nachdruck.

„Kein Wort mehr, bitte!“ Mr. Fothergill antwortete lächelnd. „Sehen Sie mal her, Lord Silchester“, fügte er hinzu. „Trink dieses Glas Wein.“

Cecil gehorchte ihm prompt.

„Und jetzt wären Sie so nett, mit mir zu Mittag zu essen“, fuhr Mr. Fothergill fort. „Es ist mir egal, was du sagst. Ich glaube nicht, dass du heute etwas gegessen hast. Kellner, bringen Sie mir die anderen Schnitzel, die ich bestellt habe, und die Wildpastete, und — ja, ich denke, wir wagen vielleicht noch eine Flasche Wein.“

"Herr. Morton, du musst dich uns anschließen. „Du schlaues Tier
– das da draußen", rasselte er leise weiter; „Aber an deiner Stelle
würde ich sie für eine Stunde rausbringen lassen. Es ist zu kalt für
sie, um herumzustehen. Soll ich beim Stallknecht klingeln und es
ihm sagen? Und wenn Sie möchten, fahren Sie mich dann
vielleicht zum Bahnhof hinunter, wenn Sie bereit sind zu gehen.
Mein Zug fährt kurz vor fünf ab."

Was auch immer meine frühere Meinung über Mr. Fothergill war,
ich fühlte mich verpflichtet, sie jetzt zu ändern. Er zeigte
Taktgefühl, Gutmütigkeit und einen ausgesprochen Gentleman-
Geist. Tatsächlich hatte ich im Borden Tower nur sehr wenig zu
Mittag gegessen und Cecil überhaupt nichts; und wir machten uns
daran, das Versäumnis nachzuholen.

Als wir Mr. Fothergill ein oder zwei Stunden später am Bahnhof
zurückließen, waren wir uns beide einig, was ihn betraf, und wir
hatten beide versprochen, seine herzliche Einladung
anzunehmen, bald in die Stadt zu laufen und ihn zu sehen.

Auf dem Heimweg hielt Cecil im „Rose and Crown" an und ging
hinein, um mit Milly Frieden zu schließen. Ich versprach, ihn
abzuholen und ging weiter zum Fotografen die Straße hinauf. Mr.
Lawrence erschien sofort aus einem Hinterzimmer, das
vermutlich das Atelier war, und wischte sich die Hände an einem
nicht besonders sauber aussehenden Handtuch ab.

Ich bezahlte ihm im Voraus ein Dutzend Fotos und versprach,
bei meinem nächsten Besuch in der Stadt vorbeizukommen und
sie machen zu lassen. Dann erklärte ich, was der eigentliche
Zweck meines Besuchs war: Hatte er das Negativ des Fotos
aufbewahrt, das er von Mr. Hart gemacht hatte?

Sicherlich hatte er das, versicherte er mir. Ich erzählte ihm von
dem Date und sein Kopf und seine Schultern verschwanden in
einem Schrank. Nach ein paar Minuten zog er sie zurück und rief
laut nach seinem Assistenten.

„Fenton", rief er wütend, „du warst an diesem Schrank!"

Fenton, ein großer, hagerer Bursche mit äußerst unscheinbarem
Aussehen, schüttelte den Kopf.

„Ich war nicht in der Nähe davon, Sir!" er definierte.

Mr. Lawrence sah ungläubig aus.

„Es fehlt ein Negativ!" sagte er scharf; „Niemand sonst hätte sich da einmischen können!"

„Ich weiß nichts darüber", antwortete der Junge verbissen. „Vielleicht ist es oben."

Herr Lawrence gab seine Suche auf.

„Wenn Sie mich einen Moment entschuldigen würden, Sir", sagte er, „werde ich einen Blick auf die alten werfen."

Ich nickte und er schloss die Tür und verschwand. Fenton wäre auch gegangen, aber ich habe ihn aufgehalten.

"Schau hier!" Ich sagte schnell; "Sieh dir das an?"

Ich hielt ihm einen Fünf-Pfund-Schein hin.

Er öffnete die Augen weit und betrachtete es sehnsüchtig.

„Nun, es gehört Ihnen, wenn Sie mir erzählen, was Sie mit dem Negativ von Mr. Harts Foto gemacht haben. Schnell!"

Er zögerte.

„Sollten Sie sich zum Gouverneur trennen?" er hat gefragt.

"NEIN."

„Nun, dann habe ich es für einen Sovereign an einen jungen Herrn verkauft, der vor ein paar Minuten danach gefragt hat. Er ist ein dünner, dunkler Kerl. Ich kenne seinen Namen nicht, aber ich habe gesehen, wie er mit dir gefahren ist."

Ich warf ihm den Zettel zu und verließ den Ort. Ich hatte jetzt überhaupt keinen Zweifel mehr an der Sache. de Cartienne hatte das Foto von Mr. Hart aus „Rose and Crown" gestohlen und das Negativ gekauft. Warum?

KAPITEL XXXIII.
EIN LICHTSTRAHL.

Nachdem ich das Geschäft des Fotografen verlassen hatte, ging ich langsam über den kleinen Marktplatz und die schmale Straße hinunter in Richtung „Rose and Crown". Meine jüngste Entdeckung hatte mir viel Anlass zum Nachdenken gegeben, oder besser gesagt, sie hatte mir Anlass für eine Reihe wilder Vermutungen gegeben, aber ich konnte keine davon zu einem zufriedenstellenden Ergebnis führen. Ich war wie ein Mann, der im Dunkeln tappt. Ich war auf mehrere sehr außergewöhnliche und unerklärliche Tatsachen gestoßen; aber welche Verbindung sie, wenn überhaupt, untereinander hatten oder wie man sie miteinander verbinden sollte, konnte ich nicht sagen.

Ich war immer etwas geistesabwesend und da mein Gehirn so durcheinander war, war es nicht weiter verwunderlich, dass ich falsch abgebogen bin. Kaum hatte ich es entdeckt, blieb ich stehen und sah mich um. Ich befand mich in einer kleinen Straße, die am Hintereingang des „Rose and Crown" vorbeiführte. Es war kaum eine öffentliche Durchgangsstraße.

Ich hatte mich bereits umgedreht, um meinen Weg zurückzuverfolgen, als ich zwei Gestalten stehen sah, die sich an der Hintertür des Gasthauses unterhielten. Ich wusste auf den ersten Blick, dass es sich um Milly Hart handelte. Ihr Begleiter stand mit dem Rücken zu mir, einen Schal um den Hals und die Mütze tief in die Augen gedrückt. Im Dunkel der schnell hereinbrechenden Dämmerung erkannte ich ihn zunächst nicht; Aber als er sich beim Geräusch meiner näherkommenden Schritte erschrocken umdrehte und mit einer plötzlichen Bewegung seinen Arm um die Taille seines Begleiters zurückzog, kam mir etwas in der Bewegung und Gestalt bekannt vor.

Mein Vorgehen schien sie nicht wenig aus der Fassung zu bringen. Milly trat sofort zurück in die Tür und verschwand; Ihr Begleiter drehte sich um, ohne auf ein Lebewohl zu warten, und ging schnell davon. Als er die Straße überquerte, um den einzigen Ausgang zu nutzen – einen schmalen Durchgang, der durch einen Hof führte –, konnte ich ihn besser sehen. Er hielt mir so gut es ging den Rücken zu und schien alles zu versuchen, um der Erkennung zu entgehen. Aber obwohl ich nicht ganz sicher sein konnte, war ich mir doch ziemlich sicher, dass es Leonard de

Cartienne war – de Cartienne, der keine Gelegenheit ausließ, sich über Millys unschuldige blaue Augen und ihr Babygesicht lustig zu machen.

Ich drehte mich um und eilte zum Haupteingang des „Rose and Crown". Im Wohnzimmer saßen Cecil und Milly ganz dicht beieinander auf einem Sofa.

„Hallo, alter Junge, du bist noch nicht lange hier!" bemerkte Cecil und erhob sich widerstrebend.

„Ich hätte schon früher hier sein sollen", antwortete ich und sah Milly fest an, „aber ich bin falsch abgebogen und irgendwie um die Rückseite dieses Ortes herumgekommen. Ich habe Sie gesehen, nicht wahr, Miss Milly?" Ich bemerkte.

Sie zog die Augenbrauen hoch und sah mich aus ihren ruhigen blauen Augen verwundert an.

"Mich? Ach nein! Ich bin gerade erst nach unten gekommen, nicht wahr, Cecil? Es muss eines der Dienstmädchen gewesen sein."

Milly und ich tauschten einen festen Blick aus, ihr Blick traf meinen, ohne ihn zu senken, und ihr Verhalten verriet nur eine leichte Überraschung. Für mich war es eine Offenbarung, eine Lektion, die ich nicht so schnell vergaß.

„Oh, ich bitte um Verzeihung, da bin ich mir sicher", sagte ich und wandte mich ab. „Es war ziemlich dunkel und ich habe mich zweifellos geirrt. Auch seltsam; Ich dachte, es wäre de Cartienne, mit dem Sie gesprochen hätten."

Cecil lachte nachlässig.

„Mein lieber Freund, Sie müssen geträumt haben", sagte er; „de Cartienne war überhaupt nicht hier."

„Bereit, Cecil?" fragte ich und ließ das Thema fallen. „Ich denke, wir haben Bess lange genug warten lassen."

„Ich komme", antwortete er und zog seine Handschuhe an. „Aber ich hatte kaum einen Moment mit dir, Milly, oder? Keine Neuigkeiten?"

Sie schüttelte traurig den Kopf und große Tränen standen ihr in den Augen. Ihre Ernsthaftigkeit war jetzt nicht mehr zu verkennen.

„Nichts über meinen Vater. Mein Onkel und meine Tante kommen, um hier zu bleiben. Ich erwarte sie heute Abend."

„Das ist eine schreckliche Plage!" bemerkte Cecil *sotto voce* . „Macht nichts, du wirst doch nicht so einsam sein, kleine Frau, oder? Und Sie müssen sich nicht um so viel kümmern. Sobald wir einen schönen, klaren Tag haben, muss ich dich auf eine Spritztour mitnehmen; Das bringt etwas Farbe in deine Wangen. Auf Wiedersehen!"

Sie kam zur Tür und sah uns beim Wegfahren zu. Cecil übernahm die Zügel, ich kletterte an seine Seite, verschränkte die Arme und saß eine Weile in düsterem Schweigen da. Dann plötzlich brach ein Lichtstrahl, oder was ich hoffte, dass es so sein würde, auf mich ein und ich legte meine Hand auf Cecils Arm.

„Zieh hoch, alter Junge – schnell!" rief ich aus.

Er tat es und sah mich verwundert an.

„Drehen Sie sich um und fahren Sie so schnell Sie können wieder zurück", sagte ich, meine Stimme zitterte ein wenig vor Aufregung; „Ich möchte Milly Hart eine Frage stellen."

KAPITEL XXXIV.
DR. SCHOFIELDS MEINUNG.

Nach zehn Minuten waren wir wieder in den Straßen von Little Drayton und Cecil hatte den Hundekarren vor dem „Rose and Crown" zum Stehen gebracht. Er wäre mit mir reingegangen, aber ich habe ihn gebeten, es nicht zu tun. Ich sprang herunter und ging direkt in das kleine Wohnzimmer. Milly saß allein da und starrte geistesabwesend ins Feuer. Sie sah überrascht auf, als ich plötzlich hereinkam, und stand halb auf.

„Milly, ich möchte dir eine Frage stellen", sagte ich und trat an ihre Seite. „Es geht um das Verschwinden deines Vaters."

"Ja!" rief sie eifrig aus. "Was ist es? Oh, sag es mir bitte schnell!"

„Es ist nur eine Idee. Hat Herr Hart jemals an einer Gehirnstörung gelitten? Das ist alles, was ich wissen möchte. War sein Geist schon immer recht stark?"

Sie antwortete einen Moment lang nicht und mein Herz schlug schnell. Als ich sie genau betrachtete, konnte ich sehen, dass die Farbe in ihre Wangen gerötet war und in ihren Augen ein beunruhigtes Leuchten lag.

„Er hatte ein oder zwei schwere Krankheiten", gab sie langsam zu; „Einmal Gehirnfieber; und ich fürchte, er hat hin und wieder zu viel getrunken. Der Arzt sagte ihm, dass er sehr vorsichtig sein müsse, um sich nicht zu erregen."

„Wer war der Arzt und wo lebt er?" Ich fragte schnell.

"DR. Schofield. Er wohnt an der Lincoln Road, etwa eine Meile entfernt. Warum hast du mich das gefragt?" fügte sie besorgt hinzu.

Ich bin einer direkten Antwort ausgewichen.

„Macht jetzt nichts", sagte ich. „Wenn sich etwas ergibt, werde ich es Sie wissen lassen."

Sie versuchte mich mit weiteren Fragen aufzuhalten, aber ich eilte davon und sie folgte mir nicht zur Tür hinaus.

„Cis", sagte ich, als ich an seine Seite kletterte, „ich möchte, dass Sie über die Lincoln Road nach Hause gehen und bei Dr. Schofield vorbeischauen. Es ist nicht weit weg."

Er nickte.

"In Ordnung. Du hast nichts über den alten Hart herausgefunden, oder? Was war die Frage, die du Milly gestellt hast?"

„Nur über die Gesundheit ihres Vaters. NEIN; Ich habe nichts herausgefunden. Es ist nur eine Idee von mir, die ich klären möchte."

Cecil sah aus, als dachte er, ich hätte ihm vielleicht sagen können, was die Idee war, aber er sagte nichts. Nach ein paar Minuten hielt er vor einem hübschen roten Backsteinhaus, das, wie ein glänzendes Messingschild anzeigte, Dr. Schofields Wohnsitz war.

Der Arzt war ein- und ausschaltbar. Er kam sofort ins Wartezimmer, wo ich gezeigt worden war – ein angesehener Hausarzt mit intelligentem Gesicht und höflichem Auftreten.

Ich erläuterte meine Position als Bekannte von Miss Hart, die sich für das mysteriöse Verschwinden ihres Vaters interessierte. Es sei mir in den Sinn gekommen, mich nach seinem Gesundheitszustand oder vielmehr nach seiner Konstitution zu erkundigen, fügte ich hinzu. Vielleicht war seine längere Abwesenheit auf eine plötzliche und gefährliche Krankheit zurückzuführen. Könnte mir Dr. Schofield irgendwelche Informationen geben?

Seine Art war ermutigend. Er forderte mich auf, Platz zu nehmen, und ging ernst auf die Sache ein.

„Um die Wahrheit zu sagen", sagte er, „ich bin ziemlich überrascht, dass ich noch nie zuvor kontaktiert wurde. Im Normalfall müsste ich mich zu strikter Verschwiegenheit über die Beschwerden meiner Patienten verpflichten, aber das ist etwas anderes. Da Sie mir diese Frage gestellt haben, fühle ich mich verpflichtet, Ihnen zu sagen, was ich sonst nicht preisgeben würde. Herr Hart war in den letzten zwei Jahren mehrmals mein Patient wegen Delirium tremens, und einmal, soweit ich mich erinnern kann, hatte er einen deutlichen Anflug von Hirnfieber."

„Sein Geist wäre dann nicht sehr stark?" Ich bemerkte.

Dr. Schofield zögerte.

„Er hatte eine wundervolle Konstitution", sagte er langsam, „eine Konstitution aus Eisen." Unter normalen Umständen kann ich mir nicht vorstellen, dass er plötzlich und völlig den Verstand verloren haben könnte. Aber angenommen, er hätte einen schweren Schock erlitten, etwa einen Eisenbahnunfall oder etwas in der Art, dann wäre es möglich, sogar wahrscheinlich, dass er in einem Augenblick zu einem rasenden Wahnsinnigen werden würde."

„Und wäre sein Wahnsinn unheilbar?"

„Bei richtiger Behandlung und im Wissen um seine frühere Krankheit – nein", antwortete Dr. Schofield; „Aber wenn er wie ein gewöhnlicher Verrückter in einer Armen-Irrenanstalt behandelt würde, würde er sich wahrscheinlich nie erholen. Es würde ihm immer schlechter gehen und er würde schließlich unheilbar sein. Ich sehe zwei Einwände dagegen, eine solche Theorie als Erklärung für sein Verschwinden zu akzeptieren", fuhr der Arzt nach einer kurzen Pause fort. „Erstens müsste der Schock heftig und unerwartet sein, und das erscheint unwahrscheinlich; Zweitens hätte er sicherlich einen Brief oder etwas über sich gehabt, das zu seiner Identifizierung geführt hätte!"

„Wenn der Schock das Ergebnis eines Foulspiels wäre, würden diese zerstört", schlug ich vor.

"Zweifellos; aber woher kommt das üble Spiel? Es ist bekannt, dass Hart nur ein paar Pfund bei sich hatte, als er ging."

„Vielleicht hatte er etwas Wertvolleres als Geld in seiner Obhut", bemerkte ich.

"Was?"

"Ein Geheimnis."

„Haben Sie irgendwelche Gründe für einen solchen Glauben?" fragte der Arzt neugierig.

Ich zögerte. In meinem eigenen Kopf glaubte ich, dass ich es getan hatte; aber vorerst behielt ich das jedenfalls am besten für mich. Ich habe jedoch ganz wahrheitsgemäß geantwortet.

„Ich habe hier und da ein paar Nachforschungen angestellt", sagte ich, „und ich habe Hinweise darauf gehört, dass er über geheime Mittel verfügte, seinen Geldbeutel aufzufüllen. Es ist mehr als einmal bekannt, dass er mit nur ein paar Sovereigns in der Tasche von hier abreiste und mit in Banknoten verwandelten Sovereigns zurückkkam."

„Ich erinnere mich, eine solche Geschichte gehört zu haben“, bemerkte der Arzt. „Ich fürchte allerdings, dass das alles ziemlich vage ist.“

„Ich bin Ihnen zu großem Dank verpflichtet, Dr. Schofield“, versicherte ich ihm und stand auf, um mich zu verabschieden.

Er folgte mir zur Tür und kehrte dann zu seinem unterbrochenen Abendessen zurück. Ich stieg in den Hundewagen und wir kegelten bald durch die Dunkelheit in Richtung Borden Tower.

„Haben Sie etwas aus dem alten Kerl herausgefunden?“ fragte Cecil.

"Nicht viel. Ich bin nur ein bisschen weiser als vorher, das ist alles. Es tut mir schrecklich leid, dich so lange warten zu lassen!“

„Oh, das ist alles in Ordnung! Aber ich sage, Phil“, fügte er hinzu, „was ist das für eine Idee? Du kannst es mir sagen, nicht wahr?“

„Wenn es zu irgendetwas kommt, werde ich es tun“, versicherte ich ihm. „Aber im Moment ist es noch zu vage und man würde nur darüber lachen. Fragen Sie mich noch nichts mehr danach, da ist ein guter Kerl.“

„Du bist plötzlich ganz nah dran“, grummelte er. „Warum kannst du es mir nicht sagen?“

„Weil ich Angst davor habe, dass du es an jemanden verrätst, von dem ich nichts wissen möchte“, antwortete ich.

Er lachte.

„Ah ja, vielleicht hast du recht!“ er sagte. „Ich konnte Milly nichts vorenthalten.“

Ich wiederholte sein Lachen, schwieg aber. Nicht nur Milly wollte, dass meine jetzige Idee geheim gehalten wird. Tatsächlich hatte ich überhaupt nicht an Milly gedacht. Mir ging es nur darum, dass de Cartienne über meinen Hinweis völlig im Dunkeln bleiben würde; Und das aus einem bemerkenswert guten Grund.

KAPITEL XXXV.
EINE EINLADUNG.

Wir fuhren ohne Stallknecht direkt in den Hof und betraten das Haus von hinten. Als wir an dem kleinen Raum im Erdgeschoss vorbeikamen, der ausschließlich für uns als Aufbewahrungsort für Grillennetze, Angelgeräte, Gewehre, Ersatzgeschirre und ähnliche Geräte vorgesehen war, öffnete ich die Tür und wollte meine Peitsche aufhängen. Zu meiner Überraschung war de Cartienne in einem alten Mantel und mit hochgekrempelten Ärmeln da und reinigte eine Waffe. Er blickte auf und begrüßte uns, als wir eintraten.

„Was war das für eine Zeit, Männer! Was hast du in Little Drayton gemacht?"

„Oh, wir haben mit deinem Freund Fothergill zu Mittag gegessen und sind herumgelaufen", antwortete Cecil. „Ich sag dir was, Len, er ist ein sehr anständiger Kerl."

de Cartienne untersuchte mit großer Aufmerksamkeit das Schloss seiner Waffe, und in der Dämmerung konnte ich seinen Gesichtsausdruck nicht erkennen.

„Oh, Fothergill ist in Ordnung!" er antwortete. „Sie fanden ihn nicht sehr hungrig nach seinen Gewinnen, oder?"

„Das glaube ich nicht", antwortete Cecil begeistert. „Ich glaube, er war tatsächlich über sich selbst verärgert, weil er überhaupt gewonnen hatte. Ich habe ihm meine IO U's gegeben."

„Er wird sie höchstwahrscheinlich zerreißen", bemerkte de Cartienne. „Er ist wahnsinnig reich und kann das Geld nicht wollen."

„Wo bist du auf ihn gestoßen, Len?" fragte Cecil, setzte sich auf eine Truhe und zündete sich eine Zigarette an.

„Er ist ein Freund meines Gouverneurs. Ich kenne ihn seit meiner Kindheit", antwortete de Cartienne langsam. „So, ich denke, das reicht!" kritischen Blick auf die glänzende Schnauze, die er in der Hand hielt.

„Warum dieser plötzliche Anfall von Fleiß?" fragte Cecil gähnend. „Willst du schießen?"

de Cartienne nickte und begann, die Waffe absichtlich zu zerlegen.

"Ja; Ich hatte heute einen langen Tag drinnen und möchte das wieder gutmachen, indem ich morgen ein paar Wildenten eintopfe. Hilliers erzählte mir, dass er letzte Woche von einer sehr fairen Sportrunde bei Rushey Ponds gehört hatte. Du kommst besser mit."

„Danke, ich werde sehen", antwortete Cecil. „Ich mag das Eintopfen von Wildenten nicht besonders."

„Warst du denn nicht den ganzen Tag draußen, de Cartienne?" Ich fragte: „Nicht einmal nach Drayton?"

„Nicht außerhalb des Hauses", antwortete er. „Sehe ich so aus?"

Er zeigte auf seine in Pantoffeln gesteckten Füße, seine alten Kleider und hielt seine Hände hoch, schwarz von Öl und Fett. Ich nahm die Einzelheiten seines Aussehens wahr und fühlte mich ein wenig verwirrt. Es schien kaum möglich, dass er vor einer Stunde in Little Drayton gewesen sein konnte.

Die Umkleideklingel ertönte, und wir eilten in unsere Zimmer, denn Dr. Randall, der in manchen Dingen recht locker war, war in Bezug auf unsere Pünktlichkeit beim Abendessen äußerst streng. Doch kaum hatte ich de Cartienne sicher in seinem Zimmer gesehen, ging ich leise wieder die Treppe hinunter und überquerte den Hof zu den Ställen.

Es war so, wie ich es erwartet hatte. Der Stall, in dem de Cartienne seine Stute hielt, war sorgfältig verschlossen, aber durch die Ritzen konnte ich sehen, dass darin eine Lampe brannte.

Ich versuchte leise, die Tür zu öffnen, aber sie war verschlossen. Dann klopfte ich. Es gab keine Antwort. Ich wandte mich ab, betrat die nächste Kabine, stieg eine Trittleiter hinauf und blickte über die Trennwand.

Ich sah genau das, was ich erwartet hatte: de Cartiennes Vollblutstute, die überall mit Schlamm bespritzt war und immer noch vor nervöser Erschöpfung zitterte, und an ihrer Seite Dick, der Stallbursche, der einen nassen Schwamm in der Hand hielt und zu mir aufblickte mit einem verängstigten, trostlosen Gesichtsausdruck.

„Oh, Sie sind es, Muster Morton?" rief er ziemlich mürrisch.

Ich sah auf Diana herab.

„Wie kam es, dass sie so erschöpft war?" Ich fragte. „Und warum hast du die Tür verschlossen?"

Dick zögerte und ich warf ihm eine halbe Krone zu.

„Die Wahrheit jetzt, Dick", sagte ich. „Und ich werde Mr. de Cartienne nicht wissen lassen, dass ich sie gesehen habe."

Er wurde sofort strahlender und steckte die halbe Krone ein.

„Das ist nett von Ihnen, Sir!" rief er, offensichtlich sehr erleichtert. „Alles, was ich weiß, Sir, ist, dass Muster de Cartienne vor etwa einer Stunde wie verrückt die Drayton Road entlang geritten ist und zu mir gesagt hat: ‚Dick, nimm Diana, sperr sie in den Stall und zieh sie an.' Lass es niemanden wissen, da sie draußen war. Kümmere dich einfach selbst um sie und reibe sie sorgfältig ab, denn ich musste schnell reiten.' Und damit sagte er mir alles Gute und ging ins Haus."

„Danke, Dick", sagte ich und stieg von der Leiter herunter, „das ist alles, was ich wissen wollte." Und ich ging wieder über den Hof zum Haus und eilte nach oben, um meine Sachen zu wechseln.

Wir bekamen zwei Briefe im Borden Tower zugestellt, und als wir an diesem Abend gerade den Esstisch verließen, traf die verspätete Post ein. Es gab einen Brief für mich, ein etwas ungewöhnliches Ereignis, und ein einziger Blick auf das Wappen und die kühne, charakteristische Handschrift löste in mir den Wunsch aus, ihn zu öffnen, denn er war von Mr. Ravenor. Sobald das Tuch frei war, tat ich es.

„Mein lieber Philip", begann es, „ich denke darüber nach, für mehrere Jahre zu reisen, vielleicht auch länger, und würde dich gerne sehen, bevor ich reise." Kommen Sie und bleiben Sie ein paar Tage hier. Ich schreibe Dr. Randall und auch Cecil, die Sie begleiten werden. Sie werden morgen Borden Tower verlassen und ich werde nach Mellborough schicken, um den 5.18. zu treffen. Bringen Sie etwas Kleidung mit, da hier einige Leute anhalten werden. – Ihre,

„ BERNARD RAVENOR ."

Ich schaute mit großer Erleichterung von dem Brief auf und begegnete Cecils entzücktem Blick.

„Hurra, alter Junge!" rief er, nur halb leise. „Werden wir nicht eine seltene alte Zeit erleben?"

"Höhle!" Ich flüsterte, denn der Arzt schaute in unsere Richtung.

„Mehr Urlaub", bemerkte er mürrisch, was jedoch durch ein gutmütiges Lächeln wettgemacht wurde. „Bei meinem Wort, ich weiß nicht, wie Mr. Ravenor sich vorstellen kann, dass Sie jemals etwas lernen werden! Ich nehme jedoch an, dass du gehen musst."

de Cartienne blickte fragend auf.

„Wir werden eine Woche in Ravenor Castle bleiben", erklärte Cecil. „Wir fahren morgen los."

Ich beugte mich vor und beobachtete aufmerksam de Cartiennes Gesicht. Darin war ein Ausdruck, den ich nicht analysieren konnte. Es könnte Freude, Besorgnis oder Gleichgültigkeit gewesen sein. Obwohl ich ihn aufmerksam beobachtete, konnte ich mich nicht entscheiden, ob er über die Aussicht auf unseren Besuch eher bestürzt oder erfreut war.

KAPITEL XXXVI.
EINE METAMORPHOSE.

Es schien fast so, als hätte innerhalb der Mauern von Ravenor Castle eine magische Metamorphose stattgefunden. Als wir es erblickten, bekamen wir zum ersten Mal eine Ahnung von seinem veränderten Aussehen. Anstelle der ein oder zwei einzelnen Lichter, die über den dunklen Wäldern leuchteten, schien es ein wahres Lichtermeer zu sein, und als wir an der großen Vordertür ankamen, war die Veränderung immer noch nur scheinbar. Diener in Livree und mit gepudertem Haar bewegten sich im Saal. Aus offenen Türen erklangen lachende Stimmen, und selbst Mr. Ravenors Verhalten schien sich verändert zu haben, als er uns entgegentrat.

„Kommen Sie herein und trinken Sie hier etwas Tee", sagte er und ging in einen der kleineren Räume. „Deine Mutter ist hier, Cecil."

Wir folgten ihm in Lady Silchesters Lieblingswohnung. Mehrere Damen und ein oder zwei Männer saßen auf Diwanen und Sesseln um ein hell loderndes Feuer herum. Lady Silchester, die einem grün-goldenen Sèvres-Teeservice vorstand, begrüßte uns beide mit einem trägen Lächeln.

„Mein lieber Cis, wie bist du gewachsen!" sagte sie, lehnte sich in ihrem Stuhl zurück und nippte gemütlich an ihrem Tee. „Ich erkläre, dass ich keine Ahnung hatte, dass ich einen Sohn in Ihrer Größe habe, Sir! Hattest du, Lord Penraven?"

Lord Penraven, der mit dem Ellbogen auf dem Kaminsims neben ihr saß, strich energisch über einen langen, blonden Schnurrbart und antwortete mit Nachdruck:

„Glaub mir, ich hatte nicht die geringste Ahnung. Scheint fast unmöglich!"

„Lass mich euch Jungs etwas Tee geben!" Sagte Lady Silchester in ihrem süßesten Ton.

„Keine für mich, danke, Mutter", antwortete Cecil. „Warum, Ag – Miss Hamilton, sind Sie das wirklich da drüben in der Ecke?" rief er, stand auf und durchquerte den Raum. „Wie furchtbar lustig!"

Lady Silchester zuckte mit den Schultern und drehte sich zu mir um.

"Herr. Morton?"

Ich nahm den Becher, den sie gefüllt hatte, und das Gespräch, das unser Eintritt unterbrochen hatte, ging weiter. Plötzlich trat Mr. Ravenor, der auf dem Kaminvorleger gestanden und sich mit einer stattlichen, grauhaarigen Dame unterhalten hatte, die den Ehrenplatz einnahm – einen Sessel aus schwarzer Eiche, der an das Feuer gestellt war –, an meine Seite und ließ sich in ein Zimmer fallen freier Platz zwischen Lady Silchester und mir.

„Nun, Philip", sagte er leise, „du scheinst in Gedanken versunken zu sein. Fragst du dich, ob der Zauberstab eines Zauberers Ravenor Castle berührt hat?"

„Es scheint alles ganz anders zu sein", antwortete ich.

"Natürlich. Nichts geht über Veränderung, wissen Sie? Nur im Vergleich können wir es beurteilen. Stagnation steigert den Appetit auf Fröhlichkeit, und man muss sich erst einmal überanstrengen, bevor man die ganze Süße eines müßigen Landlebens genießen kann."

Dann schwieg Mr. Ravenor eine Minute lang, lehnte sich in seinem Stuhl zurück und blickte fest in das Feuer, und im tanzenden, unruhigen Licht der Flammen konnte ich sehen, dass sich die alte Müdigkeit und tiefe, undefinierbare Traurigkeit in sein blasses Gesicht geschlichen hatte dunkle Augen. Es war nur eine vorübergehende Veränderung. Der Klang der lachenden Stimmen um ihn herum schien ihn plötzlich auf die *Rolle aufmerksam zu machen* , die er spielte, und der Gesichtsausdruck verschwand. Jemand stellte ihm eine Frage und er beantwortete sie mit einem leichten Scherz. Er war einmal mehr der zuvorkommende, lächelnde Gastgeber, dessen einziges Anliegen offenbar die Unterhaltung seiner Gäste war. Aber ich wusste, dass es einen Hintergrund gab.

Die Garderobenklingel läutete und die klatschende Versammlung löste sich auf. Mr. Ravenor stand mit der geöffneten Tür in der Hand da und wechselte mit den meisten Damen, die hinausgingen, kleine fröhliche Reden. Als sie alle weg waren, drehte er sich zu Cecil und mir um und sah uns kritisch an, mit einem schwachen Lächeln auf den Lippen.

„Na, bist du bereit für dein Abitur, Cecil?" er hat gefragt.

Cecil verzog das Gesicht.

„Das wird bald sein, Onkel!" Er erklärte hoffnungsvoll: „Mir geht es jetzt erstklassig. Morton hier lässt mich wie einen Trojaner arbeiten."

"Das ist richtig! Und du, Philip? Ich hoffe, mein fauler Neffe hält dich nicht zurück."

„Oh, Morton hat sein Abitur gut gemacht. wann immer er Lust darauf hat!" brach Cecil ein.

Herr Ravenor nickte.

"Gut! Ihr solltet jetzt besser gehen und euch anziehen, ihr beide; Richards wartet darauf, Ihnen Ihre Zimmer zu zeigen."

Wir gingen die große Eichentreppe hinauf, und im ersten Korridor sahen wir uns einer schlanken kleinen Gestalt in einem weißen Kleid gegenüber, die sittsam an der Seite ihrer Zofe ging, deren rötliches, goldenes Haar über ihr ovales Gesicht fiel und eine ... erwartungsvolles Leuchten in ihren tanzenden blauen Augen.

Als sie uns sah, flog sie sofort in Cecils Arme.

„Oh, Cis, Cis, Cis, wie herrlich! Wie froh bin ich, dass du gekommen bist! Sie haben es mir gerade erst gesagt! Und wie geht es Ihnen, Mr. Morton?"

Sie streckte mir eine sehr kleine Handfläche entgegen und sah mit einem strahlenden Lächeln zu mir auf.

„Mir geht es ganz gut, vielen Dank, Lady Beatrice", antwortete ich, schaute mit großer Freude in ihr süßes, kindliches Gesicht und unterdrückte den starken Wunsch, sie in meine Arme zu nehmen, wie Cecil es getan hatte, und sie zu geben ein Kuss.

„Dann erinnerst du dich an mich?"

"Oh ja!" Sie antwortete; „Ich erinnere mich ganz gut an dich! Du heißt Philip, nicht wahr? Du hast mir gesagt, dass ich dich danach nennen könnte."

„Nun, wir müssen jetzt gehen, Liebes", sagte Cecil und streichelte ihr Haar. „Wir müssen uns zum Abendessen umziehen, wissen Sie."

"Oh!" Der Ausruf wurde lang und das kleine Gesicht senkte sich. Plötzlich wurde es heller.

„Cecil, was denkst du? Ich habe ein Pony, ein echtes eigenes Pony. Kommst du morgen mit mir mit? Bitte, bitte, tu es!"

"In Ordnung!" er versprach es nachlässig.

Sie klatschte in die Hände und sah zu mir auf.

„Wirst du auch kommen, Philip?" Sie fragte.

„Das würde ich sehr gerne tun", antwortete ich ohne zu zögern.

„Oh, das ist herrlich!" rief sie fröhlich aus. „Wir werden so eine schöne Fahrt haben! Du wirst Queenie galoppieren sehen; sie geht wirklich so schnell! Aufwiedersehen!"

Sie stolperte neben ihrer Zofe davon und drehte sich mehr als einmal um, um uns mit der Hand zu winken. Dann eilten wir zu unseren Zimmern, die am Ende des breiten Korridors mit Marmorsäulen lagen und ineinander übergingen. Unsere Koffer waren bereitgelegt, sodass das Anziehen keine mühsame Angelegenheit war. Ich war als Erster fertig und saß in einem Sessel und sah zu, wie Cecil mit einer widerstandsfähigen weißen Krawatte kämpfte.

„Wie hübsch deine Schwester ist, Cis!" Ich bemerkte.

"Denke schon? „Sie ist ein ziemlich seltsames kleines Ding", erklärte ihr Bruder und betrachtete sich selbst geistesabwesend und zufrieden im langen Pierglas. „Ich wusste nicht, dass du sie jemals zuvor gesehen hast. Ich sage", mit plötzlichem Nachdruck, „ist Aggie Hamilton nicht ein wirklich hübsches Mädchen?"

„Ich habe sie noch kaum gesehen", erinnerte ich ihn. „Eher eine Schwätzerin, nicht wahr?"

"Schwätzer? Nicht sie!" Cecil protestierte empört. "Warum--"

Von unten erreichte uns das Grollen eines Gongs. Cecil unterbrach seine Rede und drängte mich eilig aus dem Zimmer.

„Komm mit, Scharfschütze!" er rief aus. „Das bedeutet Abendessen in zehn Minuten, und ich habe versprochen, zuerst ins Wohnzimmer zu gehen und dir Aggie vorzustellen. Aufleuchten!"

Wir stiegen in die Halle hinab und ein großer Lakai öffnete die Tür zu der langen Reihe von Salons und Vorzimmern, in denen sich die Gäste des Schlosses rasch versammelten. Für mich, der ich noch nichts dergleichen gesehen hatte, war es ein brillanter Anblick. Vier Räume, alle von stattlicher Größe und alle mit bernsteinfarbenem Satin im gleichen Farbton drapiert, wurden durch das Aufziehen schwerer, anschmiegsamer Vorhänge zu einem Ganzen, und jeder schien mit Gruppen bezaubernd gekleideter Frauen und kleinen Gruppen von Männern gefüllt zu sein. Ein leises, unaufhörliches Summen von Gesprächen schwebte in der Luft, die vom Duft exotischer und köstlicher Parfüme erfüllt war. Das Licht war strahlend, aber sanft, denn die Marmorfiguren an den Wänden hielten silberne Lampen mit hauchdünnen rosafarbenen Lampenschirmen in die Höhe.

Wir gingen durch zwei der Räume, bevor wir die junge Dame fanden, nach der Cecil suchte. Dann trafen wir sie plötzlich, wie sie ganz allein dasaß und müßig in einem Kupferstichbuch blätterte. Cecil schubste mich aufgeregt mit dem Ellbogen auf eine Art und Weise, die anderswo Fluch und möglicherweise Vergeltung auf seinen Kopf gebracht hätte. So aber musste ich den Schmerz wie ein Spartaner ertragen.

„Ich sage, ist sie nicht umwerfend?" er flüsterte.

Ich antwortete bejahend und entfernte mich vorsichtig aus der Reichweite seines Ellbogens. Dann näherten wir uns ihr, und sie klappte mit einer komischen Miene der Erleichterung das Kupferstichbuch zu und machte Platz für uns neben sich.

Sie war noch hübscher, als ich erwartet hatte, mit dunklem Haar und Augen, strahlendem Teint, einer perfekten, zierlichen Figur *und* makellosen Zähnen, die sie keineswegs zu zeigen scheute. Sie trug ein schwarzes Spitzenkleid mit viel Scharlachrot und einer tiefroten Rose an der Brust. Insgesamt war ich von Cecils Faszination kaum überrascht.

Sie war zwar nicht wirklich eine Schwätzerin, aber sie besaß auf jeden Fall die Kunst, sehr wortreich Unsinn zu reden und andere dazu zu bringen, ihn zu reden. Bevor das Abendessen von einem würdevoll aussehenden Beamten angekündigt wurde, hatten wir eine erstaunliche Menge an Gesprächen hinter uns. Es fiel Cecil zu, seine Verlobte aufzunehmen, während ich weit weg mit der Frau eines Landgeistlichen mittleren Alters zurückblieb. Sie war jedoch sehr freundlich, und ich war völlig zufrieden damit, während des langen Banketts nur wenig zu reden, denn alles war neu für mich und interessant.

Der riesige Speisesaal – es war eigentlich die Bildergalerie – die vielen Diener in reichen Livreen, der verzierte Teller, die glitzernden Gläser und die brillanten Gesprächsfetzen, die um mich herum schwebten, alles war eine Offenbarung. Sehr bald ließ die Wirkung nach und ich konnte meine Weine und Gerichte auswählen und war frei, an dem Vortrag teilzunehmen, wenn ich wollte. Aber an diesem ersten Abend begnügte ich mich damit, zu schweigen und so weit wie möglich unbemerkt zu bleiben.

Das Abendessen, das mir endlos vorgekommen war, ging endlich zu Ende. Lady Silchester fegte an der Spitze einer langen Reihe stattlicher Frauen über den polierten Boden, und die Prozession entfernte sich unter lautem Rascheln der Gewänder. Einige der freien Stühle wurden von Männern in Besitz genommen, und schon zogen zarte blaue Rauchwolken nach oben zur gewölbten Decke. Es war die kurze Zeitspanne, die dem Menschen mehr am Herzen lag als jede andere am Tag. Jeder streckte seine steifen Glieder aus, füllte sein Glas und nahm seine Lieblingshaltung ein. Die Stimmen wurden lauter und ein plötzlicher Tonwechsel schlich sich in das Gespräch ein. Nur Mr. Ravenor und einige der älteren Gäste schienen noch in die Diskussion einer abstrusen wissenschaftlichen Kontroverse vertieft zu sein, die damals in den Rezensionen tobte. Alle anderen schienen leichtfertig über den Sport des Tages, die Vorbereitungen für den morgigen Tag und die Pferde seiner eigenen und anderer Männer zu reden.

Bei mir wurde es etwas langsam. Cecil hatte einige Freunde gefunden, und der Klang seines herzlichen, jungenhaften Lachens drang oft vom anderen Ende des Tisches zu mir. Meine unmittelbaren Nachbarn waren ein Bischof, der sich intensiv mit einem kleinen Kanoniker über die Vorgänge einer kürzlichen Diözesankonferenz unterhielt, bei der die Dinge eher lebhaft als harmonisch abgelaufen zu sein schienen; und auf meiner anderen Seite stritt sich Lord Penraven mit dem Oberleutnant der Grafschaft über den Stammbaum eines Rennpferdes. Beide Streitigkeiten waren für mich völlig uninteressant, und es war keine geringe Erleichterung, als ich Mr. Ravenors Blick auffing und er mich zu einem freien Stuhl an seiner Seite winkte.

Das Gespräch, das für einen Moment unterbrochen worden war, wurde bald wieder aufgenommen. Ich saß schweigend da und lauschte mit immer größerer Bewunderung dem Wortspiel, den subtilen Argumenten und der epigrammatischen Brillanz des Ausdrucks, die von einem zum anderen der vier Streitparteien aufblitzten. Hätte ich etwas über das gesellschaftliche oder literarische Leben Londons gewusst, wäre ich vielleicht weniger erstaunt gewesen, denn Mr. Ravenor und zwei seiner Widersacher, Mr. Justice Haselton und Professor Clumbers, zählten zu den besten Rednern ihrer Zeit.

Zu meinem großen Bedauern beendete Mr. Ravenor schließlich das Gespräch abrupt, indem er einen Exodus in die Salons vorschlug. Einige der jüngeren Männer schienen begierig darauf zu gehen, aber die Mehrheit erhob sich und reckte sich mit den traurigen Gesichtern von Märtyrern, bevor sie sich in kleinen Gruppen zusammenschlossen und den Raum verließen. Mr. Ravenor blieb bis zuletzt und bedeutete mir, bei ihm zu bleiben.

„Nun, Philip", sagte er, als alle gegangen waren, „wie geht es dir bei Dr. Randall?" Gefällt es dir, dort zu sein?"

„Für manche Dinge sehr", antwortete ich.

Er sah mich genau an.

„Du musst mir etwas sagen", sagte er. "Was ist es?"

Ich warf einen Blick auf die kleine Armee von Dienern, die sich lautlos auf allen Seiten bewegte.

„Da ist etwas", gab ich zu, „aber ich würde es dir lieber sagen, wenn wir ganz allein sind." Außerdem ist es eine ziemlich lange Geschichte. Es hat hauptsächlich mit Herrn Marx zu tun."

Die ruhige, stattliche Gelassenheit in Mr. Ravenors Gesicht veränderte sich plötzlich. Seine dunklen Brauen trafen sich fast in seinen Augen, was ich nicht lesen konnte. Die Veränderung verstärkte den Eindruck, der in letzter Zeit in mir entstanden war. Mit der Persönlichkeit von Herrn Marx war ein tiefes Geheimnis verbunden, das Herrn Ravenor irgendwie beschäftigte.

„Was ist mit Herrn Marx? Was können Sie mir über ihn sagen?" fragte er kalt.

„Mehr als ich hier sagen möchte", antwortete ich und blickte mich um. „Es ist ziemlich lang –"

„Komm heute Abend als Letztes in die Bibliothek zu mir", sagte
er schnell. „Ich muss wissen, was für eine Geschichte Sie haben.
Wir gehen jetzt ins Wohnzimmer."

In wenigen Augenblicken war die Wolke aus seinem Gesicht
verschwunden und er war wieder der polierte Gastgeber. Und
unter Protest wurde ich von Miss Agnes Hamilton in die Enge
getrieben und erhielt meine erste Lektion in der modischen Kunst
des Flirtens.

KAPITEL XXXVII.
HERR. MARX WIRD GESUCHT.

Es war lange nach Mitternacht, bis sich die letzten kleinen Grüppchen der Gäste gegenseitig eine gute Nacht gewünscht hatten, und selbst dann begaben sich Lord Penraven und einige ausgewählte Gefährten nur in einen kleineren Raucherraum in den hinteren Bereichen des Schlosses. Ich wusste jedoch, dass Mr. Ravenor nicht bei ihnen war, denn ich hatte gesehen, wie er, nachdem er alle außer dieser Handvoll seiner Gäste überholt hatte, den Flur durchquerte und die Bibliothek betrat. Nach etwa einer halben Stunde folgte ich ihm.

Ich hatte erwartet, ihn nach der großen Belastung, die ihm die Menge und Wichtigkeit seiner Gäste im Laufe des Tages auferlegt haben musste, ruhend vorzufinden. Aber ich fand ihn ganz anders beschäftigt. Er beugte sich tief über seinen Schreibtisch, neben sich eine Tasse Tee, und auf dem Tisch lagen bereits mehrere Blätter eng geschriebener Zeitungspapiere verstreut. Als er mein Eintreten hörte, blickte er sofort auf und legte seine Feder nieder.

„Setzen Sie sich da", sagte er und zeigte auf einen Sessel gegenüber. „Ich möchte dein Gesicht sehen, während du sprichst. Nun, was ist das für eine Geschichte, die Sie mir erzählen müssen?"

Sein Auftreten war alles andere als ermutigend und sein Gesicht hatte einen strengen Ausdruck. Insgesamt war ich etwas nervös. Aber es musste getan werden, also begann ich.

Zuerst erzählte ich ihm alles über Leonard de Cartienne, seinen schlechten Einfluss auf Cecil und seinen Briefwechsel mit Herrn Marx. Er hörte schweigend zu. Dann hielt ich inne, um Luft zu holen.

„Ich weiß nicht, was Sie zum Rest meiner Geschichte sagen werden", fuhr ich fort. „Ich weiß selbst kaum, was ich davon halten soll. Aber hier ist es. In Little Drayton gibt es ein Gasthaus, das von einem Mann namens Hart geführt wird, und Cecil und de Cartienne gehen dorthin – manchmal. Ungefähr einen Monat bevor ich zum Borden Tower ging, verschwand der Mann Hart. Er verließ sein Zuhause auf einer Reise, deren Art er selbst vor seiner Tochter geheim hielt, und ist nie zurückgekehrt, noch hat man etwas davon gehört. Die einzige Information, die seine

Tochter geben kann, ist, dass er das Haus schon einmal wegen einer ähnlichen Besorgung verlassen hat und immer nach drei oder vier Tagen mit Geld zurückgekehrt ist."

Ich hielt inne und warf Mr. Ravenor einen Blick zu. Er wirkte ein wenig verwirrt, aber nicht besonders interessiert.

„Ungefähr einen Monat bevor ich von hier nach Borden Tower aufbrach", fuhr ich fort, „traf ich Mr. Marx in Torchester und fuhr spät abends mit ihm nach Hause. Im Moor wurden wir von einem Mann, der verrückt zu sein schien, wütend angegriffen und Herr Marx wurde leicht verletzt. Zwei Tage später wurde Herr Marx im Park von demselben Mann angegriffen, und wenn ich nicht aufgetaucht wäre, wäre er wahrscheinlich getötet worden. Der Mann war in jeder Hinsicht ein Wahnsinniger, bis auf eine Ausnahme. Er erkannte Herrn Marx als seinen Feind und verübte vorsätzliche Attentate auf sein Leben."

Mr. Ravenor zog sanft den grünen Lampenschirm auf der ihm zugewandten Seite herunter, und im gedämpften Licht konnte ich sein Gesicht kaum erkennen, aber ich spürte, dass sein Interesse an meiner Geschichte wuchs.

„Natürlich, als Cecil anfing, über das Verschwinden dieses Mannes Hart zu sprechen", fuhr ich fort, „und ich in Little Drayton viel darüber hörte, begann ich über diesen Verrückten nachzudenken, von dem niemand etwas wusste. Ich notierte die genauen Daten und stellte fest, dass Hart Little Drayton etwa eine Woche vor dem ersten Angriff des unbekannten Verrückten auf Mr. Marx verlassen haben musste. Natürlich lohnt es sich kaum, darüber nachzudenken, aber der seltsamste Teil kommt noch. Eher aus Neugier fragte ich nach einem Foto von Mr. Hart. Seine Tochter nahm uns mit ins Wohnzimmer, um uns eines anzusehen, und stellte zu ihrem Erstaunen fest, dass es verschwunden war. Die gesamte Suche war erfolglos. Jemand hatte es weggenommen. Nun, ich fand heraus, wohin es gebracht worden war, und bestellte ein Exemplar. Es hatte keinen Zweck. Das Negativ war an dieselbe Person verkauft worden, die allein Miss Harts Wohnzimmer hätte betreten und das Foto abstrahieren können. Diese Person war Leonard de Cartienne, und er stand in Kontakt mit Herrn Marx, dem Mann, den der Verrückte zu ermorden versuchte. Können Sie etwas daraus machen, Sir?"

Anscheinend hatte Mr. Ravenor etwas daraus gemacht. Er lehnte sich in seinem Stuhl ein wenig nach vorne und als ich sein Gesicht sah, überkam mich große Angst.

Eine schreckliche Veränderung hatte sich eingeschlichen. Seine Augen brannten mit einem trockenen, wilden Feuer, und die Blässe erstreckte sich sogar bis zu seinen Lippen.

Er beugte sich vor, seine langen, abgemagerten Finger waren krampfhaft vor seinem Gesicht ausgestreckt, wie ein Mann, der eine schreckliche Vision vor seinen Augen vorüberziehen sieht und dennoch gebannt bleibt, unfähig, zu sprechen, sich zu bewegen oder sich von dem abscheulichen Schauspiel zu lösen.

Übelkeit erregende Schweißperlen standen auf seiner feuchten Stirn und seine trockenen Lippen bewegten sich, obwohl kein Ton von ihnen kam.

Ich starrte ihn mit sprachlosem Entsetzen an, und während ich hinsah, schien der Raum mit all seinem Inhalt um mich herum zu schwimmen. Was konnte Mr. Ravenor an der Geschichte, die ich erzählt hatte, so schrecklich finden und was könnte ihn das betreffen?

Plötzlich erhob er sich von seinem Sitz und stellte sich über mich. Ich war mehr denn je beunruhigt über seinen seltsamen Gesichtsausdruck.

„Es gibt noch einen dritten Zusammenhang", sagte er heiser. „Erinnern Sie sich, dass am Abend Ihres ersten Besuchs hier ein Mann anrief, den ich nicht einlassen wollte? Als ich es mir anders überlegte, war er verschwunden."

Ich weinte ein wenig und spürte, wie mein Blut gefror.

"Herr. „Marx hatte etwas damit zu tun", stammelte ich. „Ich traf ihn unter den Bäumen in der Allee und er hatte schreckliche Angst, als er mich sah. Ich hatte einen Schrei gehört. Ich habe zugehört."

Mr. Ravenor streckte seine Hand nach der Glocke aus und läutete heftig. Wir saßen schweigend da und fürchteten uns fast davor, einander anzusehen, bis die Antwort beantwortet wurde.

„Gehen Sie in Mr. Marx' Zimmer und bitten Sie ihn, sofort hierher zu kommen", befahl Mr. Ravenor.

Der Mann verneigte sich und zog sich zurück. Als er wieder auftauchte, trug er einen Brief in der Hand.

"Herr. „Marx hat das für Sie auf seinem Schreibtisch liegen lassen, Sir", sagte er.

"Verließ es! Wo ist er? Ist er nicht im Schloss?" fragte Mr. Ravenor scharf.

"Nein Sir. Gegen halb vier hatte er einen Hundekarren, um den London Express in Mellborough zu erreichen."

Mr. Ravenor riss den Zettel auf und warf ihn mir dann zu. Es waren nur ein paar Worte:

„Sehr geehrter Herr Ravenor, – entschuldigen Sie mich bitte für ein oder zwei Tage. Ein wichtiges Geschäft privater Art ruft mich eilig nach London. Wenn Sie mir schreiben, ist meine Adresse das *Hotel Metropole* . M."

Es herrschte Stille zwischen uns. Dann blickte ich in Mr. Ravenors farbloses Gesicht.

„Wir müssen diesen Verrückten finden", flüsterte ich.

Mr. Ravenor wandte sich schaudernd von mir ab.

„Wir dürfen nichts dergleichen tun."

KAPITEL XXXVIII.
Ich nehme eine Mission an.

Es herrschte eine Stille, die ewig anzudauern drohte.

Schließlich drehte Mr. Ravenor leicht den Kopf und sah zu mir. Der Eifer, den er in meinem Gesicht sah, schien eine grimmige Ader in ihm zu wecken, denn seine Lippen öffneten sich zu einem trüben, flüchtigen Lächeln.

„Erwarten Sie ein Geständnis?" fragte er, als es verging.

Ein Geständnis von ihm! Gott bewahre es! Von ihm, der mir jemals so weit über anderen Männern vorkam, dass kein anderer es wert war, mit ihm in eine Reihe gestellt zu werden! Das ganze alte Feuer meiner jungenhaften Heldenverehrung flammte bei dem bloßen Gedanken auf. Ein Geständnis von ihm! Die bloße Idee war ein Sakrileg.

Er las seine Antwort in dem stummen, erstaunten Protest meiner Blicke und wartete nicht auf die Worte, die auf meinen Lippen zitterten.

„Es würde Ihnen wenig nützen, Ihnen alles zu erzählen, was Ihre Geschichte mir nahegelegt hat", sagte er leise. „Eines Tages wirst du alles wissen; aber noch nicht – noch nicht."

Er hielt inne und ging langsam im Zimmer auf und ab, die Hände auf dem Rücken und den Blick auf den Boden gerichtet. Plötzlich blieb er stehen und blickte auf.

„Marx muss sofort zurückkommen", sagte er mit etwas von seiner alten Festigkeit. „Ich werde ihm morgen ein Telegramm schicken, damit er sofort zurückkommt."

„Und wenn er nicht kommt?"

„Ich muss zu ihm gehen. Diese Angelegenheit muss so weit wie möglich und sofort geklärt werden."

„Eure Gäste", erinnerte ich ihn. „Wie kannst du sie verlassen?"

„Ich habe sie vergessen", rief er ungeduldig. „Philip, gehst du?" fragte er plötzlich.

„Ja", antwortete ich leise, obwohl mein Herz schneller schlug. "Ja ich werde gehen. Vielleicht wäre es das Beste."

Er ließ seine Hand für einen Moment auf meiner Schulter ruhen, und obwohl er es nicht sagte, wusste ich, dass er erfreut war. Dann warf er einen Blick auf die Uhr.

"Zwei Uhr!" er rief aus. „Philip, du musst mich jetzt verlassen.“

Ich schaute zu seinem Schreibtisch, an dem er bereits Platz nahm, und zögerte.

„Du wirst jetzt nicht schreiben?“ Ich wagte es zu protestieren.

"Warum nicht?"

Ich zeigte auf die Uhr; aber er lächelte nur.

„Ich bin kein Sklave regelmäßiger Arbeitszeiten“, sagte er leise. „Ein oder zwei Stunden Schlaf reichen mir am Stück.“

Also habe ich ihn verlassen.

KAPITEL XXXIX.
MEINE FAHRT.

Es war ein paar Minuten nach neun, als ich in die lange Eichengalerie hinabstieg, wo das Frühstück serviert wurde, und am Kopfende des Haupttisches saß Mr. Ravenor im Jagdkostüm. Alle, die unten waren, waren offensichtlich auf dem Weg zum Treffen. Die Männer trugen fast alle scharlachrote Mäntel und die Frauen Reitkostüme und hübsche kleine Hüte mit zurückgeschobenem Schleier. Es gab ein lautes Klappern von Messern und Gabeln, und auf der langen, polierten Anrichte wurde viel Schnitzerei betrieben, und über allem war ein lautes Summen fröhlicher Gespräche zu hören; Alles in allem war es eine sehr angenehme Mahlzeit, die im Gange war.

Ich war auf dem Weg zu einer Lücke im Tisch am unteren Ende, als ich meinen Namen rufen hörte und in Miss Hamiltons pikantes, nach oben gerichtetes Gesicht blickte.

„Komm und setz dich zu mir", rief sie und bewegte ihre Röcke, um Platz zu schaffen. "Sehen. Ich habe hier einen Stuhl versteckt – für jemanden."

Ich habe es mit einem Lachen aufgenommen.

„Nun, da jemand heute Morgen so sehr faul ist", sagte ich, „hat er es nicht verdient, es zu haben; so werde ich. Kann ich dir irgendetwas bringen?"

Sie schüttelte den Kopf.

"Nein danke. Passen Sie auf sich auf, denn wir müssen gleich anfangen. Und jetzt sagen Sie mir, woher wussten Sie, für wen ich diesen Stuhl aufgehoben habe?"

„Nun, ich nahm an, dass es für Cis war", bemerkte ich und griff einen benachbarten Schinken energisch an.

"In der Tat! Und angenommen, ich würde sagen, dass es nicht so war – dass es für jemand anderen war?"

„Armer Cis!" Sagte ich mit einem Seufzer. „Sagen Sie mir bitte nicht, wer die andere Person war, Miss Hamilton."

"Warum nicht?"

„Weil ich ihn hassen werde."

„Um Lord Silchester willen?“

"NEIN; für mich selbst."

"Herr. Morton, du redest Unsinn.“

„Na ja, hast du es dir gestern Abend nicht vorgenommen, mir das beizubringen?“

"Dir beibringen! Oh!“ – ein wenig ironisch – „Sie sind ein sehr begabter Schüler, Mr. Morton.“

Ich sah sie mit stumm Protest an.

„Mit solch einem Lehrer, Miss Hamilton –“

Sie hielt mich lachend auf.

„Oh, du bist ein schrecklicher Junge! Lass mich dir etwas Tee geben, damit du ruhig bleibst.“

Ich seufzte tief und nahm mein Frühstück energisch in Angriff. Plötzlich fing sie wieder an.

„Kennen Sie Nanpantan, Mr. Morton, wo heute Morgen das Treffen stattfindet?“

„Sehr gut“, antwortete ich und schnitt mir noch etwas Schinken auf. „Macht es Ihnen etwas aus, mir noch eine Tasse Tee zu geben, Miss Hamilton? Es war so gut!"

Sie nickte und zog ihren dicken Hundefellhandschuh wieder aus.

„Du durstiger Sterblicher!“ bemerkte sie. „Ich fürchte, du musst letzte Nacht zu viel geraucht haben.“

„Eine Zigarette“, versicherte ich ihr. „Nicht mehr, bei meiner Ehre.“

"Wirklich! Dann bekommst du von mir keinen Tee mehr, der deine Nerven verunsichert. Sagen Sie mir jetzt, Herr Morton, kennen Sie dieses Land?“

„Jeden Zentimeter davon. Niemand ist besser.“

"Oh wie schön! Und Sie werden mir heute einen Hinweis geben, nicht wahr? Ich möchte es wirklich gut machen.“

„Ich würde mich freuen“, antwortete ich; „aber leider werde ich nicht jagen.“

„Ich werde nicht jagen! Was wirst du dann tun? Beten?“

„Ich mache eine Fahrt mit einer jungen Dame“, antwortete ich.

„Oh, in der Tat!“ – mit einer Kopfbewegung.

Es herrschte kurzes Schweigen. Dann besiegte die Neugier den Anfall der Empörung, den Miss Hamilton gut angenommen hatte.

„Darf ich nach dem Namen der glücklichen jungen Dame fragen?“

„Das darfst du“, antwortete ich ruhig und nahm mir einen Toast. „Es ist die kleine Lady Beatrice.“

Sie brach in schallendes Gelächter aus, hörte aber plötzlich auf.

"Was für ein Unsinn! Wirst du also den Platz des Stallknechtes einnehmen und den Führzügel in der Hand halten?“

„Wenn sie mit einem fährt, sehr wahrscheinlich“, antwortete ich.

Es herrschte kurzes Schweigen. Dann nahm Miss Hamilton den Angriff wieder auf.

„Wie alt ist deine Inamorata?“ sie erkundigte sich. „Sieben oder acht?“

„Nächster Geburtstag zwölf“, antwortete ich prompt.

„Das ist einfach zu lächerlich!“ erklärte sie und warf den Kopf hin und her. „Ich wollte unbedingt, dass du heute Morgen mitkommst, weil du das Land kennst“, fügte sie mit einem Seitenblick aus ihren dunklen Augen hinzu.

„Nichts hätte mir mehr Freude bereitet“, erklärte ich; „Aber ein Versprechen ist ein Versprechen, wissen Sie, und dieses haben wir gemacht, bevor wir etwas über das Treffen wussten.“

"Wir! Wer sind wir?" sie fragte schnell.

„Cis und ich.“

„Cecil wird nicht gehen, wenn ich ihn bitte, mitzukommen“, sagte sie selbstbewusst.

Ich zuckte mit den Schultern.

"Vielleicht nicht. Ein Grund mehr, warum ich es tun sollte.“

Sie wandte sich halb amüsiert, halb verärgert von mir ab. In diesem Moment erschien Cecil und winkte ihn eifrig an ihre Seite.

„Cecil, Mr. Morton hat mir erzählt, dass Sie versprochen haben, heute Morgen mit Beatrice zu fahren", sagte sie.

„Das haben wir gemacht", rief er. „Es tut mir furchtbar leid, sie enttäuschen zu müssen, aber ich wusste natürlich nichts von dem Treffen."

„Oh, dann bin ich froh, dass du mich nicht im Stich lässt", sagte sie lachend. "Herr. Morton erklärt, dass er seine Verlobung einhalten wird."

„Sehr gut von ihm, wenn er das ist", bemerkte Cecil und rührte voller Fröhlichkeit in seinem Tee.

„Habe kein Mitleid mit mir", sagte ich und stand auf. „Ich bin mir sicher, dass es mir gefallen wird. *Au revoir*, Miss Hamilton."

Und es hat mir Spaß gemacht. Viele Male später dachte ich an diese schlanke kleine Gestalt im langen Reitkleid, an ihr goldenes Haar, das im Wind wehte, und an ihr zierliches, gerötetes Gesicht, das vor Aufregung und Freude strahlte, und an das angenehme Geplapper, das ihre kleine Ladyschaft in meine Stimme ergoss willige Ohren. Ich erinnerte mich auch an ihre urige, naive Art und die ernste Art, mit der sie mir dafür dankte, dass ich mich um sie gekümmert hatte – kleine Manierismen, die bald der Vertrautheit wichen und ganz verschwanden. Und so seltsam es auch erscheinen mag, die Erinnerung an diese Dinge bereitete mir immer mehr Befriedigung als der geflügelte Blick und die fröhlichen Reden von Miss Agnes Hamilton.

KAPITEL XL.
MEINE MISSION.

Zum ersten Mal in meinem Leben war ich in London – und zwar allein. Auf die Telegramme, die ihn zu seiner sofortigen Rückkehr aufforderten, hatte Herr Marx keine Antwort erhalten, und so verließ ich am dritten Morgen nach meiner Ankunft in Ravenor Castle das Schloss erneut, um mich auf die Suche nach ihm zu machen. Obwohl er es gewohnt war, seine Gefühle zu verbergen, und obwohl es ihm vortrefflich gelang, dies in Anwesenheit seiner Gäste zu tun, konnte ich sehen, dass Mr. Ravenor zutiefst darauf bedacht war, dass der Verdacht, den meine Geschichte geweckt hatte, entweder zerstreut oder bestätigt wurde. Auch wenn mir ihre Bedeutung kaum so klar war, war ich es auch nicht weniger.

Ich nehme an, dass niemand, besonders wenn er noch nie zuvor in einer großen Stadt gewesen ist, ohne ein Gefühl des Staunens zum ersten Mal durch London reisen könnte. Für mich war es, als würde ich eine unbekannte Welt betreten. Die große Menschenmenge, der unaufhörliche Verkehrslärm und die riesigen Gebäude erfüllten mich mit Erstaunen, das sich, als wir durch den Strand zur Northumberland Avenue fuhren, in Verwirrung steigerte. Nur die Erinnerung an meine Mission und ihre schwerwiegende Bedeutung erinnerte mich an mich selbst, als das Taxi vor dem Hotel Metropole hielt.

Meine Tasche wurde sofort von einem der Portiers in Besitz genommen und ich reservierte ein Zimmer. Dann erkundigte ich mich nach Herrn Marx.

Der Angestellte blätterte zwei oder drei Seiten des Hauptbuchs um und schüttelte den Kopf. Es sei niemand mit diesem Namen im Hotel gewesen, teilte er mir mit.

„Können Sie mir sagen, ob sich in der letzten Woche jemand mit diesem Namen hier aufgehalten hat?" Ich fragte.

Er machte eine weitere Suche und schüttelte den Kopf.

„Soweit ich mich erinnern kann, stand der Name Marx überhaupt nicht in unseren Büchern, Sir", erklärte er. „Auch ein ziemlich ungewöhnlicher Name; Ich hätte mich auf jeden Fall daran erinnern sollen."

„Hier wurden Briefe mit diesem Namen an ihn gerichtet", sagte ich; „Kannst du mir sagen, was aus ihnen geworden ist?"

Er schüttelte den Kopf.

„Das wäre nicht meine Abteilung, Sir; Das werden Sie herausfinden, indem Sie sich im Büro des Chefportiers um die Ecke erkundigen.

Ich dankte ihm und machte mich auf den Weg durch die Empfangshalle. Die Antwort auf meine Frage wurde sofort gegeben.

„Fast jeden Morgen gibt es Briefe für einen Herrn Marx, Sir, und Telegramme", sagte der Beamte; „Aber ich glaube nicht, dass Herr Marx selbst im Hotel Halt macht; ein anderer Herr beantragt sie immer und schickt sie weiter."

„Und bleibt der andere Herr hier?" Ich fragte.

"Jawohl; Nr. 110."

„Hat er die Befugnis, sie von Herrn Marx entgegenzunehmen?" Ich habe nachgefragt.

„Das glaube ich. Er zeigte uns einen Zettel von Herrn Marx, in dem er ihn aufforderte, sie entgegenzunehmen und weiterzuleiten, und er muss auch für jeden, den er erhält, unterschreiben. Bei uns ist es eine Regel, dass jeder, der Briefe erhält, die nicht an ihn selbst adressiert sind, dies tun soll, unabhängig davon, ob er dazu befugt ist oder nicht."

„Kannst du mir seinen Namen sagen?" Ich fragte. „Es tut mir leid, Ihnen so viel Ärger zu bereiten, aber ich möchte vor allem den Aufenthaltsort von Herrn Marx herausfinden, und dieser Herr weiß es."

"Sicherlich. John, wie heißt Nr. 110?" er fragte einen Assistenten.

„Graf de Cartienne", war die prompte Antwort.

KAPITEL XLI.
DER GRAF VON CARTIENNE.

Meine Überraschung über diese letzte Information konnte nicht unbemerkt bleiben. Sowohl der Portier als auch sein Assistent waren offensichtlich gut ausgebildete Diener, aber sie sahen mich neugierig an und tauschten dann schnelle Blicke miteinander. Ich erholte mich jedoch augenblicklich.

„Dieser Graf de Cartienne", fragte ich, „ist er jung? Ich glaube, ich kenne ihn. Eher dunkel und dünn und kurz? Ist er das?"

Der Mann schüttelte den Kopf.

"Nein Sir. Graf de Cartienne ist ein großer, aristokratisch aussehender Herr mittleren Alters. Sie werden ihn bestimmt im Hotel sehen. Er ist sehr viel hin und her."

Ich dankte ihm und ging weg, denn die Leute strömten herein und fragten nach ihren Schlüsseln. Da es fast Zeit zum Abendessen war, folgte ich ihrem Beispiel und ging in mein Zimmer, um meine Reisekleidung gegen konventionellere Kleidung umzuziehen.

Der Aufzug war fast voll, als ich ihn betrat; Doch als wir gerade aufbrechen wollten, trat eine Dame und gefolgt von einem älteren Herrn ein. Ich stand sofort auf, da ich dem Tor am nächsten war, um meinen Platz anzubieten, aber die Worte, die ich sagen wollte, verklangen in meinem Ohr Lippen.

Etwas an der anmutigen Figur, den sanften, süßen Augen und den zart geschnittenen Gesichtszügen schien mich an meine Mutter zu erinnern. Es war vielleicht eine schwache Ähnlichkeit – kaum mehr als eine Andeutung –, aber es reichte immer noch aus, um mein Herz schneller schlagen zu lassen und mich für einen Moment daran zu erinnern, wo ich war. Dann fiel mir plötzlich ein, dass ich mich gelinde gesagt seltsam verhielt, und ich wandte mich abrupt ab.

Im dritten Stock stieg ich aus und ging über den Flur zu meinem Zimmer, ohne einen einzigen Blick hinter mich zu werfen. Aber es dauerte einige Zeit, bis ich meinen Koffer auspackte oder auch nur daran dachte, mich anzuziehen. Dann fiel mir ein, dass ich sie wiedersehen würde, wenn sie im Hotel speisen würden, und indem ich sofort meine Kleider auspackte, zog ich mich in fieberhafter Eile an. Für einen Moment hatte ich den Grafen de Cartienne ganz vergessen, sogar den eigentlichen Zweck meines Besuchs in London vergessen. Nur ein Gesicht, verbunden mit einer Erinnerung, wohnte in meinem Kopf und usurpierte alle meine Gedanken. Ich spürte, wie eine seltsame Erregung meinen Körper durchströmte, und die Finger, die meine Krawatte zuzubinden versuchten, zitterten, so dass sie ihrer Pflicht nicht nachkamen. Es schien mir, als wäre ich in einen anderen Seinszustand eingetreten.

Als ich ins Esszimmer hinabstieg, war es bereits fast voll und es gab nur sehr wenige freie Tische. Ein oder zwei Minuten lang stand ich hinter dem Eingangsschirm und sah mich um. Nirgendwo konnte ich eine Spur der Dame erkennen, deren Gesicht mich so interessiert hatte. Entweder speiste sie außerhalb des Hotels oder war noch nicht erschienen. In der innigen Hoffnung, dass Letzteres der Fall sein würde, nahm ich einen kleinen Tisch für drei Personen gegenüber der Tür in Besitz und bestellte mein Abendessen.

Ich hatte kaum meine Suppe aufgegessen, als das instinktive Bewusstsein, dass ich beobachtet wurde, mich schnell aufblicken ließ. Direkt im Raum stand ein großer, vornehm aussehender Mann, der die versammelten Gäste und insbesondere mich selbst ruhig musterte, vollkommen glattrasiert, eher blond als sonst, mit einem einzigen Brillenglas im Auge, durch das er untersuchte mich kühl. Er trug einen Inverness-Umhang und einen Opernhut, und seine Abendkleidung, die ihm perfekt passte, war vom allerbesten Geschmack, bis hin zu der schlichten goldenen Niete an der Vorderseite seines Hemdes. Sein Alter konnte zwischen dreißig und fünfzig liegen, denn seine Haltung war vollkommen aufrecht und sein Haar nur leicht von grauen Strähnen durchzogen. Im Großen und Ganzen war sein Aussehen das eines gutaussehenden, wohlerzogenen Mannes, und als ich den Blick abwandte, verspürte ich eine leichte Neugier, zu erfahren, wer er war.

Er ging ein paar Schritte weiter in den Raum hinein, ging nach kurzem Zögern an einem größeren, für sechs Personen gedeckten Tisch vorbei und nahm den freien Platz an meinem Platz ein. Er wünschte mir mit klarer, freundlicher Stimme und leicht ausländischem Akzent einen guten Abend, überließ Mantel und Hut einem überdurchschnittlich aufmerksamen Kellner und begann, eine Karte aus der Tasche zu ziehen, absichtlich seine Gerichte von der Speisekarte aufzuschreiben. Dann klappte er seinen Bleistift zu, lehnte sich in seinem Stuhl zurück und blickte sich noch einmal in dem Raum voller Menschen um. Nachdem er offenbar seine Neugier befriedigt hatte, gähnte er, drehte sich zu mir um und begann zu reden.

Bald fühlte ich mich bei ihm ganz wohl und genoss mein Abendessen mit noch mehr Schwung. Tatsächlich vergaß ich fast, beim Anhören einiger seiner urigen Erzählungen über Abenteuer in ausländischen Hotels, auf die Ankunft der Dame und des Herrn zu achten, nach denen ich noch vor wenigen Minuten so sehnsüchtig Ausschau gehalten hatte.

Als es jedoch geschah, sah ich sie eintreten, und meine Aufmerksamkeit wandte sich sofort von der Geschichte ab, die mein Begleiter erzählte.

Die Zerbrechlichkeit ihres Aussehens und das Gewicht, mit dem sie sich auf den Arm ihres Mannes stützte, schienen sie als Invalide zu kennzeichnen, und dieser Ausdruck wurde durch ihr schwarzes Spitzenkleid, das mit dem allzu perfekten Teint kombiniert wurde, noch verstärkt Die schlanke und schlanke Figur verlieh ihrem Gesicht einen fast ätherischen Ausdruck. Als ich in die tiefblauen Augen schaute, schien ich wieder in der Lage zu sein, diese vage Ähnlichkeit mit meiner Mutter zu erkennen, und ich spürte, wie mein Herz schneller schlug, als der Eindruck in mir wuchs. Erst als mein neuer Freund seine Anekdote abrupt unterbrach und mich fragend ansah, konnte ich meinen Blick von ihr abwenden.

„Sind das Freunde von dir, die gerade reingekommen sind?" fragte er, ohne sich umzudrehen.

"NEIN; Ich habe sie heute Nachmittag noch nie in meinem Leben gesehen. Ich frage mich, ob Sie mir sagen könnten, wer sie sind?"

Er bewegte seinen Stuhl ein wenig, um dies ohne Unhöflichkeit tun zu können, und sah sich um. Ich beobachtete ihn zufällig und sah sofort, dass er sie erkannte.

Seltsamerweise schien ihm die Anerkennung alles andere als Vergnügen zu bereiten; Wie ein Blitz huschte eine Veränderung über sein Gesicht, und obwohl ich sie gerade erst bemerkte, fühlte ich mich im Moment ausgesprochen unwohl. Solange es dauerte, war das Gesicht nicht gerade angenehm anzusehen. Aber es war nicht das einzige, was mich beunruhigte. In dem Moment, in dem sich sein Gesichtsausdruck verändert hatte, hatte er bei mir ein seltsames, unangenehmes Gefühl der Vertrautheit ausgelöst.

Er war fast augenblicklich wieder er selbst – so schnell, dass ich die Veränderung kaum glauben konnte – und mehr als einmal danach fühlte ich mich geneigt, diesen bösen Blick und die gesenkte Stirn auf einen Trick meiner Einbildung zurückzuführen. Doch selbst als ich mich dazu entschlossen hatte, fragte ich mich mehr als einmal, an wen sie mich erinnert hatten.

Er bewegte seinen Stuhl erneut und setzte schweigend sein Abendessen fort.

„Du hast sie erkannt?" Ich wagte die Bemerkung:

„Ja", antwortete er knapp.

„Würde es Ihnen dann etwas ausmachen, mir zu sagen, wer sie sind?" Ich blieb hartnäckig. „Ich habe Interesse an ihnen."

Er blickte neugierig auf und hielt seinen Blick auf mich gerichtet, während er meine Frage beantwortete.

„Der Mann ist Lord Langerdale, ein irischer Adliger, und die Dame bei ihm ist seine Frau."

"Danke schön. Das Gesicht der Dame erinnerte mich an jemanden, den ich einmal kannte."

Er entfernte seine Augen und sein Ton wurde heller.

"In der Tat! Auch ein eher ungewöhnlicher Gesichtstyp. Sie ist immer noch eine hübsche Frau, auch wenn sie zart aussieht."

Ich stimmte stillschweigend zu. Irgendwie hatte ich keine Lust, mit diesem Fremden über sie zu sprechen.

„Vielleicht ist Ihnen aufgefallen", fuhr er nach einer kurzen Pause fort, „dass es für mich eher ein Schock war, sie hier zu sehen?"

„Ja, das ist mir aufgefallen", gab ich zu.

Er seufzte und sah für einen Moment ernst aus. Dann schenkte er sich ein Glas Champagner ein und trank es bewusst aus.

„Es war nur eine Frage der Assoziation“, sagte er mit leiser Stimme. „Ein einigermaßen schmerzlicher Vorfall in meinem Leben war mit dieser Familie verbunden, obwohl kein Mitglied der Familie anwesend war. Reichen Sie die Flasche und lassen Sie uns das Thema wechseln.“

Wir unterhielten uns über andere Dinge, und eine Zeitlang erwachte mein früheres Interesse an seinen pikanten Anekdoten und pointierten Bemerkungen wieder. Doch während er mit einem Kellner ernsthaft über die Vorzüge zweier Rotweinsorten nachdachte, wanderte mein Blick zum Tisch zu unserer Rechten, auf der Suche nach der Frau, deren Gesicht mich so angezogen hatte. Diesmal traf mein Blick ihren.

Dann geschah etwas Seltsames. Anstatt sofort wegzuschauen, hielt sie den Blick fest auf mich gerichtet und zuckte plötzlich deutlich zusammen. Ich sah, wie die Farbe in ihr Gesicht schoss und es fast genauso schnell wieder verließ; Ihre dünnen Lippen waren leicht geöffnet, und ihr ganzer Gesichtsausdruck war von großer Aufregung geprägt. Ich versuchte wegzuschauen, aber es gelang mir nicht; Ich fühlte mich irgendwie gezwungen, ihren festen Blick zu erwidern. Aber als sie sich zu ihrem Mann umdrehte und ihn am Arm berührte, offenbar um seine Aufmerksamkeit auf mich zu lenken, wurde der Zauber gebrochen, und ich bewegte meinen Stuhl ein wenig und machte meinem Begleiter gegenüber eine beiläufige Bemerkung, die ausreichte, um das Gespräch in Gang zu bringen rollt wieder. Aber ein verstohlener Blick wenige Augenblicke später zeigte mir, dass sowohl Mann als auch Frau mich aufmerksam betrachteten, und als ich später mehrmals zu ihrem Tisch hinüberblickte, begegnete ich Lady Langerdales Augen voller Traurigkeit, Wehmut und Verwirrung was ich nicht lesen konnte.

Als sich das Abendessen dem Ende näherte, fiel mir auf, dass mein *Gegenüber es* sorgfältig vermieden hatte, sich auch nur einmal unseren Nachbarn zuzuwenden. Wenn er sich jedoch der Anerkennung entziehen wollte, hatte er keinen Erfolg, denn gerade als wir anfingen, unsere Plätze zu verlassen, verließ Lord Langerdale seinen Platz, um mit einigen Bekannten am anderen Ende des Raumes zu sprechen, und auf dem Rückweg verließ er seinen Platz sah meinem Begleiter direkt ins Gesicht. Er zuckte leicht zusammen, zögerte und kam dann langsam auf unseren Tisch zu.

„Eugène!" er rief aus. „Bei allem Wunder, bist du es wirklich? Wir haben gehört, dass Sie Orientale geworden sind und den Sitten und Gefilden der Zivilisation abgeschworen haben."

Er sprach leichthin, aber es war leicht zu erkennen, dass das Treffen für beide sehr peinlich war.

„Ich bin noch nicht lange in England", war die ruhige Antwort. „Es freut mich, dass es Lady Langerdale gut geht."

„Es geht ihr ziemlich gut. Wie seltsam, dass wir uns hier treffen! Nun, es muss zwanzig Jahre her sein, seit ich dich gesehen habe."

„Ich habe nur wenig Zeit in England verbracht."

„Ich denke nicht", antwortete Lord Langerdale langsam. „Wir haben gelegentlich von Ihnen gehört. Wirst du kommen und mit meiner Frau sprechen?"

„Ich glaube nicht", war die ruhige Antwort. „Es könnte für uns beide nur sehr schmerzhaft sein. Wenn Lady Langerdale es wünscht – zumindest nicht – werde ich Sie in Ihren Räumen aufsuchen. Aber ehrlich gesagt würde ich es lieber nicht tun."

Lord Langerdale wirkte keineswegs beleidigt, sondern eher ein wenig erleichtert und antwortete traurig:

„Die Wahl liegt bei Ihnen. Wenn du ihr sagen kannst, dass die Vergangenheit für dich etwas von ihrer Bitterkeit verloren hat, und – und –"

Er zögerte und schien nicht in der Lage zu sein, sich auszudrücken. Mein *Gegenüber* lächelte – es war ein Lächeln von eigenartiger Bitterkeit – und unterbrach zynisch:

„Und dass ich ein reformierter Charakter bin, würde man wohl sagen, und ein respektables Mitglied der Gesellschaft geworden bin! Nein, nein, Lord Langerdale, ich bin kein Heuchler, und das werde ich ihr auch nie sagen. Ein Wanderer auf der Erde war ich in den besten Jahren meines Lebens, und ein Wanderer werde ich immer bleiben – Abenteurer, haben manche Leute gesagt. Nun, nun, lass es so sein; welche Angelegenheit?"

Lord Langerdale schüttelte zweifelnd den Kopf.

„Es tut mir leid, Sie so reden zu hören, Eugène; Aber eines können Sie immer sicher sein: Elsie und ich werden niemals Ihre Richter sein. Wenn Sie das Gefühl haben, dass dadurch alte

Wunden wieder aufgerissen werden, hören Sie auf; aber wenn nicht, warum dann kommen Sie uns besuchen. Du hast einen jungen Freund bei dir", fügte er hinzu, drehte sich leicht zu mir und sprach etwas ernster, als es der Anlass zu erfordern schien.

Der Mann, den er Eugène nannte, schüttelte den Kopf.

„Ich habe nicht so viel Glück", sagte er steif. „Ich kann von diesem jungen Herrn nur das behaupten, was wir auf dem Kontinent eine ‚Tischbekanntschaft' nennen."

Vielleicht war es meine Einbildung, aber mir kam es so vor, als ob Lord Langerdale deutlich enttäuscht aussah. Er verneigte sich jedoch höflich vor mir, schüttelte seinem Freund die Hand und gesellte sich zu seiner Frau. Mein neuer Bekannter nahm seine frühere Position wieder ein und damit auch seine alte lässige Art.

„Verzeihung", sagte er leichthin, „für diesen langen Exkurs. Und jetzt sag mir, *mon ami* , sollen wir den Abend zusammen verbringen? Du bist ein Fremder in London, sagst du; Das bin ich nicht", fügte er trocken hinzu. „Komm, soll ich dein Cicerone sein?"

Ich hatte wirklich nichts anderes zu tun, also stimmte ich sofort zu.

"Gut! Lassen Sie uns die Flasche zu einem angenehmen Abend austrinken. Aber, ah! Ich habe vergessen. Wir müssen vorgestellt werden. Der englische Brauch verlangt es, auch wenn wir uns vorstellen. Dein Name ist?"

„Morton", antwortete ich – „Philip Morton. Ich habe keine Karte."

"Gut! Dann erlaube mir, Herr Philip Morton, die Ehre, Sie – mich selbst – vorzustellen. Ich heiße de Cartienne – der Graf Eugène de Cartienne –, aber ich verwende diesen Titel in diesem Land nicht."

KAPITEL XLII.
NACHRICHTEN VON HERRN MARX.

Einen Moment lang schwieg ich ganz, aus dem einfachen Grund, weil ich viel zu erstaunt war, um eine Bemerkung zu machen. Mein neuer Bekannter saß da und sah mich mit leicht hochgezogenen Augenbrauen an und spielte achtlos mit seiner Brille; Doch trotz seiner scheinbaren Lässigkeit hatte ich irgendwie das Gefühl, dass er mich aufmerksam beobachtete.

„Mein Name scheint eine Überraschung für Sie zu sein", bemerkte er und hielt seinen Blick fest auf mein Gesicht gerichtet. „Haben Sie es schon einmal gehört, darf ich fragen?"

„Ja", stimmte ich zu, „einer der Kerle unten im Borden Tower —"

„Was, kennst du Leonard?" er unterbrach ihn. „Egad! wie merkwürdig! Dann sind Sie wohl einer von Dr. Randalls Schülern?"

"Ja; Allerdings bin ich erst seit sehr kurzer Zeit dort. Und Leonard ist —"

"Mein Sohn."

Ich sah ihn aufmerksam an. Nachdem mir nun die Tatsache selbst bewusst gemacht worden war, konnte ich mit Sicherheit eine schwache Ähnlichkeit erkennen. Aber was mich am meisten verwirrte, war, dass er mich, wenn auch vager, auch an jemand anderen zu erinnern schien, an den ich überhaupt nicht denken konnte. Er schien auch nicht besonders darauf bedacht zu sein, dass ich ihm helfe, denn als wäre er etwas verärgert über meine genaue Beobachtung, erhob er sich abrupt.

„Komm, was sagst du zu Zigaretten und Kaffee? Wir übertreffen alle hier."

Ich folgte ihm die Treppe hinunter in den Rauchraum. Wir setzten uns auf einen luxuriösen Diwan und der Graf begann sofort, über seinen Sohn zu sprechen.

„Und du kennst also Leonard? Wie merkwürdig! Sehen Sie sich oft?"

„Natürlich, wenn man bedenkt, dass wir bei Dr. Randall nur zu dritt sind", erinnerte ich ihn.

„Ah, einfach so! Und Ihr anderer Mitschüler ist der junge Lord Silchester, nicht wahr? Eine eher unangenehme Zahl, drei. Kommt ihr alle ganz gut miteinander aus?"

Was sollte ich sagen? Ich konnte ihm nicht sagen, dass mein Verhältnis zu seinem Sohn ausgesprochen feindselig war; Also antwortete ich nach kurzem Zögern etwas ausweichend:

„Ich fürchte, wir sind kein sehr geselliges Trio. Wissen Sie, Cis und ich sind sehr daran interessiert, uns draußen zu vergnügen, und Ihr Sohn liest lieber."

Er nickte.

"Ja; Ich verstehe es durchaus. Sie und Lord Silchester sind durch und durch Engländer, und das gilt im Wesentlichen auch für Ihren Geschmack und Ihre Liebe zum Sport. Leonard ist mittlerweile mehr als ein halber Ausländer. Seine Mutter war eine Österreicherin und ich selbst bin französischer Abstammung. Übrigens, Mr. Morton, darf ich Ihnen vertraulich eine Frage stellen?" fügte er langsam hinzu.

"Sicherlich."

„Es geht um Leonard. Ich glaube nicht, dass Sie irgendwelche Skrupel haben müssen, es mir zu sagen, denn ich bin sein Vater, wissen Sie, und habe ein gewisses Recht, alles über ihn zu wissen."

Er sah mich ernst an, als wollte er seine Worte bestätigen, und ich drückte schweigend meine Zustimmung aus. Leonard de Cartienne bedeutete mir nichts; und wenn sein Vater mir die Frage stellen würde, von der ich gehofft hatte, dass er es war, sollte er eine klare Antwort haben.

„Ich habe meinen Sohn zu Dr. Randall geschickt", begann er und senkte seine Stimme zu einem vertraulichen Flüstern, „nicht weil er in seinen Studien zurückgeblieben war – denn das ist, glaube ich, nicht der Fall –, sondern weil er unglücklicherweise eine geerbt hat sehr beklagenswerter Geschmack. Ich habe es nur durch Zufall herausgefunden und es war ein sehr großer Schock für mich. Leonard liebt es, Karten um Geld zu spielen. Ich dachte, dass er im Borden Tower keine Gelegenheit haben würde, dieser beklagenswerten Schwäche nachzugeben; aber nach dem, was ich kürzlich über Dr. Randall gehört habe, ist mir aufgefallen, dass er vielleicht ein wenig zu sehr der Schüler und zu wenig der Schulmeister ist. Sie verstehen mich? Ich meine, dass er vielleicht so sehr in seine Privatarbeit vertieft ist, dass er nach den Stunden, die er seinen Schülern zum Unterricht gibt, fast so viel Freiheit genießen kann, als wären sie auf dem College."

„Das ist es", antwortete ich, „und, Herr de Cartienne, jetzt, wo Sie mir davon erzählt haben, werde ich Ihnen etwas sagen." Ihr Sohn spielt tatsächlich viel mit Lord Silchester. Ich weiß, dass dem so ist, denn ich habe gelegentlich selbst gespielt."

„Und Lord Silchester gewinnt, nehme ich an?"

Etwas an dem Ton des Grafen, als er die Frage stellte, und etwas an seinem Gesicht, als ich aufblickte, gefiel mir nicht. Beide schienen die gleiche Geschichte zu erzählen, beide schienen irgendwie anzudeuten, dass seine Frage an mich völlig sarkastisch war und dass er wusste, dass das Gegenteil der Fall war.

Es war der erste Anflug von Misstrauen, den ich gegenüber meinem neuen Bekannten empfand, und er hielt nicht an, denn der Ausdruck tiefer Besorgnis und Verärgerung, mit dem er meine Antwort hörte, erschien ihm zu natürlich, als dass man ihn vermutet hätte.

„Im Gegenteil, dein Sohn gewinnt immer", sagte ich trocken.

Seine fein gezeichneten dunklen Augenbrauen trafen sich fast zu einem schweren Stirnrunzeln, und er warf seine Zigarette ungeduldig weg.

„Ich bin Ihnen sehr dankbar, Mr. Morton, dass Sie meine Frage beantwortet haben", sagte er; „Aber ich brauche Ihnen nicht zu sagen, dass es mir sehr leid tut, zu hören, was Sie sagen. Es muss sofort etwas mit Mr. Leonard unternommen werden."

Er zündete sich eine weitere Zigarette an und warf sich in eine Ecke des Diwans zurück. Dann entschloss ich mich, mit ihm über das Thema zu sprechen, das mir am meisten am Herzen lag.

„Sie kennen einen Herrn Marx, glaube ich? Ich habe mich heute Nachmittag im Hotelbüro nach ihm erkundigt und mir wurde gesagt, dass Sie seine Briefe weiterleiten würden. Könnten Sie mir seine Adresse geben?"

Herr de Cartienne nahm seine Zigarette von den Zähnen und sah zweifelnd aus.

„Ja, ich kenne Marx; „Ich kenne ihn gut", gab er zu; „Aber Ihre Bitte bringt mich in eine ziemlich unangenehme Lage. Sehen Sie, so liegt die Sache", fügte er hinzu und beugte sich vertraulich vor. „Marx und ich sind alte Freunde, und er hat mir mehr als einmal große Dienste geleistet und nie eine Gegenleistung verlangt. Nun, ich traf ihn – ich werde nicht sagen wann, aber es ist noch nicht lange her – in Pall Mall, und er begrüßte mich als genau den Mann, den er unbedingt treffen wollte. Wir aßen zusammen zu Mittag und dann erzählte er mir, was er wollte. Er sei für kurze Zeit in London gewesen, sagte er, und wolle völlig inkognito bleiben. Im Metropole würden Briefe für ihn liegen, sagte er. Würde ich sie abholen und an eine Adresse schicken, die er mir geben würde, unter der Bedingung, dass ich ihm mein Ehrenwort gebe, es geheim zu halten? Ich fragte natürlich, welchen Grund er hatte, unterzutauchen; denn im Grunde kam es mir so vor; aber er wollte mir keine eindeutige Antwort geben. Würde ich ihm diesen Gefallen tun oder nicht? er hat gefragt. Und als ich mich an die vielen Dienste erinnerte, die er mir erwiesen hatte, war es für mich völlig unmöglich, sie abzulehnen. Das ist meine Position. Es tut mir wirklich sehr leid, Ihnen nicht helfen zu können, aber Sie sehen selbst, dass ich nicht helfen kann."

Sein Ton war absolut ernst und sein Auftreten ernst. Ich hatte nicht den geringsten Zweifel an seiner Aufrichtigkeit.

„Du kannst mir also überhaupt nicht helfen?" Sagte ich, zweifellos mit einem Teil der Enttäuschung, die ich in meinem Ton spürte.

Er sah zweifelnd aus.

„Nun, darüber weiß ich nicht so recht", sagte er langsam, als würde er etwas im Kopf abwägen. „Sehen Sie, Mr. Morton", fügte er ganz offen hinzu, „was wollen Sie mit dem Mann?" Ist es etwas Unangenehmes?"

„Überhaupt nicht", antwortete ich. „Ich wünsche Herrn Marx keinen Schaden, es sei denn, er verdient es. Ich möchte ihm ein paar Fragen stellen, das ist alles. Sofern der Mann kein vollkommener Schurke ist, wird er sie zufriedenstellend beantworten können, und wenn ich seinen Aufenthaltsort herausgefunden habe, wird es ihm nicht schaden. Wenn er diese Fragen andererseits nicht beantworten kann, warum können Sie dann auf mein Wort vertrauen, Herr de Cartienne, dass er ein absoluter Schurke ist, Ihrer Freundschaft absolut unwürdig und nicht der geringsten Rücksichtnahme von Ihnen würdig? ."

Herr de Cartienne nickte und beugte sich vor, den Arm über den Diwan gelegt.

„Sie haben die Sache sehr klar ausgedrückt", sagte er, „und was Sie sagen, ist durchaus fair. Ich sage Ihnen, inwieweit ich bereit bin, Ihnen zu helfen. Ich werde Ihnen die Adresse von Herrn Marx nicht verraten, weil ich mein Wort geschworen habe, sie nicht preiszugeben; aber wenn Sie möchten, bringe ich Sie dorthin, wo eine sehr gute Chance besteht, dass Sie ihn sehen."

„Er ist also in London?"

Der Graf zuckte mit den Schultern und lächelte leicht.

„Erlauben Sie mir, mein Wort im Wortlaut zu halten, wenn auch nicht im Geiste", antwortete er. „So werde ich meinen Abend verbringen; Ich gehe zunächst für etwa eine Stunde ins Theater; dann werde ich ein paar Clubs besuchen, und danach gehe ich in einen Club der etwas anderen Art. Wenn Sie an diesem Abend mein Begleiter sein möchten, werde ich entzückt sein; und wenn es passieren sollte, dass wir auf einen Ihrer Freunde stoßen – nun, die Welt ist schließlich nicht so groß.

"Danke. Ich komme gerne mit!" Ich antwortete ohne zu zögern.

Er stand im sanften Schein des elektrischen Lichts auf, und als ich mich zu ihm umdrehte, verwirrte mich etwas in seinem Gesicht. Es war sofort verschwunden, als mein Blick seinen traf – verschwunden, aber nicht bevor es einen merkwürdigen Eindruck hinterlassen hatte. Es schien fast so, als ob in seinen hellen, stahlfarbenen Augen für einen Moment ein triumphales Licht aufgeleuchtet wäre.

KAPITEL XLIII.
ÜBER DIE STADT.

Wir gingen die mit dicken Teppichen ausgelegten Stufen hinauf in die zentrale Halle des Hotels. Der Graf hielt einen Moment inne, um im Büro des Oberpförtners nach Briefen zu fragen, und als wir uns abwandten, standen wir Lord Langerdale gegenüber.

Er zögerte, als er uns zusammen sah, aber nur für einen Moment. Dann trat er mit einem freundlichen Lächeln auf seinem gut geschnittenen, hübschen Gesicht vor.

„Du bist genau der Mann, den ich sehen wollte, de Cartienne", sagte er. „Ich nehme an, du kennst mittlerweile den Namen deines jungen Freundes? Wirst du uns vorstellen?"

Der Graf sah sichtlich verärgert aus, aber er gehorchte sofort.

„Lord Langerdale", sagte er kalt, „das ist Mr. Morton. Mr. Morton – Lord Langerdale."

Lord Langerdale streckte offen seine Hand aus und zog mich ein wenig zur Seite, allerdings nicht außerhalb der Hörweite des Grafen.

"Herr. „Morton", sagte er freundlich, „ich werde eine etwas außergewöhnliche Bitte äußern. Meine einzige Entschuldigung dafür ist das Testament einer Dame, und wenn Sie mein Alter erreicht haben, werden Sie wissen, dass es sich dabei nicht um eine Sache handelt, die man nicht auf die leichte Schulter nehmen sollte. Meine Frau war sehr beeindruckt von der, wie sie es nennt, wunderbaren Ähnlichkeit zwischen Ihnen und – und einem sehr nahen Verwandten von ihr, den sie schon lange aus den Augen verloren hatte. Sie ist sehr darauf bedacht, Ihre Bekanntschaft zu machen. Darf ich die Ehre haben, Sie ihr vorzustellen?"

Für einen Moment schwirrte mir der Kopf. Die Ähnlichkeit von Lady Langerdale mit meiner Mutter und dann diese seltsame Fantasie ihrerseits! Was wäre, wenn es sich dabei um mehr als nur Zufälle handeln sollte? Der bloße Gedanke war verwirrend. Aber wie könnte es sein? NEIN; die Sache war unmöglich. Dennoch war die Anfrage so formuliert, dass es nur eine Antwort geben konnte.

„Ich werde mich riesig freuen!" Ich erklärte es bereitwillig.

„Dann kommen Sie für ein paar Minuten ins Wohnzimmer, ja?“ Sagte Lord Langerdale. „Gute Nacht, Eugène! Es hat keinen Sinn, Sie zu bitten, sich uns anzuschließen, ich weiß.“

Graf de Cartienne drehte sich mit donnerschwarzer Stirn auf dem Absatz um.

„Gute Nacht, Lord Langerdale!“ sagte er steif; „Gute Nacht, Mr. Morton!“

„Aber ich komme mit dir, weißt du!“ Rief ich überrascht über sein Verhalten aus. „Könnten Sie nicht fünf Minuten auf mich warten?“

"Es ist unmöglich!" er antwortete kurz; „Wir sind schon zu spät! Mein Wagen muss eine halbe Stunde gewartet haben. Ich hatte keine Ahnung von der Zeit.“

Es war ein eher peinlicher Moment für mich. Der Graf erwartete offenbar von mir, dass ich meine Verlobung mit ihm einhalte, und wäre beleidigt, wenn ich das nicht täte. Andererseits wartete Lord Langerdale darauf, mich zu seiner Frau zu bringen, und aus dem leichten Stirnrunzeln, mit dem er de Cartienne betrachtete, schloss ich, dass er mit seiner Einmischung nicht einverstanden war.

Die Neigung drängte mich stark dazu, meine Verlobung mit dem Grafen aufzugeben und mich Lord Langerdales Führung zu unterwerfen. Aber schließlich bestand der einzige Zweck meiner Reise nach London darin, Herrn Marx zu entdecken, und wenn ich diese Gelegenheit versäumte, könnte ich den einzigen Mann aus den Augen verlieren, der mir bei meiner Suche helfen konnte. Daher bestand meine Pflicht eindeutig darin, meine vorherige Verpflichtung zu erfüllen.

„Wenn Herr de Cartienne nicht warten kann“, sagte ich bedauernd, „dann fürchte ich, Lord Langerdale, dass das Vergnügen, das Sie mir bieten, aufgeschoben werden muss. Würde Lady Langerdale mir erlauben, morgen in Ihren Räumen vorbeizuschauen?“

Offensichtlich war er unzufrieden, denn sein Verhalten änderte sich sofort.

„Ich werde eine Nachricht für Sie beim Portier hinterlassen“, sagte er. "Gute Nacht."

Ich wandte mich zusammen mit dem Grafen ab, der ein vollkommen unbewegtes Gesicht bewahrte. Bevor wir jedoch ein halbes Dutzend Schritte zurückgelegt hatten, wurde er von einem Herrn angesprochen, der das Hotel betrat, und als er sich umdrehte, bat er mich, ihn für einen Moment zu entschuldigen.

Ich schlenderte alleine weg und wartete. Plötzlich spürte ich eine leichte Berührung an meinem Arm und als ich mich umsah, fand ich Lord Langerdale an meiner Seite.

„Ich möchte Ihnen nur eine Frage stellen, Mr. Morton, wenn Sie erlauben", sagte er freundlich. „Denken Sie daran, dass ich ein alter Mann bin – alt genug, um Ihr Vater zu sein – und ein Mann von Welt, und Sie sind ein sehr junger Mann. Ein Rat würde Ihnen nichts ausmachen?"

„Mit Sicherheit nicht!" Ich versicherte ihm herzlich.

„Nun, Graf de Cartienne ist doch ein ziemlich neuer Bekannter für Sie, nicht wahr?"

„Ich habe ihn vor heute Abend noch nie gesehen", gab ich zu.

„Und Sie – verzeihen Sie, aber Sie sehen sehr jung aus und viel zu frisch und gesund für einen Stadtmenschen – Sie wissen nicht viel vom Londoner Leben, oder?"

„Überhaupt nichts", antwortete ich. „Dies ist mein erster Besuch in London und ich bin erst heute Nachmittag angekommen."

Lord Langerdale sah sehr ernst aus.

„Sehen Sie, Mr. Morton", sagte er ernst, „aus Ihrem Gesicht kann ich erkennen, dass ich Ihnen vertrauen kann und dass Sie vertraulich darüber nachdenken werden, was ich sagen werde." Ich sollte der Letzte sein, der etwas gegen Eugène de Cartienne sagt, denn er wurde von einem meiner Familienangehörigen, oder besser gesagt von der Familie meiner Frau, schrecklich verletzt, und ich fürchte, dass dies einen bösen Einfluss auf sein Leben ausgeübt hat. Aber trotzdem kann ich nicht sehen, wie Sie, ein völlig unerfahrener Jugendlicher, Ihre erste Nacht in der Stadt mit ihm verbringen, ohne es für meine Pflicht zu halten, Ihnen zu sagen, dass ich ihn für einen der unglücklichsten und gefährlichsten Kameraden halte, die es gibt Du hättest wählen können. Dort! Ich hoffe, du bist nicht beleidigt?"

„Wie könnte ich sein?" Ich antwortete dankbar. „Aber ich gehe nicht aus freien Stücken oder aus Spaß mit ihm aus. Wir sind einfach zusammen, weil er meines Wissens der einzige Mann ist, der ein Rätsel lösen kann, zu dessen Aufklärung ich nach London gekommen bin."

Lord Langerdale zuckte zusammen, und seine Haltung wirkte fast aufgeregt.

„Das ist höchst außergewöhnlich!" er definierte. "Herr. Morton, du musst – ah, hier kommt de Cartienne!" Er brach in einem Ton tiefer Verärgerung ab. „Frühstück mit mir morgen früh um zehn – nein, neun Uhr!" fügte er in einer niedrigeren Tonart hinzu. „Ich habe dir etwas sehr Wichtiges zu sagen."

Ich nickte zustimmend und der Graf gesellte sich zu uns.

Seine blassen Wangen waren leicht gerötet und seine Augen blitzten hell, als er uns ansah, wie wir dicht beieinander standen. Es könnte natürlich das Ergebnis seines jüngsten Gesprächs gewesen sein; aber zusammen mit seiner gerunzelten Stirn und seinem schnellen, misstrauischen Blick wirkte es viel mehr wie ein plötzlicher Wutanfall, als er sah, wie wir in ein scheinbar vertrauliches Gespräch verwickelt waren. Aber in seinem Ton, als er uns ansprach, war davon nichts zu spüren.

„Wirklich, Sie beide könnten Verschwörer sein", sagte er leichthin. „Nun, Mr. Morton, haben Sie es sich anders überlegt, oder soll ich heute Abend die Ehre haben, in Ihrer Gesellschaft zu sein?"

„Ich bin bereit zu beginnen, wenn Sie es sind", antwortete ich. „Noch einmal gute Nacht, Lord Langerdale."

Er schüttelte mir herzlich die Hand, nickte dem Grafen zu, der den Gruß mit einer steifen Verbeugung erwiderte, und verließ uns. Wir stiegen auf die Straße hinab, und am Eingang hielt ein sehr kleiner, gepflegter Brougham, der von zwei dunklen, hübschen Braunen gezogen wurde. Die Livree des Kutschers war vollkommen schlicht, abgesehen davon, dass er eine Kokarde auf seinem Hut trug und auf der Türverkleidung weder Wappen noch Wappen zu sehen waren. Wir traten ein, und der Graf hielt einen Moment lang ein Sprechrohr an den Mund, während er auf die Uhr schaute. Es gab keinen Diener.

Er führte Regie bei „Frivolity Theatre". Und wir fuhren in einem flotten Tempo los in Richtung Strand.

Wir erreichten unser Ziel in wenigen Augenblicken und hatten keine Schwierigkeiten, einen Sitzplatz zu bekommen. Für mich war das alles neu und ich war ein wenig verwirrt, als ich versuchte, der Aufführung zu folgen. Davon hatte ich bald genug. Das Stück war eine schreiende Farce, vulgär und dumm.

„Ich glaube nicht, dass Herr Marx hier ist", flüsterte ich de Cartienne zu.

„Das glaube ich nicht", war die Antwort. „Als wir reinkamen, habe ich mich genau nach ihm umgesehen. Haben Sie genug von dieser Vorstellung? Wenn ja, gehen wir. Ich glaube, ich weiß, wo wir Marx finden werden."

„Dann lasst uns sofort gehen", drängte ich.

Wir verließen das Theater und gingen auf die Straße. Der Brougham wartete dort auf uns.

"Spring rein!" sagte der Graf und öffnete die Tür. „Ich werde dem Kerl sagen, wohin er fahren soll."

Ich gehorchte ihm und wartete fast eine Minute, bevor er seine Anweisungen gegeben hatte und sich zu mir gesellte. Dann nahm er neben mir Platz und wir fuhren schnell los.

„Warum haben Sie den Sprechschlauch nicht benutzt?" Ich fragte beiläufig.

Er antwortete, ohne mich anzusehen.

„Es ist eher ein abgelegener Ort", sagte er langsam, „und ich wollte nicht, dass der Mann einen Fehler macht."

KAPITEL XLIV.
EIN MITTERNACHTLICHER AUSFLUG IN DIE VORORTE.

Zu Beginn des Abends, seit wir das Hotel verlassen hatten, hatte mein Begleiter keinerlei Gesprächsbereitschaft gezeigt. Im Gegenteil, sein Schweigen grenzte fast an Missmut, und er hatte meine Fragen nicht immer beantwortet. Aber sobald wir diese neue Expedition begonnen hatten, veränderte sich sein Verhalten völlig. Er schien sich mit fieberhaftem Eifer darum zu bemühen, mich zu unterhalten und meine Aufmerksamkeit auf sich zu ziehen.

„Ich hoffe, du bist nicht müde", sagte er plötzlich am Ende einer seiner Anekdoten. „Wir haben eine ziemlich lange Fahrt vor uns."

„Nicht im Geringsten", versicherte ich ihm. „Wohin gehen wir?"

„Eine Art Privatclub. Im Vertrauen erzähle ich Ihnen, warum es so weit weg ist. Einige der Mitglieder spielen gerne ein wenig hoch und haben ein Roulette-Brett gegründet. So etwas sollte man am besten geheim halten, wissen Sie."

„Der Ort ist also ein Glücksspielclub?"

„So etwas in der Art", gab er zu. „Ich würde nicht im Traum daran denken, Sie dorthin zu bringen, wenn ich nicht Marx treffen würde. Du verstehst?"

„Perfekt, danke. Aus diesem Grund sollte ich nicht daran denken, dorthin zu gehen."

„Was für eine höllische Nacht!" rief er und schaute einen Moment aus der Kutsche; „Fast genug, um einem das Elende zu bereiten. Komm, wir schließen es aus." Er zündete ein Streichholz an, drehte sich um und zündete eine Lampe an, die hinten am Wagen befestigt war. Dann zog er leise die Jalousien herunter und begann mir eine Geschichte zu erzählen, von der ich kein Wort hörte. Meine Gedanken waren mit einer anderen Sache beschäftigt. Die Handlungsweise des Herrn de Cartienne, gepaart mit der Seltsamkeit seines Verhaltens, ließ nur eine Interpretation zu.

Er hatte einen Grund, mich über den Weg, den wir einschlagen wollten, so weit wie möglich im Unklaren zu lassen.

Für einige Momente fühlte ich mich, gelinde gesagt, unruhig. Dann fielen mir mehrere mögliche Erklärungen für dieses Verhalten ein und meine Befürchtungen wurden schwächer. Was wäre schließlich natürlicher, als dass Herr de Cartienne den genauen Aufenthaltsort einer Einrichtung, die nach seinem eigenen Eingeständnis gegen das Gesetz verstoßen hatte, vor mir geheim halten wollte? Je länger ich darüber nachdachte, desto vernünftiger erschien mir eine solche Erklärung. Ich begann mich sogar zu wundern, dass er mich nicht um eine Verpflichtung zur Geheimhaltung gebeten hatte. Aber dafür war genug Zeit.

Nach und nach wurde das Rattern der Fahrzeuge um uns herum immer leiser, bis schließlich der gesamte Verkehr verschwunden zu sein schien. Einmal, während einer Gesprächspause, zog ich die Jalousie ein wenig hoch und schaute hinaus. Wir hatten sogar die Region der vorstädtischen Doppelhaushälften verlassen; und obwohl die Aussicht durch den Schlamm, den die schnell rollenden Räder unaufhörlich in die Luft und an die Fensterscheiben zogen, verschwommen war, konnte ich gerade noch die undeutlichen Umrisse von Hecken und Feldern dahinter erkennen.

Ich schaute auf die Kutschenuhr und stellte fest, dass wir bereits eineinviertel Stunden unterwegs waren. Bei dem rasanten Tempo, mit dem wir unterwegs waren, mussten wir fast fünfzehn Meilen zurückgelegt haben.

„Dieser Ort ist weit weg“, bemerkte ich.

Der Graf lachte und zündete sich eine Zigarette an. „Oh, dafür gibt es einen guten Grund. Aber die Männer fahren nicht aus der Stadt hierher – zumindest nicht im Winter. Es gibt einen Bahnhof nur eine Meile entfernt.“

„Dann haben wir es jetzt fast geschafft, nehme ich an?“

Er ließ die Jalousie mit einer Feder hoch und schaute hinaus.

„Näher als ich es mir vorgestellt habe“, bemerkte er. „Wir werden in drei Minuten da sein.“

Er war gerade dabei, seinen Kopf zu versenken, als er sichtbar zusammenzuckte und sich direkt aus dem Fenster lehnte, das Gesicht dem prasselnden Regen zugewandt, während er aufmerksam lauschte.

Plötzlich zog er es heraus, schnappte nach der Kontrollschnur und zog heftig daran. Ich sah ihn erstaunt an. Sein Gesicht war gespenstisch blass, aber seine dünnen Lippen waren fest zusammengepresst und seine Gesichtszüge starr vor Entschlossenheit. Es war das Gesicht eines mutigen, verzweifelten Mannes, der sich auf eine schreckliche Gefahr vorbereitete.

Mit einem Ruck hielt die Kutsche an und er sprang auf die Straße. Er sprach nicht mit mir, also folgte ich ihm nach einer Sekunde des Zögerns und stellte mich an seine Seite. Das Geräusch, das ihn alarmiert hatte, war unverkennbar . Dahinter, in nicht allzu großer Entfernung, war das Geräusch galoppierender Pferde und das Rumpeln sanft drehender Räder zu hören.

Um die Ecke kam es, ein kleiner Brougham, der von zwei großen Vollblutpferden gezogen wurde, deren heftiger Galopp selbst auf fünfzig Meter Entfernung den Boden unter uns zu erschüttern schien. Herr de Cartienne schnappte sich eine der Kutschenlampen aus der Halterung, trat mitten auf die Straße und schwenkte sie über seinem Kopf hin und her. Seine Aktion hatte die gewünschte Wirkung.

Zitternd und vor Angst stürzend kamen die Pferde, in Schaum und Schlamm gebadet, vor uns zum Stehen, und ein großer, blonder Mann, mit einem langen Pelzmantel, den er eilig über seine Abendgarderobe geworfen hatte, sprang auf die Straße hinaus. Der Graf war im Nu an seiner Seite.

Ich blieb natürlich ein wenig abseits, außer Hörweite, aber meine Augen waren auf die beiden Männer gerichtet.

Sie konnten kaum hundert Worte sprechen, als ihr Gespräch zu Ende war. Der Neuankömmling kehrte zu seinem Wagen zurück und Herr de Cartienne folgte seinem Beispiel. Ich sah ihn an, als er eintrat, und wollte unbedingt sehen, welche Wirkung die Nachricht des anderen auf ihn gehabt hatte. Anscheinend war es nicht so schlimm, wie er befürchtet hatte, denn obwohl er immer noch ängstlich und blass aussah, hatte sein Gesicht seinen gespenstischen Farbton verloren.

Wir fuhren in der gleichen Richtung wie zuvor weiter. Als wir angefangen hatten, drehte er sich zu mir um.

„Wissen Sie, was eine Polizeirazzia ist?“ er hat gefragt.

Ich schüttelte den Kopf.

„Nun, ich kann nicht aufhören, es zu erklären", fuhr er schnell fort. „Sir Fred – mein Freund dort, hat heute Abend die Nachricht von einigen seltsamen Gerüchten über die Clubs verbreitet. Es scheint, dass die Polizei von diesem Ort erfahren hat und ihm einen ungebetenen Besuch abstatten wird. Allerdings werden sie erst in einer Stunde hier sein. Wenn Sie also einfach reinkommen und sehen möchten, ob Marx da ist oder nicht, haben Sie Zeit."

Wir waren von der Straße in eine kahle, grasbewachsene Allee abgebogen, die zu einem roten Backsteinhaus führte, das nicht von einem einzigen Licht beleuchtet wurde.

Wir brauchten kaum eine Minute, um diese wenig einladende Zufahrt hinaufzufahren und an der düsteren, verschlossenen Tür anzuhalten. Kaum war der Wagen zum Stillstand gekommen, stand der Graf schon auf der Türschwelle und steckte einen merkwürdig geformten Schlüssel ins Schloss. Es gab sofort nach, und wir traten beide ein, gefolgt von dem Mann im Pelzmantel, dessen Kutsche dicht hinter uns hergefahren war.

Wir befanden uns in völliger Dunkelheit und niemand schien sich im Haus zu rühren, obwohl die Matte unter unseren Füßen, die irgendwie mit einer elektrischen Alarmglocke verbunden war, unsere Ankunft schrill ankündigte. Dann hörten wir schnelle Schritte näherkommen und eine große Frau mit harten Gesichtszügen in einem schlichten schwarzen Kleid und einer Lampe hoch über dem Kopf erschien vor uns.

Herr de Cartienne nahm sie am Arm und führte sie zur Seite. Der andere Mann, der vergeblich versuchte, entspannt und gefasst zu wirken, ließ sich spürbar zitternd auf einen Stuhl sinken. Von der wahren Natur der drohenden Gefahr konnte ich mir nur die geringste Vorstellung machen; aber dass es sich um etwas sehr Befürchtetes handelte, konnte ich seiner Aufregung und de Cartiennes Verhalten leicht entnehmen.

Plötzlich drehte sich dieser um.

„Ackland", sagte er schnell zu dem Mann auf dem Stuhl und musterte ihn scharf und mit einem Anflug von Verachtung im Ton, „wie ich sehe, sind Sie für keine der ernsthaften Arbeiten geeignet. Hören! Beleuchten Sie den Clubraum und den

Raucherraum, machen Sie Feuer, holen Sie die Karten und
Weingläser heraus, schütten Sie etwas Tabakasche aus und sorgen
Sie dafür, dass der Ort für uns bewohnbar aussieht, wenn wir
kommen. Ferdinand wacht draußen und wird Sie über unsere
Besucher informieren. Wenn er das Signal gibt, läuten alle drei
Alarmglocken gleichzeitig. Morton, ich möchte, dass du auf mich
wartest. Ich schicke dich weg, bevor etwas passiert. aber geh
nicht, es sei denn, du siehst mich wieder – es sei denn, du hast
Angst."

Er drehte sich auf dem Absatz um und eilte, ohne die Antwort
von uns beiden abzuwarten, den Gang entlang. Der Mann, den er
Ackland genannt hatte, erhob sich von seinem Platz, zündete ein
Streichholz an und zündete die Gaslampen rund um die Halle und
die Brenner eines Kandelabers an, der von der Decke hing.

Dann öffnete mein Begleiter eine Tür und ich folgte ihm in ein
luxuriös ausgestattetes Zimmer, das mit einer Reihe von Lounges
und Sesseln ausgestattet war, die denen im Flur entsprachen.

Während ich mich umsah, begann er hastig, die Stühle hin und
her zu schieben, als wären sie erst kürzlich benutzt worden,
schürte das Feuer und ließ den Ort insgesamt bewohnt aussehen.
Nachdem er dies getan hatte, durchquerte er den Flur und betrat
das gegenüberliegende Zimmer. Es war etwas kleiner, aber
ähnlich eingerichtet und dekoriert, mit der Ausnahme, dass in der
Mitte ein langer Tisch stand, der mit einem weißen Tuch bedeckt
und zum Abendessen gedeckt war, und am anderen Ende ein
kleinerer Tisch mit einer grünen Decke. Mein Begleiter warf ein
Kartenspiel und einige Spielsteine darauf und zog es näher an das
Feuer heran. Dann, nachdem er einige Stühle darum herum
aufgestellt hatte, ging er wieder zurück in den Flur und ich folgte
ihm.

Während wir uns bewegten, waren unter unseren Füßen seltsame
Geräusche zu hören. Hin und wieder erreichten uns die
Geräusche eiliger Schritte und heiserer Stimmen und, noch
häufiger, das stetige Rumpeln schwerer Gegenstände, die hin und
her bewegt wurden. Ich schaute meinen Begleiter fragend an, aber
er schien nicht geneigt zu sein, mir eine zu geben.

„Was ist da unten los?" Ich fragte schließlich.

„Schüsseln!" Er antwortete knapp: „Reden Sie bitte nicht, ich
möchte zuhören!"

KAPITEL XLV.
EIN GEHEIMNISVOLLER AUFTRAG.

Die unterirdischen Geräusche hielten etwa eine Viertelstunde lang an, und während dieser Zeit beschäftigte sich mein Begleiter damit, verschiedene Gegenstände aus dem Clubraum zu entfernen – die falsche Tischplatte mit seltsamen Markierungen, mehrere Mahagonikisten und andere seltsame Vorrichtungen für mich, aber vermutlich Spielgeräte, mit denen er durch die Tür verschwand, durch die de Cartienne seinen Ausgang gemacht hatte, und direkt wieder zurückkam.

Endlich war alles still, bedrohlich still; Dann wurde plötzlich die Tür zum Saal aufgerissen, und der Graf trat ein, gefolgt von vier oder fünf anderen Männern. Sie waren offenbar alle Herren und trugen Abendkleidung, aber furchtbar schmutzig und unordentlich. Einige waren von Kopf bis Fuß mit Schlamm bespritzt, bei anderen waren die Hemden geschwärzt und zerknittert, und bei allen waren die Hände schwarz von Fett und Schmutz. Alle sahen mehr oder weniger blass und nervös aus – tatsächlich war Herr de Cartienne der Einzige, der seine Fassung völlig bewahrte.

Auf der anderen Seite der Treppe befand sich eine Toilette, zu der die ganze kleine Gruppe marschierte, wobei Herr de Cartienne der letzte war. Als er verschwand, sah er sich um und winkte mir, ihm zu folgen. Ich tat es und stand an seiner Seite, während er seinen Kopf in kaltes Wasser tauchte und dann begann, sich die Hände zu waschen.

„Es tut mir leid, dass das heute Abend passiert ist, Morton", sagte er. „Marx war hier, ist aber erschrocken davongerannt."

„Konnte ich ihn nicht einholen?" Ich fragte.

de Cartienne schüttelte den Kopf.

"NEIN; Er ist inzwischen im Zug. Allerdings kommt er jede Nacht hierher. Vielleicht bringe ich dich morgen runter."

„Kommst du jetzt zurück?" Ich fragte.

"NEIN; Ich muss diese Sache durchstehen. Du kannst aber auch sofort gehen. Meine Kutsche bringt Sie zurück. Ich werde mit dem Zug zurückfahren. Übrigens möchte ich Sie um einen kleinen Gefallen bitten."

"Sicherlich."

„Ich habe hier ein paar private Papiere aufbewahrt, die ich nicht untersuchen lassen sollte, falls die Durchsuchung tatsächlich stattfinden sollte. Ich möchte, dass du sie für mich zurück ins Hotel bringst. Die Kiste ist etwas zu schwer für mich, deshalb habe ich ihnen gesagt, sie sollen sie als Fußschemel für Sie in die Kutsche legen. Das wird dir nichts ausmachen?"

„Nicht im Geringsten", antwortete ich. „Wann werde ich dich wiedersehen?"

„Irgendwann morgen im Hotel. Komm jetzt", fügte er hinzu und zog seinen Mantel an.

Er schlenderte mit mir zur Haustür, öffnete sie und lauschte aufmerksam.

Außer dem Heulen des Windes in den kahlen Bäumen, die neben dem Haus standen, und dem Prasseln des schnell fallenden Regens war kein Laut zu hören. Ich stieg in die Kutsche und der Graf kam zu mir ans Fenster.

„Vergessen Sie nicht", sagte er und zeigte auf eine lange, längliche Kiste, die mit einem starken Schloss gesichert war. „Ziehen Sie die Decke etwas weiter über Ihre Knie – also."

Ich gehorchte ihm und ließ es herunterhängen, um die Kiste zu verbergen, in der ich zu sehen begann, dass es sein Gegenstand war.

„Und wenn Sie jemanden treffen sollten und dieser so unverschämt sein sollte, Sie zu fragen, wohin Sie gehen, sagen Sie es ihm nicht. Geben Sie ihnen Ihre Karte und sagen Sie ihnen, sie sollen zum Teufel gehen. Wenn sie wirklich sehr dringend sind, müssen Sie lügen. Sagen Sie, dass Sie mit Sir Sedgwick Bromley in Hatherly Hall zu Abend gegessen haben. Vergiss den Namen nicht."

"Sehr gut. Kommst du heute Abend zurück ins Metropole?" Ich fragte.

"Ich glaube schon. Aber wenn es Ihnen nichts ausmacht, würde ich mich freuen, wenn Sie die Kiste in Ihr Zimmer bringen und für mich aufbewahren würden. Ich möchte nicht, dass ihm etwas passiert."

Ich habe es versprochen, aber ohne großen Eifer. Wir schüttelten
uns die Hand und die Kutsche fuhr los.

KAPITEL XLVI.
Ein Streit mit der Polizei.

Wir hatten kaum mehr als eine Meile unserer Heimreise zurückgelegt, als die Kutsche mit einem plötzlichen Ruck, der mich fast nach vorne schleuderte, zum Stehen kam.

Auf der gegenüberliegenden Straßenseite standen zwei Kutschen, oder vielmehr Fliegen, von denen ein großer, schlanker Mann gerade herabstieg. Mehrere andere Männer zu Pferd ritten gerade von hinten heran. Sie waren alle in Zivil gekleidet, aber irgendetwas an ihrem *Körperbau* und ihrem allgemeinen Erscheinungsbild erinnerte unverkennbar an die Polizei.

Der Mann, der aus dem näheren der beiden Waggons ausgestiegen war, überquerte die Straße und kam auf mich zu.

„Es tut mir leid, Sie festzuhalten, Sir", sagte er und salutierte auf militärische Weise, „aber ich muss Sie nach Ihrem Namen und Ihrer Adresse fragen und fragen, wo Sie heute Abend waren."

„Ich weiß nicht, ob Ihnen aufgefallen ist, dass Ihr Verhalten ziemlich seltsam ist", bemerkte ich und sah ihn fest an, „um nicht zu sagen unverschämt!" Was zum Teufel meinst du damit, meine Kutsche auf der Hauptstraße auf diese Weise anzuhalten und mir solche Fragen zu stellen? Wer bist du?"

Er zögerte und antwortete dann mit etwas mehr Respekt.

„Ich bin stellvertretender Oberfeldwebel bei Scotland Yard, Sir, und das sind meine Männer. Wir haben ein kleines Geschäft in einem Haus nicht weit von hier und unsere Anweisung lautet, alle Personen, denen wir begegnen könnten und von denen wir den begründeten Verdacht haben, dass sie das betreffende Haus kürzlich verlassen haben, festzunehmen und deren Namen und Adressen zu beschaffen. Sie werden nichts dagegen haben, mir Ihren Namen zu nennen, Sir?"

"Sicherlich nicht. Mein Name ist Philip Morton und meine allgemeine Adresse ist Ravenor Castle, Leicestershire. Zur Zeit wohne ich im Metropole Hotel. Sind Sie zufrieden?"

„Perfekt, Sir", antwortete er, nachdem er sich noch einmal schnell in der Kutsche umgesehen hatte. „Ich sehe, dass Sie von dieser Angelegenheit nicht betroffen sind. Ich wünsche dir eine gute Nacht!"

Wir fuhren schnell los und ich begann, mit mir selbst nicht wenig unzufrieden zu sein. Der Graf hatte kein Recht, mich in diese Angelegenheit zu verwickeln.

In meiner schlechten Laune versetzte ich der Kiste, die unter meinen Füßen verborgen lag, einen heftigen Tritt, der ausreichte, dass sie ans andere Ende des Wagens flog. Aber es gab eine kleine Überraschung für mich. Zu meinem Erstaunen blieb die Kiste vollkommen unbeweglich, als wäre sie in den Boden des Wagens geschraubt worden.

Ich vergaß die ernsten Anweisungen des Grafen, warf den Teppich beiseite und versuchte, indem ich mich bückte, ihn an den Griffen hochzuheben. Damals war ich stolz auf meine Muskeln, und das nicht ganz ohne Grund, aber ich brauchte meine ganze Kraft, um diese kleine Kiste vom Boden zu heben und sie für einen Moment in meinen Armen zu halten. Was könnte darin enthalten sein? Papiere, Karten, Spielgeräte? Sicherlich kann es nichts davon sein! Allein die Idee war lächerlich! Der Graf de Cartienne hatte mich getäuscht. Ich war zur Katzenpfote dieser blassen, ängstlichen Männer gemacht worden, die mich so gespannt beobachtet hatten und mich mit vielen verstohlenen Blicken musterten. Wofür ich verantwortlich war, konnte ich nicht sagen; aber in dieser Kiste lag ihr Geheimnis, und mein erster empörter Impuls war, die Kutschentür zu öffnen und sie auf die Straße hinauszuwerfen.

Aber sind zweite Gedanken nicht immer besser? Könnte sich diese Angelegenheit nicht zu meinem Vorteil entwickeln? Es müssen keine weiteren Verpflichtungen gegenüber dem Grafen von Cartienne bestehen. Er verfügte über Informationen, die für mich wertvoll waren. Ich besaß diese Kiste, die für ihn zweifellos von unschätzbarem Wert war. Ich würde einen Austausch vorschlagen – er sollte mich Herrn Marx gegenüberstellen und seine kostbare Schatulle entgegennehmen; oder, wenn er sich weigerte, sollte das Ziel Scotland Yard sein. Eine sehr gerechte Regelung!

KAPITEL XLVII.
ENDLICH LICHT.

Wir waren wieder in London und bowlten sanft über weite Strecken stiller, gasbeleuchteter Straßen, die jetzt leer und fast menschenleer waren, denn es war nach zwei Uhr.

Bald bogen wir scharf in die Northumberland Avenue ein und hielten vor dem Hotel. Der Mann auf dem Bock – vermutlich Lakai, obwohl er nicht in Livree war – öffnete mir die Kutschentür und nahm dann den kleinen Koffer in Besitz.

„Wenn Sie erlauben, Sir, werde ich das in Ihr Zimmer bringen", sagte er.

„Du brauchst dir keine Sorgen zu machen", antwortete ich. "Ich bin in der Lage."

Er behielt den Besitz davon.

„Der Graf hatte befohlen, Sir, dass ich nicht zulassen sollte, dass sich die Hotelangestellten daran einmischen, und dass ich, wenn möglich, selbst dafür sorgen sollte, dass es in Ihrem Zimmer deponiert wird. Sie haben nichts dagegen, Sir, hoffe ich?"

„Überhaupt nicht", antwortete ich und wandte mich ab. „Tatsächlich gilt: Je weniger ich damit zu tun habe, desto besser."

Wir betraten das Hotel, durchquerten den Flur und klingelten nach dem Aufzug.

Der Aufzug blieb im dritten Stock stehen und wir traten auf den Flur. Der Diener des Grafen folgte mir in mein Zimmer, stellte die Kiste auf einem Stuhl am Fußende des Bettes ab und wünschte mir eine gute Nacht.

Dann ging ich ins Bett und schlief tief und fest bis zum Morgen, obwohl der Tag für mich voller Aufregung gewesen war.

Es war fünf Minuten nach neun, als ich den großen Salon des Hotels betrat und mich nach Lord Langerdale umsah.

Meine Suche dauerte nicht lange. Er saß allein an einem für drei Personen gedeckten Tisch in einer der tiefen Nischen, vor sich einen kleinen Stapel Briefe und eine Zeitung. Als er mich sah, stieß er sie weg und streckte seine Hand aus.

"Guten Morgen!" sagte er freundlich. „Ich freue mich, dass Sie so pünktlich sind. Du hast es nicht eilig, ein paar Minuten zu frühstücken, oder?"

„Überhaupt nicht", antwortete ich und nahm den Stuhl, den er mir hinschob.

"Das ist richtig. Meine Frau wird in einer Viertelstunde unten sein, und wir werden auf sie warten, wenn es Ihnen nichts ausmacht."

Ich verneigte mich zustimmend und murmelte, dass ich erfreut sein würde, was völlig wahr war.

Lord Langerdale drehte sich in seinem Stuhl ein wenig um, um mich anzusehen, und begann sofort:

„Ich bin eher ein direkter Mensch, Mr. Morton – wir Iren sind das im Allgemeinen, wissen Sie – und ich gehe gerne direkt zur Sache. Verrätst du mir den Mädchennamen deiner Mutter?"

„Das würde ich gerne wissen, wenn ich es wüsste", antwortete ich bereitwillig; „aber ich nicht."

„Ist sie am Leben?"

Ich schüttelte den Kopf.

„Sie ist vor etwa neun Monaten gestorben."

„Und Morton ist dein Name? Darf ich fragen, wer dein Vater war?"

"Sicherlich. Er war Bauer in Leicestershire."

"Ein Bauer?" Lord Langerdale sah überrascht aus, und ich meinte, ein wenig enttäuscht zu sein. „War er der erste Ehemann deiner Mutter?"

Ich wollte gerade mit „Ja" antworten, fiel mir aber ein, dass ich nicht über sichere Kenntnisse verfügte, also korrigierte ich mich.

„Sie finden es vielleicht seltsam, Lord Langerdale", sagte ich, „aber ich weiß weder über die Vorfahren meiner Mutter noch über ihre Familie. Seit meiner frühesten Erinnerung erwähnte sie nie ihre Vergangenheit und erlaubte auch nicht anderen, dies zu tun. Ich bin mir sicher, dass damit ein Geheimnis verbunden war; aber was es war, ich habe keine Ahnung.

„Wie alle anderen musste auch ich feststellen, dass sie in sozialer Hinsicht weit über meinem Vater stand, denn sie war eine gebildete Dame und er nur ein kleiner Pächter. Ihr ganzes Leben lang war sie zurückhaltend und ihre letzte Tat vor ihrem Tod war ein Paradoxon. Sie überließ mich der Obhut des Mannes, vor dem sie sich immer gefürchtet und gefürchtet hatte."

"Wie heißt er?"

"Herr. Ravenor, von Ravenor Castle. Wir waren seine Mieter."

"Mein Gott!"

Lord Langerdales gesamtes Erscheinungsbild war das eines stark aufgeregten Mannes. Er drehte seinen Kopf für einen Moment weg und die langen, weißen Finger, die ihn stützten, zitterten sichtlich.

Auch ich war bewegt, denn es schien, als wäre endlich die Zeit gekommen, in der ich etwas über die Geschichte meiner Mutter erfahren würde. Aber er schien es nicht eilig zu haben, noch einmal zu sprechen. Ich war es, der ihn an meine Anwesenheit erinnern musste.

„Lord Langerdale", rief ich, und meine Stimme zitterte trotz aller Bemühungen vor Eifer, „wissen Sie, wer meine Mutter war? Kannst du mir ihre Geschichte erzählen?"

Er drehte sich langsam um.

„Noch eine Frage", sagte er. „Bist du sicher, dass du in Ravenor geboren wurdest?"

„Ich habe noch nie etwas anderes gehört", sagte ich ihm. „Aber als ich meine Mutter einmal fragte, in welcher Kirche ich getauft worden sei, konnte sie es mir nicht sagen und verbot mir, noch einmal zu fragen."

Lord Langerdale sah einen Moment lang verwirrt aus und fragte mich dann nach meinem Alter, was ich ihm sagte.

„Erinnern Sie sich an die Zeit, als die Nachricht von Mr. Ravenor kam, nachdem er schon so lange tot sein sollte?"

"Ja. Es geht um meine früheste klare Erinnerung", antwortete ich.

„Erinnerst du dich, wie deine Mutter die Nachricht erhalten hat?"

Ja, ich erinnerte mich. Schon in diesem Moment entstand eine Vision vor mir. Ich sah sie unter der mit Efeu bedeckten Veranda unseres Bauernhauses stehen, ihr schönes Gesicht war plötzlich gespenstisch blass, und ihre wilden Augen waren auf die stämmige Gestalt meines Vaters gerichtet, als er die Nachricht rief. Ich habe Lord Langerdale die Szene beschrieben.

„Und hat sie Ihnen danach gegenüber jemals Mr. Ravenors Namen erwähnt? Hat sie etwas von ihm gesehen?" fragte er, als ich fertig war.

Kurz erzählte ich ihm von ihren Warnungen, von meinem Treffen mit Mr. Ravenor, von seinem Vorschlag, mich zu adoptieren, und vom Tod meiner Mutter und wie sie sich am Ende plötzlich umdrehte und mich seiner Vormundschaft überließ. Als ich fertig war, legte er seine Hand auf meinen Arm.

„Lass uns nach oben in meine Zimmer gehen", sagte er freundlich. „Wenn meine Frau jetzt hereinkäme und die Wahrheit erfahren würde – und ich bin ein schlechter Händchen darin, ihr etwas vorzuenthalten –, fürchte ich, der Schock wäre zu groß für sie. Komm mit und ich erzähle dir die Geschichte deiner Mutter."

Also stand ich auf und folgte ihm mit klopfendem Herzen.

KAPITEL XLVIII.
EINE SEITE DER GESCHICHTE.

Lord Langerdales Wohnungssuite befand sich im zweiten Stock, und als wir sie erreichten, war es für mich eine große Erleichterung, den Raum, in den wir gingen, leer vorzufinden. Ich ließ mich mechanisch auf den Stuhl sinken, auf den er zeigte, während er selbst ein paar Meter von mir entfernt stehen blieb.

„Nach dem, was Sie mir erzählt haben", sagte er ernst, „habe ich nicht den geringsten Zweifel daran, dass meine Frau und Ihre Mutter Schwestern waren."

Ich keuchte ein wenig und begann mich zu fragen, ob das nicht alles nur ein wilder Traum war. Lord Langerdale schwieg, während ich mich einigermaßen erholte.

„Wirst du mir davon erzählen?" Ich fragte langsam. "Ich verstehe nicht."

„Ich werde Ihnen alles erzählen", sagte Lord Langerdale freundlich. „Das ist natürlich eine große Überraschung für Sie und eine ebenso große Überraschung für mich. Hier ist die Geschichte – oder besser gesagt, so viel ich darüber weiß."

Er räusperte sich und setzte sich neben mich. Alles andere im Raum außer seinem Gesicht war verschwommen und undeutlich, und seine Stimme schien aus großer Entfernung zu mir zu kommen. Aber jedes Wort, das er aussprach, drang in mein Herz ein.

„Ihr Großvater war ein sehr armer und sehr stolzer englischer Baron – Sir Arthur Montavon. Meine Frau Elsie und Ihre Mutter waren seine einzigen Kinder, und sie waren Zwillinge. Sie wurden gemeinsam am Hof präsentiert, erregten gleichermaßen Aufsehen und durften sofort die Schönheiten der Saison sein. Dies war die Zeit, als ich sie zum ersten Mal kannte, und hier beginne ich meine Geschichte.

„Sechs Monate nach ihrem Auftritt in der Gesellschaft verlobte sich Elsie mit mir. Aber deine Mutter schien schwieriger zufriedenzustellen zu sein. Sie lehnte mehrere sehr gute Angebote ab und war am Ende ihrer ersten Staffel immer noch frei.

„Ich weiß nicht genau, wie oder wo sie ihn zum ersten Mal getroffen hat", fuhr Lord Langerdale langsam fort; „Aber noch vor dem folgenden Frühjahr wurde Ihre Mutter mit dem Grafen von Cartienne verlobt. Zu dieser Zeit war er einer der reichsten, schönsten und beliebtesten Männer der Stadt. Es schien nichts zu geben, was er nicht konnte, keine Kunst, die er nicht beherrschte, und er war leidenschaftlich in deine Mutter verliebt. Ob sie sich jemals wirklich um ihn gekümmert hat, kann ich nicht sagen; aber wenn ja, könnte es nur ein sehr vorübergehendes Gefühl gewesen sein.

„Der Hochzeitstag stand fest und war ein allgemeines Gesprächsthema. Ich glaube sogar, dass deine Mutter gerade damit begonnen hatte, ihre Aussteuer zuzubereiten, als etwas passierte. Graf de Cartienne wurde von einem jüngeren und außergewöhnlicheren Mann seines Postens als oberster Günstling der Gesellschaft enthoben, den er einst innehatte. Dieser Mann war —"

"Herr. Ravenor!" rief ich aus.

Lord Langerdale nickte.

„Ich glaube nicht", fuhr er fort, „dass Sie sich aus dem Mr. Ravenor von heute vorstellen können, was er war, als er zum Zorn der Londoner Gesellschaft wurde." Er war gerade von seiner ersten Reise in den Osten zurückgekehrt, nach einigen gefährlichen Abenteuern, die wochenlang die Spalten der Zeitungen gefüllt und bereits eine starke Neugier auf ihn geweckt hatten. Ich traf ihn, glaube ich, am ersten Abend, als er einen Londoner Salon betrat, und ich werde es nie vergessen.

„Er war so schön wie ein griechischer Gott, mit durch sein robustes, kraftvolles Leben und strenge Askese prächtig entwickelten Gliedmaßen, mit dem Kopf eines Byron, den Manieren eines Grandison und dem Feuer und der Beredsamkeit eines Burke, wenn er es wollte." öffne seinen Mund.

„Männer und Frauen waren gleichermaßen fasziniert, was umso bemerkenswerter war, als er bei den ersteren keine Vertrautheit suchte und es sorgfältig vermied, sich mit den letzteren zu kompromittieren, obwohl es ihm, Gott weiß, nicht an Gelegenheiten mangelte. Der einzige Mann, mit dem er einigermaßen freundschaftlich verbunden zu sein schien, war de Cartienne; und die einzige Frau, der er bis auf die allergewöhnlichste Aufmerksamkeit schenkte, war deine Mutter."

Lord Langerdale hielt einige Augenblicke inne und schien in ein braunes Arbeitszimmer gehüllt zu sein, aus dem meine Ungeduld ihn weckte. Er fuhr sofort fort:

„Eine Zeit lang lief alles reibungslos, dann machten Gerüchte die Runde. Zuerst gab es nur ein leises Flüstern, aber bald begannen die Leute, offen zu reden. Graf de Cartienne müsse besser aufpassen, sagten sie, sonst würde er seine Braut verlieren. Zunächst behandelte er alle derartigen Vorschläge mit Verachtung, aber irgendwann war er gezwungen, ernsthaft darüber nachzudenken.

"Herr. Ravenor veröffentlichte anonym einen kleinen Gedichtband, darunter einige leidenschaftliche Liebessonette, die an AM gerichtet waren. Alle sprachen über das Buch und fragten sich, wer der neue Dichter war, als durch einen Verrat im Büro des Verlegers das Geheimnis ans Licht kam, und Jeder wusste damals, dass diese mitreißenden Liebeslieder an Alice Montavon gerichtet waren.

„de Cartienne ging direkt zu Mr. Ravenor und verlangte eine Erklärung. Herr Ravenor erkannte die Urheberschaft der Gedichte an und bestritt nicht, dass die betreffenden Verse an Ihre Mutter gerichtet waren; Darüber hinaus sagte er kein Wort und verwies de Cartienne einfach an sie.

„Er ist direkt zu ihr gegangen, der arme Kerl! und wurde mit der kläglichen Bitte beantwortet, sie aus ihrer Verlobung zu entlassen. Sie liebte Mr. Ravenor und konnte niemanden sonst heiraten. Was folgte, bleibt bis zu einem gewissen Grad ein Geheimnis; aber so viel wissen wir:

„Es gab eine wütende Szene zwischen de Cartienne und Ihrer Mutter, die damit endete, dass er sich weigerte, sie aufzugeben, und drohte, seinen Rivalen zu erschießen, falls er sie jemals wieder zusammen sehen würde. Sir Arthur Montavon, der zutiefst in de Cartiennes Schuld stand, schwor, dass die Hochzeit stattfinden sollte, und offenbar erreichten sie ihr Ziel, denn Mr. Ravenor verschwand plötzlich und es wurde berichtet, dass er das Land verlassen hatte. Am Tag vor der Hochzeit wurde die Gesellschaft jedoch mit einem noch aufsehenerregenderen Skandal versorgt; Deine Mutter hat heimlich ihr Zuhause verlassen und der Begleiter ihrer Flucht war Mr. Ravenor!"

Ich konnte nicht länger still sitzen, sondern stand auf und ging mit schnellen, unsicheren Schritten im Zimmer auf und ab. Lord Langerdale beobachtete mich mit großem und wachsendem Mitleid in seinem ehrlichen Gesicht. Mehrere Minuten lang herrschte Stille zwischen uns, während derer ich nach einem scharfen, unruhigen fragenden Blick mein Gesicht von seinem abwandte. Dann setzte er seine Geschichte in einer etwas zurückhaltenderen Tonart fort:

„Zwei Tage lang war de Cartienne praktisch ein Wahnsinniger. Dann schien er plötzlich zur Besinnung zu kommen, und ich glaube, wir alle – Elsie und ich besonders – fürchteten seine schreckliche, gesetzte Ruhe noch mehr als seine vorherige Wut. Er machte weder wilde Drohungen noch sprach er mit irgendjemandem über seine Absichten. Aber wir alle wussten, was sie waren; und als er London heimlich und allein verließ, zitterten wir, denn wir wussten, dass er sich auf die Suche nach deiner Mutter machte. Er brauchte keine Hilfe, denn er war selbst ein geborener Detektiv und besaß in erstaunlichem Maße die Kunst, sich zu verkleiden.

„Jeden Tag durchsuchten wir ängstlich die Zeitungen, aus Angst, wir könnten von der Tragödie lesen, von der wir befürchteten, sie sei unvermeidlich. Aber wir hörten nichts. Aus den Wochen wurden Monate und aus den Monaten Jahre, und immer noch hörten wir nichts – nicht einmal von deiner Mutter.

„Wir haben Werbung gemacht und alle erdenklichen Nachforschungen angestellt, aber vergeblich. Dann kam die Nachricht von Mr. Ravenors Schiffbruch und seinem angeblichen Tod, und wir kamen zu dem Schluss, dass Ihre Mutter mit ihm umgekommen war. Ich habe eine Anstellung im Ausland angenommen und bin erst letzte Woche nach zehnjähriger Abwesenheit nach England zurückgekehrt. Ich hörte sofort von Mr. Ravenors wunderbarer Rückkehr ins Leben und schrieb ihm. Die einzige Antwort, die ich erhielt, war ein einziger Satz:

,,Sie können Ihrer Frau sagen, dass ihre Schwester tot ist. Mehr habe ich nicht zu sagen.'

„Erst gestern habe ich zu meinem Erstaunen de Cartienne wieder getroffen und mit ihm dich, von dem ich von Anfang an sicher war, dass er Alices Sohn sein muss. Es mag Ihnen seltsam vorkommen, dass ich so viel weiß und dennoch nichts mehr weiß. Aber es ist so.“

Ich drehte mich um und sah ihn langsam an.

„Willst du also sagen, dass meine Mutter nach ihrer Flucht kein einziges Mal mit ihrem Vater oder ihrer Schwester kommuniziert hat?"

"Nur auf diese Weise. Sie hinterließ meiner Frau eine private Nachricht, in der sie ihr mitteilte, über wen sie den Brief weiterleiten sollte, ohne jedoch ihren Aufenthaltsort preiszugeben. Sir Arthur Montavon fing die Nachricht ab und nutzte sie, um einen grausamen, strengen Brief zu schreiben, in dem er ihr verbot, jemals wieder in seiner Gegenwart zu erscheinen oder sich an ihn oder ihre Schwester zu wenden; und es tut mir leid, sagen zu müssen, dass auch meine Frau auf seinen Befehl hin zensierend geschrieben hat, in der Hoffnung, das wiedergutzumachen, indem sie ein paar Tage später einen weiteren Brief schickte. Der erste Brief, den deine Mutter erhalten hat; der zweite verfehlte sie. Sie hat einen großen Teil der festen, fast strengen Art ihres Vaters geerbt, und ich habe keinen Zweifel daran, dass der Erhalt dieser Briefe sie dazu veranlassen würde, sich völlig von ihrer Familie zu trennen."

„Dann wissen Sie nicht einmal, wo sie und Mr. Ravenor geheiratet haben?" fragte ich heiser.

Lord Langerdale schüttelte den Kopf und ich bemerkte, dass er es versäumte, mir ins Gesicht zu sehen. Ich habe mich mit großer Anstrengung aufraffen können.

„Lord Langerdale", sagte ich leise, „das ist eine Frage von Leben und Tod für mich." Du scheinst meiner Frage auszuweichen. Beantworten Sie mir Folgendes: Haben Sie Grund zu der Annahme, dass es keine Ehe gegeben hat?"

„Überhaupt keine", antwortete er schnell. „Aber, mein lieber Junge", fuhr er fort, trat an meine Seite und legte seine Hand auf meine Schulter, „es ist immer gut, auf das Schlimmste vorbereitet zu sein." Ich werde Ihnen erzählen, wie es mir manchmal vorgekommen ist. Mr. Ravenor hatte in Bezug auf die Ehe sehr eigenartige Ansichten, die denen ähnelten, die Shelley in seiner Jugend hatte, und wir haben nie von einer Zeremonie gehört, was seltsam erscheint. Dann noch ihre Trennung und die Heirat deiner Mutter mit einem Bauern, ihr strenges, einsames Leben danach und die Tatsache, dass deine Geburt vor dir geheim gehalten wurde –"

Er zögerte und schien aus meinem Gesicht Ermutigung zu schöpfen. Ich konnte und wollte nicht einen Moment lang seine Angst teilen, als ich unerschütterlich darüber nachdachte. Ich dachte daran, wie meine Mutter mit einem heiligen Frieden im Gesicht in Mr. Ravenors Armen starb. Ich dachte an die ruhige, traurige Würde ihres Lebens, und dieser Gedanke wollte keinen Moment in meinem Kopf verweilen. Es muss noch einen anderen großen Grund zur Entfremdung zwischen ihnen gegeben haben, aber nicht das – nicht das!

„Ich werde heute hinuntergehen und Ravenor besuchen", erklärte Lord Langerdale mit plötzlicher Energie. „Ich werde ihm die Wahrheit entreißen."

Ich schüttelte den Kopf.

„Diese Angelegenheit liegt nur zwischen ihm und mir", sagte ich leise. „Ich werde zu ihm gehen."

Die Türklinke wurde sanft gedreht und Lady Langerdale stand auf der Schwelle. Ihr Mann ging sofort zu ihr.

„Elsie", sagte er, „du hattest recht. Es gibt viele Dinge, die noch im Dunkeln bleiben; aber das ist Alices Junge – der Sohn deiner Schwester."

Sie kam mit ausgestreckten Händen und einem wehmütigen Ausdruck in ihrem süßen, weiblichen Gesicht auf mich zu.

Mein Herz stand für einen Moment still und pochte dann heftig, als ich die warme Umklammerung ihrer Hände und die zitternde Berührung ihrer Lippen auf meiner Stirn spürte.

Ich wusste, dass ich eine Krise in meinem Leben erreicht hatte, und obwohl sie große Angst mit sich gebracht hatte, hatte sie auch große Freude mit sich gebracht, denn es schien, als ob die Tage meiner Einsamkeit vorbei wären.

Konnte ich daran zweifeln, als ich Lady Langerdale ins Gesicht sah und den warmen Händedruck meines Onkels spürte? Solch ein Gedanke hatte etwas Süßes, das für einen anderen schwer zu realisieren war, und für einen Moment gab ich mich ihm hin. Während Lord Langerdale seiner Frau kurz die wenigen Einzelheiten erzählte, die ich ihm über meine Mutter und mich selbst erzählen konnte, stand ich zwischen den beiden, war mir der Veränderung, die über meinem Leben zu schweben schien, sehr bewusst und genoss sie.

Aber danach erinnerte ich mich an die Tortur, die mir noch bevorstand, und an die Mission, die mich nach London geführt hatte, und sie sahen, wie die Freude langsam aus meinem Gesicht verschwand.

Lord Langerdale befragte mich dazu, und dann erzählte ich ihnen alles – erzählte ihnen von unserem Verdacht im Zusammenhang mit Mr. Marx und von meiner Entschlossenheit, ihn herauszufinden und herauszufinden, ob er sich eines Verbrechens gegenüber dem Mann Hart schuldig gemacht hatte.

Als ich zu meinem letzten Abendabenteuer mit Graf de Cartienne kam, sah Lord Langerdale sehr ernst aus.

„Mir scheint", erklärte er, „dass dies eher Sache der Polizei ist, als dass Sie sich einmischen."

Ich schüttelte den Kopf. In einer Sache war ich zuversichtlich, obwohl ich, was den Rest der Angelegenheit anbelangte, völlig verwirrt war.

So sehr Mr. Ravenor auch darauf bedacht sein mochte, dass die Wahrheit über den vermissten Mann ans Licht kam, er hatte gute Gründe, die Polizei nicht an der Suche teilnehmen zu lassen. Ich war mir dessen sicher und war entschlossen, entsprechend zu handeln.

Lord Langerdale ließ sich nicht so leicht beruhigen.

„Mir gefällt die Vorstellung nicht, dass Sie unter allen Umständen irgendetwas mit de Cartienne zu tun haben", sagte er schaudernd. „Er kann nur ein Gefühl für dich haben, und ein gefährlicherer Mann atmet nicht. Es ist ein böser Zufall, der euch zusammengeführt hat."

KAPITEL XLIX.
ICH WERDE ALLEIN GEHEN.

Wir setzten uns alle zusammen zum Frühstück. Lord Langerdale teilte seine Aufmerksamkeit zwischen seinem Frühstück und *der Times auf*.

„Gehst du heute einkaufen, Elsie?" fragte er und blickte von seiner Zeitung auf.

Sie warf ihm einen fragenden Blick zu.

"Ich glaube schon. Warum?"

„Dann seien Sie sehr vorsichtig mit Ihrem Wechselgeld. Noch nie gab es so viel schlechtes Geld wie gerade jetzt. Die Zeitungen sind voll von den verblüffendsten Gerüchten. Irgendwo in London müssen Münzprägungen in gewaltigem Ausmaß stattfinden, und die Polizei ist – Warum, Philip, was ist los mit dir?"

Ich erholte mich sofort und stellte die Tasse ab, die ich beinahe verschüttet hätte.

„Der Kaffee war etwas heiß", sagte ich langsam. „Das war sehr dumm von mir."

Er las weiter und Lady Langerdale begann mit mir zu reden. Aber meine Aufmerksamkeit schweifte ab. Es war eine seltsame Idee, die mir gekommen war, vielleicht eine lächerliche. Dennoch strahlte es eine gewisse Faszination aus.

Mitten im Frühstück brachte mir ein Kellner eine Nachricht. Lady Langerdales Erlaubnis wurde ungefragt erteilt und ich riss es auf. Es war von de Cartienne und der Inhalt war zwar kurz, aber auf den Punkt gebracht:

„ MEIN LIEBER MORTON, ich habe den Mann gesehen, den Sie suchen, und ich weiß mit Sicherheit, wo er morgen Abend sein wird. Mein Wagen wird Sie um zehn Uhr abends abholen – wohlgemerkt morgen; nicht heute Abend – und wenn Sie kommen möchten, werde ich Sie zu ihm bringen. Übrigens könnten Sie genauso gut die Kiste mitbringen, um die Sie sich so gut gekümmert haben – Ihre,

„ E. DE C. "

Ich reichte es Lord Langerdale, der seine Brille zurechtrückte und es sorgfältig durchlas.

„Es gefällt mir nicht", bemerkte er, als er fertig war; „Gefällt mir überhaupt nicht. Befolgen Sie meinen Rat, Philip; Schicken Sie ihm seine Kiste oder was auch immer es ist, und gehen Sie nicht.

Ich schüttelte den Kopf.

„Ich muss etwas über Herrn Marx herausfinden", antwortete ich, „und ich kenne keinen anderen Weg. Das wird morgen Abend sein, wissen Sie? Heute--"

„Ja, was machen wir heute?" Lord Langerdale unterbrach ihn.

Ich antwortete ihm ohne zu zögern:

„Ich gehe hinunter nach Ravenor Castle."

Er sah überrascht aus, ein wenig aufgeregt.

„Ich werde mit Ihnen gehen", erklärte Lord Langerdale plötzlich. „Alice war meine Schwägerin, und wenn Ravenor sie verlassen oder misshandelt hat, habe ich das Recht, ihn dafür zur Rechenschaft zu ziehen."

„Und ich bin besser", erinnerte ich ihn leise. „Gewähren Sie mir bitte diesen Gefallen. Ich muss alleine gehen und ihn sehen – allein."

Er sah seine Frau an und sie neigte ihren Kopf zu mir.

„Der Junge hat recht", sagte sie leise. „Es ist seine Angelegenheit, nicht unsere. Für ihn wäre es besser, alleine zu gehen."

KAPITEL L.
Ich treffe meinen Vater.

Nach einer anstrengenden Reise stand ich schließlich vor den großen Toren der Burg, und die Glocke zu meinen Füßen kündigte schrill meine Anwesenheit an. Der Hüttenwirt eilte hinaus und begrüßte mich.

Ich ging schnell den gewundenen Anstieg hinauf, quer über den gepflasterten Innenhof und betrat das Schloss durch eine Seitentür. Dann machte ich mich, ohne auf die überraschten Blicke der Diener zu achten, auf den Weg zur Bibliothek, klopfte leise an die Tür des inneren Raums und trat ein.

Zuerst schien es mir, als wäre er nicht da, denn in der Kammer lag Halbdunkel. Die stark abgeschirmte Lampe, die auf dem Schreibtisch stand, war so tief heruntergedreht, dass sie überhaupt kein Licht spendete, und der unregelmäßige Schein des Feuerscheins ließ den größten Teil des Raumes im Schatten liegen. Aber als ich auf der Schwelle stand, fiel eine brennende Kohle auf den Herd, und durch ihre Flamme sah ich ihn ein paar Meter entfernt in einem hohen Eichenstuhl zurücklehnen.

Leise ging ich durch den Raum auf ihn zu und dann sah ich, dass er schlief.

Ich machte keine Bewegung, aber irgendwie schien er sich meiner Anwesenheit bewusst zu werden und öffnete die Augen. Sie fielen auf mich, als ich vor ihm auf dem Kaminvorleger stand, und er richtete sich erschrocken auf.

„Philipp!" Er rief: „Bist du hier? Bist du zurück? Du hast ihn also gefunden?"

Beim Klang seiner Stimme zitterte ich, doch ich antwortete ihm sofort:

"Noch nicht. Morgen Abend werde ich ihn sehen. Bis dahin konnte ich nichts tun – und ich kam hierher." Er betrachtete meine schlammbespritzten Stiefel und mein vom Wind zerzaustes Haar.

„Sie sind von Mellborough zu Fuß gegangen?" er hat gefragt. Dann schien ihn etwas in meinem Gesicht zu treffen, und er beugte sich vor, legte seine Hände auf meine Schultern und drehte sich zum Schein des Feuers um.

„Sie sind mit einem bestimmten Ziel gekommen!" sagte er langsam. „Sag mir – hast du etwas in London gehört?"

Ich senkte schweigend den Kopf.

„Eine Geschichte aus der Vergangenheit – meiner Vergangenheit?"

"Ja."

"Mein Gott!"

Dann herrschte Stille zwischen uns. Ich habe es ertragen, bis ich es nicht länger ertragen konnte.

„Kannst du dich wundern, dass ich gekommen bin?" Ich weinte, meine Stimme zitterte vor Leidenschaft, die ich nicht mehr zurückhalten konnte. „Oh, sprich mit mir! Sag mir, ob das wahr ist?"

"Es stimmt."

Er hatte sich ein wenig zurückgezogen; er hatte gezögert. Ich ergriff seine Hände und zog ihn zu mir.

„Mein Vater", rief ich leidenschaftlich, „sprich mit mir! Warum ziehst du dich zurück? Liegt es daran – weil – oh, sprich nur mit mir, nenne mich deinen Sohn, und wenn es etwas zu vergeben gibt, werde ich es vergeben."

Er schien plötzlich einen unnatürlichen Kampf aufzugeben, packte mich bei den Händen und ergriff sie. Für einen Moment strahlte sein Gesicht.

„Philip, mein Sohn, mein lieber Sohn!" er weinte. „Gott sei Dank, das ist es nicht! Gott sei Dank, dass mein Name Dein ist! Du bist tatsächlich mein Sohn."

Nach längerem Schweigen erzählte mir mein Vater, wie er Marx im Ausland kennengelernt hatte. Er hatte ihm einen Dienst erwiesen und sie waren freundlich geworden. Er engagierte ihn zuletzt als Sekretär.

Dann erzählte er mir weiter, wie Marx ihn nach seiner langen Abwesenheit bei seiner Rückkehr getroffen und ihn zu seiner Frau gebracht hatte, die ihn für tot hielt.

Dann erzählte er mir, wie er festgestellt hatte, dass sie wieder mit Farmer Morton verheiratet war, und flehte sie an, zu ihm zurückzukehren. Sie weigerte sich, und er eilte in blinder Wut dorthin zurück, wo er Marx zurückgelassen hatte.

Er wurde von Morton angegriffen; Am Rande der Schiefergrube kam es zu einem Kampf. Nach einiger Zeit gelang es meinem Vater, Morton von sich zu werfen und zu fliehen.

In dieser Nacht kam Marx zu ihm und erzählte ihm, dass er Morton in den Steinbruch geworfen hatte und dass ein Mann namens Hart, *alias* Francis, Zeuge der Tat gewesen sei. Mein Vater wollte gestehen, aber Marx überredete ihn zum Schweigen und bezahlte Francis, um das Verbrechen zu tragen.

„Jetzt wissen Sie, warum ich davor zurückschreckte, Sie meinen Sohn zu nennen, da ich wusste, dass ich Ihnen, wenn die Zeit gekommen ist, Ihnen von Ihrer Abstammung zu erzählen, auch sagen muss, dass Ihr Vater ein Mörder war!"

"Ist es falsch!" Ich weinte, sprang auf und ergriff beide Hände. "Es war ein Unfall. Niemand könnte es einen Mord nennen. Oh, mein Vater, mein Vater, dass du aus einem so geringfügigen Grund so gelitten hast!"

Ein Licht sprang in sein Gesicht und für einen Moment glühten und leuchteten seine ausgemergelten Gesichtszüge und eingefallenen Augen in einem großen, unerwarteten Glück. Er zog mich sanft an sich und legte seine Hände auf meine Schultern.

„Gott sei Dank dafür, Philip!" sagte er mit zitternder Stimme. „Es ist ein größerer Trost, als ich jemals auf dieser Welt zu hoffen gewagt hätte."

KAPITEL LI.
DÄMMERUNG.

Als wir am nächsten Morgen zusammen hinausgingen, mein Vater und ich, wie im gegenseitigen Einverständnis den Weg zu den kahlen braunen Hügeln hinaufgingen, fiel mir ein, dass es viele Dinge gab, die ich ihm sagen wollte.

„Ich möchte dich nach Herrn Marx fragen, Vater", begann ich. „Alles, was ihn betrifft, ist so völlig mysteriös, besonders sein plötzliches Verschwinden. Abgesehen von der Angst, dass er Hart – oder Francis gegenüber – ein schlechtes Spiel begangen hat, komme ich nicht umhin zu denken, dass noch etwas anderes mit ihm nicht stimmt. Vertraust du ihm vollkommen, nehme ich an?" Ich fügte zögernd hinzu.

„Das habe ich immer getan", antwortete mein Vater leise.

„Magst du den Mann selbst?" Ich fragte.

Mein Vater zuckte gleichgültig mit den Schultern.

„Ich kann nicht sagen, dass er jemals meine Gefühle in irgendeiner Weise geweckt hat", antwortete er. „Er hatte Arbeit für mich zu erledigen und hat sie gut und stillschweigend erledigt. Ich habe ihn gewissermaßen als einen Automaten betrachtet, wenn auch als einen wertvollen. Und doch –" fügte er nachdenklich hinzu.

„Und doch was?" Ich habe unterbrochen.

„Na ja, manchmal habe ich mir fast vorgestellt, dass er eine Rolle spielt, dass sein Interesse an unserer Arbeit etwas gedämpft ist. Er vermittelte mir die Vorstellung von einem Mann, der stetig auf ein festgelegtes Ziel hinarbeitet, und ich schien nie in der Lage zu sein, dieses Ziel mit der Erfüllung unserer Aufgabe in Einklang zu bringen. Auch seine plötzliche Abwesenheit – denn dies ist nicht die erste davon – ist seltsam."

„Das denke ich", stimmte ich zu. „Hat er diesmal etwas mitgenommen?" Ich fragte unverblümt.

Ein sehr ernster Ausdruck erschien auf dem Gesicht meines Vaters und er antwortete mir nicht sofort. Als er das tat, war sein Tonfall leise und besorgt.

"Ja, er hat. Vor etwa zwei Wochen waren wir praktisch am Ende
unserer langen Aufgabe angelangt. Es fehlte nur noch eine kleine
Überarbeitung, die er mir hinterlassen sollte. In der Nacht, in der
er verschwand, verschwand auch das Manuskript. Offensichtlich
hat er es mitgenommen."

„Vielleicht hat er es zum Verlag gebracht", schlug ich vor. Mein
Vater schüttelte zweifelnd den Kopf.

„Erst heute Morgen habe ich von ihnen gehört, dass sie mich
gebeten haben, es unverzüglich weiterzuleiten", sagte er.

Ich schwieg. Welchen Nutzen hätte er daraus ziehen können,
selbst wenn er das Manuskript genommen hätte? Wie konnte es
ihm nützen?

Plötzlich blieb ich auf dem Weg stehen. Mein Herz machte einen
großen Sprung und ein Schrei kam über meine Lippen. Zum
ersten Mal erfasste mich eine Idee, das vage Phantom einer Idee,
die alles vor mir hertrug und ein strahlendes, grelles Licht auf alles
warf, was so dunkel und geheimnisvoll schien.

„Dieser Mann, Marx", rief ich und ergriff den Arm meines Vaters.
„Sag es mir schnell. Hat er dich jemals an jemanden erinnert?"

Mein Vater sah mich verwundert an.

„Es ist seltsam, dass Sie das fragen", sagte er. „Manchmal,
besonders wenn ich ihn alleine traf oder ihn aufgeregt gesehen
habe, kamen mir sein Ton und seine kleinen Manieren irgendwie
irgendwie bekannt vor. Und doch", fügte er nachdenklich hinzu,
„konnte ich mich nie daran erinnern, an wen sie mich erinnert
haben."

Ich öffnete meine zitternden Lippen, um etwas zu sagen, doch
eine Welle kalten Zweifels erfasste mich. Das kann doch sicher
nicht sein! Ich muss verrückt sein, wenn ich die Idee einen
Moment lang in meinem Kopf verweilen lasse. Und doch--

In diesem Moment meines Zögerns fiel die Hand meines Vaters
schwer auf meinen Arm. Mit zitterndem Finger zeigte er auf die
dunkle Allee. In der trüben Dämmerung konnten wir die große,
hagere Gestalt eines Mannes in zerlumpten Kleidern sehen, der
sich auf den Weg zum Schloss machte.

„Das ist keiner meiner Männer, Philip", sagte er heiser. "Wer ist
es?"

Ich schüttelte den Kopf.

„Es ist ein Fremder.“

Mein Vater bog abrupt von der Allee in einen Gehweg ein.

„Folge mir“, sagte er; „Wir werden auf dem privaten Weg hineingehen.“

Wir gingen über den Rasen, durch ein kleines Eisentor, das mein Vater aufschloss, und betraten den Gehweg mit Büschen.

Einmal blickte ich durch eine Öffnung in den Lorbeerblättern umher. Der Fremde lehnte müde am Geländer rund um die Hütte und wartete auf Einlass.

KAPITEL LII.
WO IST HERR. MARX?

Erst als wir das Schloss erreicht hatten und in der Bibliothek waren, sprach mein Vater mit mir. Dann waren seine Worte ernst genug.

„Wir haben Herrn Marx eine Verletzung zugefügt, Philip", sagte er langsam.

"Wie?" Ich fragte.

„Hör zu, dann wirst du es wissen."

Er ging zum Telefon und gab ein Zeichen. Die Antwort kam sofort.

„Jemand hat am Tor nach mir gefragt", sagte er. "Wer ist es?"

„Ein Fremder, Sir, um Sie zu sehen."

"Welcher Name?"

„Hart, Sir."

„Wartet er?"

"Jawohl. Ich habe ihm gesagt, dass es sinnlos wäre, aber er weigert sich, wegzugehen."

„Du kannst an ihm vorbeikommen. Schicken Sie ihn sofort hierher."

Mein Vater wandte sich ab und sah mich mit all der alten Müdigkeit im Gesicht, aber wenig aufgeregt an. Von beiden war ich nervöser. Ich durchquerte den Raum und legte meine Hand sanft auf seine Schulter.

„Gott sei Dank, dass ich hier bei dir bin! Was sollst du ihm sagen, Vater? Was will er, meinen Sie? Geld?"

Mein Vater schüttelte traurig den Kopf.

„Er würde schicken, wenn das alles wäre. Er hat, was er will, und das ist nicht viel. Ich fürchte, dass er etwas anderes will."

"Was?"

„Sein guter Name wurde geklärt."

„Er hat die Schuld bereitwillig auf sich genommen", rief ich. „Er muss es jetzt ertragen. Er kann dem nicht entkommen."

„Er kann", antwortete mein Vater. „Er kann die Wahrheit sagen."

„Niemand würde ihm glauben. Es würde sein Wort gegen Ihres stehen. Welche Chance hätte er?"

Mein Vater blickte mich mit einem strengen, dunklen Gesicht an.

„Du denkst also, dass ich eine Lüge schwören würde, Philip? NEIN! Dieses Risiko bestand immer. Ich habe gespürt, dass, wenn er jemals verlangen sollte, dass die Welt wieder in Ordnung gebracht wird, dies getan werden muss."

"Es soll getan werden."

Wir fingen an, denn die Worte kamen von der anderen Seite des Raumes. Im tiefen Schatten direkt hinter der Tür stand ein großer, hagerer Mann mit langem, zerzaustem Bart und blassem, gespenstischem Gesicht. Seine Kleidung war zerlumpt und wetterfleckig und seine Stiefel waren voller Schlamm. Ich sah ihn fasziniert an. Es war das Gesicht des Verrückten, der zweimal versucht hatte, Herrn Marx umzubringen. Es war Hart, *alias* Francis, der Mann, der ein Leben in seinen Händen hielt, das mir teurer war als mein eigenes.

„Bist du es wirklich, Francis?" fragte mein Vater schockiert. „Du bist verändert. Du warst krank. Hinsetzen."

Er nahm keine Notiz davon. Während mein Vater sprach, wanderten seine Augen ruhelos durch den Raum.

"Wo ist er?" fragte er heiser.

„Meinen Sie Herrn Marx?" Ich sagte.

"Ja."

„Er ist in London."

"Ah!"

Auf seinem Gesicht lag ein Ausdruck teils der Enttäuschung, teils der Erleichterung. Er holte tief Luft und schwieg, als warte er darauf, befragt zu werden.

"Willst du Geld?" fragte mein Vater.

"NEIN."

„Willst du dein Geheimnis preisgeben, um der Welt die Wahrheit mitzuteilen?"

"Ja."

Ein Schrei kam über meine Lippen, aber mein Vater hielt mich zurück.

„Es ist gut", sagte er. "Hinsetzen. Du brauchst keine Angst zu haben; Ich werde gestehen."

„Du hast nichts zu gestehen. Ich bin es, der das tun muss."

"Wie meinst du das?" fragte mein Vater und spähte nach vorne in die Dunkelheit, denn im Zimmer brannte keine Lampe. "Komm näher; Ich kann dein Gesicht nicht sehen."

Mit zitternden Fingern zog ich die Jalousie vom hohen Fenster hoch. Der Mond, der gerade aus einer Reihe schwarzer, fliegender Wolken hervorgetreten war, warf einen langen Lichtstrahl durch den Raum.

Francis ging mit langsamen, widerstrebenden Schritten vorwärts. Dann warf er sich mit einem plötzlichen, wilden Schrei vor meinem Vater auf die Knie.

„So wie Gott im Himmel vergibt, schwöre, dass du mir vergeben wirst!" er weinte leidenschaftlich.

"Verzeihen! Ich habe nichts zu vergeben", antwortete mein Vater sanft. „Du möchtest deine Last ablegen. Gut! Ich bin bereit, es in Angriff zu nehmen."

Er beugte sich in seinem Stuhl vor und streckte dem Mann die Hand entgegen, um ihm beim Aufstehen zu helfen. In seiner veränderten Position schien das Mondlicht eine Art Heiligenschein um sein Gesicht zu werfen, und es kam mir vor wie das Gesicht eines Engels.

„Fass mich nicht an", schrie der Mann; "nicht. Ich kann es nicht ertragen! Lass mich dir die Wahrheit sagen, sonst sterbe ich. Sie denken, dass Sie Farmer Morton getötet haben. Es ist falsch! Herr Marx hat ihn getötet."

"Was!"

Mein Vater war aufgesprungen. Irgendwie fand ich mich an seiner Seite wieder. Francis kriechte immer noch auf dem Boden.

„Steh auf, Mann, und sag mir die ganze Wahrheit", schrie mein
Vater mit Donnerstimme; „Steh auf und sprich wie ein Mann."

Er gehorchte sofort und zitterte am ganzen Körper. Dann stockte
er mit seiner Geschichte:

„Ich war in dieser Nacht im Wald. Es war dunkel; Ich habe mich
verirrt. Plötzlich hörte ich Stimmen – deine und Mortons. Du hast
nur wenige Meter von mir entfernt gekämpft. Bevor ich
eingreifen konnte, hast du ihn zu Boden geworfen und bist
davongeeilt. Ich hörte ihn schwer atmen und sah, wie Herr Marx
hinter einem Baum hervorschlich und sich an ihn heranschlich.
Auch Morton hörte es und sprang auf. Sie kämpften gemeinsam;
Vielleicht hat Morton ihn in der Dunkelheit mit dir verwechselt.
Ich erinnerte mich an den Steinbruch und rannte hinaus. Ich war
zu spät.

„Es gab einen schrecklichen Blitz und ich sah, wie Marx seine
ganze Kraft aufbrachte und den anderen in die Schiefergrube
warf. Er drehte sich um und sah mich.

„Er hätte mich auch umgeworfen, wenn er es gewagt hätte, aber
ich war stark und er war erschöpft. Also bot er mir Geld an, um
wegzugehen. Ich stimmte zu und hätte nie gedacht, dass sie mir
das Verbrechen in die Schuhe schieben würden. Marx hatte alles
mit teuflischer List durchdacht. Er versorgte mich mit
Verkleidungen und sagte mir, wohin ich gehen und wie ich
dorthin gelangen sollte. Als ich in Sicherheit war und die
Zeitungen las, wurde mir sofort klar, in welche Falle ich geraten
war. Ich hatte mich des Mordes schuldig bekannt.

„Die Zeit verging und ich wurde von Tag zu Tag unglücklicher.
Marx hat mir viel Geld geschickt – zu viel. Ich begann zu trinken.
Ich war krank. Als ich mich erholt hatte, schrieb ich ihm, dass ich
es nicht länger ertragen könne und dass ich zu ihm kommen
würde. Ich sagte ihm, dass ich vorhabe, zu einem Richter zu
gehen, nachdem ich ihm Zeit gegeben hätte, das Land zu
verlassen. Er forderte mich heraus, zum Schloss zu kommen.
Trotzdem bin ich gekommen. Es war schon dunkel, als ich hier
ankam. Er traf mich auf der Allee. Er bot mir große Summen an,
um wegzugehen, aber ich war entschlossen und lehnte alles ab.
Da wusste ich, wie er dich betrogen hatte, weil er in seiner Wut
etwas zu sagen hatte. Dann hörte ich nicht mehr auf ihn und
befahl ihm, aus dem Weg zu gehen. Er ließ mich an ihm vorbei

und schlug mir dann mit einer schweren Waffe auf den Hinterkopf.“

"Mein Gott!" Ich weinte. „Ich war dir nahe. Ich hörte Sie weinen und traf direkt danach Herrn Marx. Er muss dich in die Kiesgrube geworfen haben.“

„Dort befand ich mich, als ich zur Besinnung kam“, fuhr Francis fort. „Als ich mich sofort aufsetzte und versuchte, über das Geschehene nachzudenken, begann mir zu schwindeln. Danach ist in meinem Kopf alles verschwommen und verschwommen. Ich bin geflohen. Beim zweiten Mal retteten Sie, Mr. Morton, ihm das Leben, als meine Finger sich um seine Kehle schlossen.

„Sie haben mich in eine Anstalt gesteckt. Danach gab sich Herr Marx als mein Bruder aus und ließ mich in eine Privatwohnung ziehen. Die Kommissare kamen und ich erschien vor ihnen. Ich war vernünftig. Sie ließen mich gehen. Wo ist Herr Marx? Wo ist Herr Marx?“

Es herrschte tiefe Stille. Dann reichte ich meinem Vater die Hand und er ergriff sie.

"Gott sei Dank!" Ich weinte, meine Stimme zitterte vor lautem Schluchzen: „Gott sei Dank!“

„Amen“, wiederholte mein Vater leise.

Wieder diese Frage, im gleichen trockenen, harten Ton.

„Wo ist Herr Marx?“

Wir sahen ihn an — seine nervös zuckenden Hände und brennenden Augen. Der Wahnsinn war wieder da. Wir dürfen ihn nicht gehen lassen. Mein Vater hat mich auf eine Seite gezeichnet.

„Ich werde heute Abend mit dir nach London gehen“, sagte er. „Was sollen wir mit diesem Mann machen?“

„Er muss hier bleiben“, antwortete ich. "Überlass es mir."

Ich ging auf ihn zu und legte meine Hand auf seine Schulter.

„Hör zu, Francis“, sagte ich. „Es gibt zwei Orte, an denen Herr Marx diese Woche wahrscheinlich sein wird. Der eine ist in London, der andere hier. Verstehst du?"

„Ja“, antwortete er; "Ich verstehe."

„Nun, Mr. Ravenor und ich wissen am besten, wo wir ihn in London finden können, aber wir können nicht gehen, bevor wir nicht wissen, dass auch hier jemand Ausschau hält. Wenn wir nach London gehen, wirst du dann hier bleiben und nach ihm Ausschau halten?"

Die Augen des Mannes funkelten.

„Ja", antwortete er schnell. „Das ist der Raum, in dem er schreibt, nicht wahr? Er wird hierher kommen. Ja, ich werde warten; Ich werde hier in diesem Raum zuschauen."

Mein Vater klingelte und bestellte eine Kutsche, die uns zum Bahnhof bringen sollte. Dann erteilte er besondere Anweisungen für Franziskus. Es sollte ihm gestattet werden, in der Bibliothek zu bleiben, Mr. Ravenors eigene Schlafwohnung zu nutzen und sich regelmäßig Mahlzeiten bringen zu lassen.

Eine Stunde später verließen wir das Schloss in Richtung Torchester. Als wir über den Hof fuhren, sahen wir eine blasse, hagere Gestalt stumm und starr am Fenster der Bibliothek stehen. Es war Francis, der wartete.

KAPITEL LIII.
HERREN. HIGGENSON UND CO.

Um zehn Uhr erreichten wir St. Pancras mit dem Schnellzug von Torchester aus, und eine halbe Stunde später setzte uns ein Hansom im Hotel Metropole ab. Unmittelbar vor dem Eingang wartete Graf de Cartiennes kleiner Brougham, und als wir aus dem Taxi stiegen, trat sein Diener vor und reichte mir einen Zettel. Ich riss es auf und las es unter der Gaslampe.

„Kommen Sie sofort zu mir und Sie werden Herrn M. finden. Bringen Sie die Kiste mit.-C--.“

Ich gab den Zettel an meinen Vater weiter und zeichnete ihn ein wenig auf eine Seite. Beim Anblick der Handschrift zuckte er zusammen.

„Philip, wem gehört das?“ fragte er schnell.

„Die Schrift des Mannes, der allein weiß, wo Marx ist“, antwortete ich. „Er ist es, der seine Briefe abholt und sie weiterleitet.“

"Sein Name? Ich bestehe darauf, seinen Namen zu kennen.“

„de Cartienne.“

Das Gesicht meines Vaters wurde etwas blasser und seine Augenbrauen zogen sich zusammen.

„Du hast mir das verheimlicht, Philip. Du sollst diesem Mann nicht nahe kommen. Ich verbiete es. Mein Gott! Freunde von Marx und de Cartienne!“

Er blieb auf dem Bürgersteig stehen und sah mich mit einem neuen Licht im Gesicht an. Er begann zu verstehen.

„Marx und de Cartienne“, wiederholte er langsam. „Philip, kannst du nicht verstehen, was das bedeutet? Marx war de Cartiennes Werkzeug und ich war ihr Opfer. Wo ist de Cartienne? Philip, du sollst es mir sagen! Hörst du?"

Mein Vater ergriff meinen Arm und hielt ihn fest. Ich drehte mich um und sah ihn an.

„Vater, das musst du mir überlassen“, sagte ich bestimmt. „Ich habe mir im Zug noch einmal alles überlegt und meine Pläne sind fertig. Du wirst mir vertrauen?“

„Sag mir, was das ist", sagte er.

„Ich habe eine Kiste von de Cartienne in meinem Besitz, die ein Geheimnis enthält. Bis ich ihm die Kiste übergebe, bin ich in Sicherheit, da er sie nur von mir bekommen kann. Sie sehen, dass er mir in dieser Notiz sagt, ich solle es mitbringen."

"Ja. Mach weiter."

„Nun, ich gehe ohne die Schachtel aus, und wenn er wirklich nicht weiß, wer ich bin, und bereit ist, mir Informationen über Marx zu geben, dann kann ich leicht zurückkommen und sie holen, und was auch immer sie enthält, er muss ungeöffnet sein.

„Wenn ich andererseits in irgendeine Falle tappe und er mich dazu zwingt, sie zu holen, dann müssen Sie sofort nach Erhalt meiner Nachricht, egal wie sie formuliert ist, die Kiste gewaltsam öffnen, und wenn sie etwas enthält Sollten Sie auch nur das geringste Verdächtige feststellen, kommen Sie mir sofort mit der Polizei zu Hilfe. Der Bote, der die Kiste abholt, muss bestochen oder eingeschüchtert sein, damit er Sie bringt."

„Es gefällt mir nicht, Philip. Es ist alles zu umständlich. Wenn de Cartienne eine Ahnung hat, wer Sie sind, gehen Sie ein Risiko ein."

„Das glaube ich nicht", antwortete ich. „Bis er diesen Kasten in Besitz nimmt, wird er sich bis zu einem gewissen Grad in meinen Händen fühlen und mir wahrscheinlich keinen Schaden zufügen."

„Was, glauben Sie, enthält die Kiste?"

Ich zögerte und sah mich um. de Cartiennes Diener war in einiger Entfernung und ès war niemand in Hörweite.

„Haben Sie in letzter Zeit Zeitung gelesen?" Ich fragte.

Mein Vater schüttelte den Kopf.

„Nur die Literaturzeitungen."

Ich kaufte eine Sonderausgabe, die uns ein Zeitungsjunge ins Gesicht hielt, lehnte den Leitartikel ab und gab sie an meinen Vater weiter. Er warf einen Blick darauf und sah dann voller Erstaunen zu mir auf.

„Philip, das kannst du nicht so meinen!" er rief aus.

"Warum nicht?" Ich antwortete. "Das tue ich in der Tat; aber ob da etwas drin ist oder nicht, werden wir bald erfahren. Ich muss jetzt gehen. Du verstehst, was zu tun ist, wenn ich die Kiste hole."

„Ihre Expedition gefällt mir überhaupt nicht", sagte er zweifelnd. „Hast du eine Ahnung, wohin du gehst?"

Ich schüttelte den Kopf.

"Keiner; aber es wird mir nichts passieren. Mein Stern ist jetzt auf dem Vormarsch. Wenn es mich in Gefahr bringt, wird es mich sicher daraus herausführen. *Auf Wiedersehen!"*

Dann sprang ich in die Kutsche und wurde schnell davongefahren.

Unsere Reise nahm ein plötzliches Ende, und wenn ich über die Gegend, in die sie mich geführt hatte, überrascht war, war ich umso mehr überrascht über ihr Ende. Die Kutsche hatte vor einem düster aussehenden Lagerhaus angehalten, dessen Rückseite, geschmückt mit mehreren Kränen, auf den Fluss blickte. Die gesamte Vorderseite schien im Dunkeln zu liegen, aber von einer Gaslaterne auf der anderen Seite des schmalen Weges konnte ich das Messingschild neben der Tür lesen:

HIGGENSON UND CO.
HÄNDLER UND EXPORTEURE.

Die Tür des Wagens wurde aufgerissen und man erwartete offenbar, dass ich aussteige. Dies tat ich nach kurzem Zögern.

„Bist du sicher, dass du mich an den richtigen Ort gebracht hast?" Ich fragte den Mann, der die Tür aufhielt. „Das scheint ein Lagerhaus zu sein. Ich denke, da muss ein Fehler vorliegen."

Der Mann schloss schweigend die Wagentür und setzte sich neben den Kutscher.

„Es liegt kein Fehler vor", sagte er knapp. „Dort finden Sie den Grafen von Cartienne."

Er zeigte auf die Lagertür und ich sah, dass sie jetzt offen war und ein Mann auf der Schwelle stand. Ich drehte mich zweifelnd zu ihm um.

„Kommen Sie mit, Mr. Morton?" er sagte. „Es tut Graf de Cartienne leid, Sie hierherbringen zu müssen, aber wir sind beschäftigt – sehr beschäftigt, und er hatte keine Zeit, ins Hotel zurückzukehren. Die Kutsche wird darauf warten, Sie zurückzubringen."

Das Benehmen und der Ton des Mannes waren sicherlich nicht die eines Dieners, aber aus der Position, in der er stand, konnte ich nichts außer den bloßen Umrissen seiner Figur erkennen. Ich überquerte den Bürgersteig auf ihn zu.

Wir verließen den Raum und er führte mich durch einen Gang in eine kleine Kammer. Hier blieb mein Begleiter stehen und zündete eine Lampe an, die auf einem Tisch in der Mitte des Raumes stand.

„Graf de Cartienne wird gleich bei Ihnen sein", sagte er und ging zur Tür. „Entschuldigen Sie bitte."

Ich drehte die Lampe etwas höher und sah mich um. Der Raum war recht klein und schlicht als Wartezimmer eingerichtet.

Zum ersten Mal wurde mir klar, was ich getan hatte, als ich zu dieser Stunde an diesen Ort kam. Ein paar wilde Gedanken an einen verspäteten Rückzug schossen mir durch den Kopf, und ich versuchte es mit der Klinke der Tür, durch die wir eingetreten waren. Es drehte sich, aber die Tür blieb geschlossen. Ich bückte mich und untersuchte es. Das Ergebnis war das, was ich befürchtet hatte – ein Federverschluss hatte es befestigt. Ich versuchte es mit der anderen Tür, durch die mein Führer herausgekommen war. Das Ergebnis war das gleiche. Ich war ein Gefangener.

Ich hatte kaum Zeit, meine Lage zu erkennen, als es notwendig wurde, zu handeln. Plötzlich wurde die Tür geöffnet und Graf de Cartienne stand vor mir, seine Augen blitzten vor Wut und sein großer, schlanker Körper zitterte vor Wut.

„Warum hast du diese Kiste nicht mitgebracht?" rief er mit leiser, grimmiger Stimme.

Ich stand ihm gegenüber auf, mit dem Rücken zum Tisch, und bemühte mich, ruhig zu bleiben, denn die Situation war kritisch. Die völlige Veränderung seines Aussehens und Verhaltens mir gegenüber war eine ausreichende Warnung.

„Die Box ist sicher genug", antwortete ich. „Sie können es in einer Stunde haben. Aber--"

"Aber was?" unterbrach er wütend. „Warum hast du es nicht
mitgebracht, wie ich es dir in meinem Brief befohlen habe?
Warum ist es nicht hier? Wir wollen es sofort!"

„Sie vergessen, dass es eine *Gegenleistung gibt* , die ich von Ihnen
erwarte. Mir kommt es so vor, Graf de Cartienne, dass Sie ein
Werkzeug aus mir machen, und – –"

„Was willst du – diesen Mann Marx sehen?"

"Ja."

„Nun, er ist nicht hier."

Ich überprüfte die Gegenerwiderung, die mich, wenn ich sie
ausgesprochen hätte, wahrscheinlich das Leben gekostet hätte.

„Wo ist er dann?" Ich fragte.

„Ich werde es dir sagen, wenn du für das Kästchen geschrieben
hast", sagte er, öffnete eine Schublade und legte Stift und Papier
auf den Tisch.

Ich schüttelte den Kopf. „Ich brauche nicht zu schreiben. Es
nützt mir nichts, wenn Herr Marx nicht hier ist. Schick deinen
Diener mit mir zurück und ich werde ihn ihm geben."

„Nein, ich werde dich als Geisel für die Kiste halten. Außerdem
habe ich dir ein paar Worte zu sagen, Junge", fügte er grimmig
hinzu. "Schreiben."

Ich zögerte, aber nur für einen Moment.

„Verstehe ich, dass Sie mich gegen meinen Willen hier
festhalten?" Sagte ich langsam.

„Verstehen Sie alles, was Sie wollen, aber schreiben Sie."

Ohne ein weiteres Wort griff ich zum Stift. Als ich mit der Notiz
fertig war, nahm er sie mir ab und las sie durch. Dann warf er
einen Blick auf die Adresse und begann.

"Herr. Ravenor! Oh, Mr. Ravenor ist in London, nicht wahr?"
bemerkte er langsam.

"Ja."

Er blickte weg, mit dem Anflug eines bösen Lächelns auf seinen
Lippen.

„Ravenor in London! Wie merkwürdig. Er und ich sind alte Bekannte. Ich muss ihn besuchen", fügte er spöttisch hinzu.

Er blieb einen Moment stehen und verließ dann abrupt den Raum mit dem Zettel in der Hand. Ich versuchte ihm zu folgen, aber die Tür schloss sich zu schnell. Wenn ich einen Fluchtweg gesehen hätte, hätte ich ihn nutzen sollen, denn ich hatte das Wissen erlangt, nach dem ich gesucht hatte, und ich wusste, dass ich in Gefahr war. Es gab nur dieses einsame Fenster mit Blick auf den Fluss und die geschlossene Tür. Wenn dieser Mann Böses im Sinn hatte, war ich sicher in seiner Macht.

KAPITEL LIV.
Ein RAID.

Wenige Minuten später antwortete Graf de Cartienne:

Er warf mir plötzlich einen scharfen Blick zu.

„Ich frage mich, ob Sie eine Ahnung vom Inhalt dieser Kiste haben", sagte er und hielt seinen Blick neugierig auf mich gerichtet.

Wenn ich jetzt zurückblicke, sehe ich deutlich, dass ich mit meiner Antwort die gröbste Torheit begangen habe. Aber ich war jung, ungestüm, mir großer körperlicher Stärke bewusst und mit all der Verachtung der Gefahr, die ein solches Bewusstsein mit sich bringt. Also zog ich ohne zu zögern die Abendzeitung aus meiner Tasche, die ich in der Northumberland Avenue gekauft hatte, und legte meinen Finger auf die Kolumne, die ich meinem Vater gezeigt hatte.

„Das könnte etwas damit zu tun haben", bemerkte ich.

Sein Gesicht wurde eine Spur blasser, als er durchsah. Dann faltete er es zusammen und gab es mir mit einer höflichen Geste zurück.

„Das ist also deine Idee, oder?" bemerkte er. „Warum sind Sie nicht zu Scotland Yard gegangen und haben ihnen Ihren Verdacht mitgeteilt?"

Ich hatte das Gefühl, dass er mich aufmerksam beobachtete und sich große Mühe gab, die Fassung zu bewahren, obwohl mein Puls schneller schlug und ich spürte, wie meine Farbe zunahm.

„Das ging mich nichts an", antwortete ich. „Außerdem wäre mir sonst die Chance entgangen, von Ihnen etwas über Herrn Marx zu erfahren."

„Ihre Argumentation macht Ihnen unendliche Ehre", antwortete er mit einem leichten Grinsen. „Du bist ein echter Machiavelli. Kommen; Ich möchte Ihnen mein – Lagerhaus zeigen."

Ich folgte ihm widerstrebend, denn seine Art gefiel mir immer weniger; aber ich hatte kaum eine Alternative.

Wir gingen durch einen schmalen Gang und durch mehrere Räume, in denen sich bis zur Decke riesige Ballen stapelten; Dann stiegen wir eine gewundene Eisentreppe hinab, und als wir unten ankamen, begann ich ein schwaches Stimmengewirr und seltsame, gedämpfte Geräusche zu hören.

Er schloss vor uns eine kleine, versteckte Tür auf, und wir standen auf der Schwelle eines großen, schwach beleuchteten Kellers.

Ein kurzer Blick in die Runde zeigte mir, dass meine vagen Vermutungen wahr waren, und warnte auch mich vor meiner Gefahr. Es war ein seltsamer Anblick. Am anderen Ende des Ortes brannte ein kleiner Ofen und warf einen hellen Glanz auf die weißen, erschrockenen Gesichter der Männer, die sich um ihn herum versammelt hatten. Einer hielt in der Hand eine große Kelle voll zischender Flüssigkeit, und ein anderer hielt auf den Knien die Form fest, die sie aufnehmen sollte. Aber obwohl sie ihre Positionen unverändert behielten, dachten sie nicht weiter an ihre Aufgaben. Die Aufmerksamkeit aller war in entsetztem Erstaunen auf mich gerichtet.

Der Mann, der sich als erster so weit erholte, dass er in der Lage war, einen artikulierten Satz zu formulieren, war der Mann, der die Kelle hielt.

„Bist du verrückt, de Cartienne?“ er zischte. „Warum hast du das junge Junge hierher gebracht?“

„Ich habe ihn hierher gebracht“, antwortete er mit einem Anflug von Verachtung im Ton über die Besorgnis, die sie alle zeigten, „weil er hier sicherer ist als anderswo – vorerst.“

„Irgendwie – wahrscheinlich durch einen Blick in diese unglückliche Kiste – kennt dieses junge Junge, wie Sie es nennen, unser Geheimnis. Ihn gehen zu lassen wäre natürlich absurd, deshalb habe ich ihn wegen seiner unverzeihlichen Neugier hierher gebracht, um ihm den Prozess zu machen. Was machen wir mit ihm? Ich schlage vor, dass wir ihn in den Fluss werfen.“

Ich bewegte mich etwas weiter zurück zur Tür und lauschte mit angestrengten Ohren und angehaltenem Atem, denn es kam mir vor, als ob ich oben ein schwaches Geräusch von Stimmen und Schritten hörte. Anscheinend hatten es auch die anderen gehört, denn für einige Augenblicke herrschte totenstille Stille. Dann sprach der Graf.

„Das muss Drummond mit der Kiste sein. Wirst du hingehen und nachsehen, Ferrier?“

Draußen war das Trampeln vieler Füße zu hören und dann plötzlich ein heftiger Schwall von Schlägen gegen die geschlossene Tür.

Im Nu herrschte wildes Durcheinander. Graf de Cartienne war der Einzige, der nicht in Panik geriet.

„Das Spiel ist aus", rief er heftig, „und hier ist der Verräter."

Wie ein Blitz bückte er sich und ich sah etwas in seiner Hand vor meinen Augen aufblitzen. Es gab einen seltsamen brennenden Schmerz und dann verschwand alles vor meinen Augen. Ich hörte, wie die Tür eingerissen wurde und das Geräusch meiner Retter hereinströmte. Dann konzentrierten sich alle Geräusche zu einem wirren Brüllen, das einen Moment lang in meinen Ohren pochte und dann verstummte. Bewusstlosigkeit beschlich mich.

Als ich meine Augen wieder öffnete, fand ich mich auf einem Bett in einem fremden Raum liegend wieder. An meiner Seite saß mein Vater, zurückgelehnt in einem niedrigen Sessel.

"Wo bin ich?" Ich fragte. „Wie lange bin ich schon hier! Erzähl mir alles darüber."

Mein Vater stand mit einem kleinen Ausruf der Erleichterung auf.

„Besser, Philip? Das ist gut. Sie sind im nächstgelegenen anständigen Hotel, das wir gestern Abend oder besser gesagt heute Morgen finden konnten."

„Erzähl mir alles", rief ich.

„Alle außer de Cartienne wurden entführt. Er kämpfte wie ein Tiger und kam davon. Aber es ist nur für eine Weile. Er wird gefangen werden. Seine Beschreibung –"

„Seine Beschreibung wird überhaupt nichts nützen", unterbrach ich atemlos. „Hat man etwas von Herrn Marx gehört?"

Mein Vater nahm ein offenes Telegramm vom Tisch neben ihm.

"Herr. Marx ist nach Ravenor zurückgekehrt. Dieses Telegramm stammt vom Bahnhofsvorsteher in Mellborough.

Ich sprang aus dem Bett und tauchte meinen immer noch schmerzenden Kopf in ein Becken mit Wasser.

„Was ist los, Philip? Du wirst wieder krank, wenn du dich aufregst", sagte mein Vater verwundert.

„Mir geht es gut“, antwortete ich. "Wie spät ist es?"

"Vier Uhr."

„Dann schnell, dann nehmen wir den Fünf-Uhr-Zug nach Mellborough“, drängte ich.

„Nach Mellborough! Aber wie wäre es mit de Cartienne?“

„de Cartienne! Er existiert nicht mehr! Wir wollen Marx.“

Dann wurde meinem Vater die Wahrheit klar, und er sprang mit einem leisen Schrei auf.

„Philip, warum hast du es mir nicht vorher gesagt?“

„Ich wusste es erst letzte Nacht genau. Gott sei Dank habe ich es für mich behalten. Er hält sich für sicher als Herr Marx – sicherer, als als Graf de Cartienne – der Bösewicht – durch das Land zu fliegen!“

Plötzlich blieb mein Vater auf dem Weg zur Tür stehen.

„Philip“, sagte er heiser, „erinnerst du dich, wen wir in Ravenor zurückgelassen haben, um auf Mr. Marx zu warten?“

Im Moment hatte ich es vergessen. Wir sahen uns an und in meinem Kopf schlich sich die Vision eines hageren, verzweifelten Mannes ein, dessen weißes Gesicht und seine brennenden Augen von einer unaussprechlichen, teuflischen Sehnsucht erfüllt waren. Derselbe Gedanke erfüllte uns beide. Wenn Herr Marx seine privaten Schlüssel nutzen und direkt zur Bibliothek im Schloss gehen würde, was würde daraus werden?

Ich legte meine Hand auf den Arm meines Vaters.

„Es gibt schließlich Gerechtigkeit auf der Welt“, sagte ich heiser. „Dieser Mann wird ihn töten.“

Dann gingen wir ohne ein weiteres Wort zusammen raus.

KAPITEL LV.
DAS GEHEIMNIS VON MR. MARX.

Es war zwanzig Minuten vor acht, als wir in Mellborough ankamen, und da wir keine Nachricht geschickt hatten, gab es weder einen Wagen, der uns abholen konnte, noch zufällig ein Ersatzfahrzeug. Nach einem kurzen Gespräch mit dem Bahnhofsvorsteher beschlossen wir, in die Stadt zu gehen und eine Fliege zu bestellen.

Als wir das Haus erreichten, trat der Butler vor, sein rötliches Gesicht war bleich und seine Stimme zitterte.

„Gott sei Dank, dass Sie gekommen sind, Sir! Der Mann, den du hier zurückgelassen hast, ist ein wahnsinniger Wahnsinniger geworden, und er hat sich dort eingeschlossen, deine Revolver hervorgeholt und geschworen, dass niemand den Raum betreten soll, bis du kommst.“

„Da ist jemand bei ihm“, sagte mein Vater schnell.

Das Gesicht des Mannes schien vor Entsetzen buchstäblich zusammengeschrumpft zu sein.

„Es ist schrecklich, Sir; Ich war schon einmal in der Nähe, und ich werde nie darüber hinwegkommen, solange ich lebe. Er hat da einen armen Kerl, der ihn um Längen tötet und ihn quält wie eine Katze eine Maus. Er schreit seit Stunden um Hilfe und wir können nichts tun. Das arme Geschöpf muss jetzt fast tot sein. Ah, da ist es wieder, Sir! Vier unserer Männer wurden erschossen, als sie versuchten, an ihn heranzukommen. Hören! Oh, warum stirbt er nicht!“

Aus dem Fenster der Bibliothek drang ein leiser, schwacher Schrei voller herzergreifender Angst. Es war das schrecklichste Geräusch, das ich je in meinem Leben gehört habe. Dicht dahinter erklang das laute, spöttische Lachen des Folterknechts, das sein schwaches Echo übertönte und in grässlichem Kontrast rau und freudlos erklang.

Ein tiefes, hörbares Schaudern durchfuhr die kleine Gruppe Umstehender. Dann ging mein Vater wortlos über den Rasen zum Fenster, und ich folgte ihm dicht auf den Fersen. Es schien mir, als ob alle den Atem anhielten, so intensiv war die Stille. Der Wind hatte für einen Moment nachgelassen, und der Mond schien schwach durch eine Nebelwolke auf die weißen, eifrigen Gesichter herab, die jetzt von neuer Angst erfüllt waren.

Ein paar schnelle Schritte brachten uns zum Fenster. Auf dem Schreibtisch brannte eine Lampe, und das Innere des Zimmers war deutlich zu erkennen. Auf dem Boden, etwas entfernt vom Fenster, befand sich eine dunkle Gestalt, die wir, als wir näher kamen, als die liegende Gestalt eines Mannes erkennen konnten. Mit kurzen, ungleichmäßigen Schritten ging Francis davor auf und ab, sein Haar und seine Kleidung waren wild durcheinander und sein ganzes Aussehen verriet, dass er kürzlich in einen verzweifelten Kampf verwickelt war.

Plötzlich drehte er sich um und sah uns. Mit einem wilden Wutschrei stürzte er zum Fenster, dessen Glas völlig zerbrochen war, und starrte uns durch den Rahmen drohend an.

"Weg! weg!" schrie er, „sonst gibt es noch mehr Ärger!" Ich muss hier bleiben, ich muss warten, bis er kommt! Lass mich in Ruhe, das sage ich dir!"

Der Revolver, den er in der rechten Hand hielt, wurde angehoben und ausgerichtet. Es war ein schrecklicher Moment.

„Ich bin es, Mr. Ravenor", antwortete mein Vater ruhig. „Kennst du mich nicht, Francis?"

Wieder brach der Mond durch die Wolken und schien mit einem schwachen Licht auf das blasse, strenge Gesicht meines Vaters. Francis erkannte ihn sofort. Er warf in einer wilden Begrüßungsgeste die Hände hoch über den Kopf und riss das Fenster auf. Mein Vater ging mit stetigen Schritten ins Zimmer und ich folgte ihm. Francis stand zitternd vor Eifer zwischen uns.

„Sehen Sie", rief er und zeigte nach unten, „ist es nicht gut gemacht? Sehen! Lassen Sie mich Ihnen davon erzählen. Schnell! schnell! Er kam! Es war Dämmerung! Er war dort im Kabinett. Ich habe mich aus der Dunkelheit gestohlen. Ich schlang meine Arme um ihn. Er hatte schwierigkeiten. Ah, wie er gekämpft hat; aber es hatte alles keinen Zweck. Ha! Ha! Ha! Ich war zu stark für ihn. Ich hielt ihn fester und fester, bis ich ihn fast erdrosselte und er keuchte und gurgelte und stöhnte. Oh! Es war schön, ihn zu sehen. Dann habe ich dort in der Schublade eine Schnur gefunden und ihn gefesselt, und während ich die Knoten befestigt habe, habe ich gelacht und mit ihm gesprochen. Ich erzählte von jener

Nacht im Sturm, als er seinen Vater" – er zeigte mit einem langen, zitternden Finger auf mich – „in den Schieferbruch warf, und von dem Tag, als er zum Burgtor kam und mich zur Plantage brachte." , und packte mich plötzlich am Hals, bis er glaubte, er hätte mich erdrosselt, und schlug mir auf den Kopf. Ach, wie brannte mein Kopf seitdem, seitdem, seitdem! Ah, Milly, komm zu mir! Milly, ich brenne! Mein Kopf brennt! Ah ah!"

Der Schaum brach zwischen seinen blassen, zitternden Lippen hervor und seine roten und brennenden Augen schlossen sich plötzlich. Eine gespenstische Veränderung machte sich über sein blutbeflecktes, blasses Gesicht. Er sank nach hinten und fiel schwer auf den Boden.

Wir bemerkten ihn kaum, denn unsere Augen waren woanders hin gerichtet. Der Schrecken dieses Anblicks begleitete mich noch viele Jahre lang, ein eindringlicher Schatten über meinem Leben, der selbst die schönsten Momente verstörte, eine abscheuliche, wahnsinnige Erinnerung. Ich werde nicht versuchen, es zu beschreiben. Keine Worte könnten den Schrecken darüber ausdrücken. Über solche Dinge darf nicht geschrieben werden.

Sogar der eiserne Nerv meines Vaters schien für einen Moment nachzulassen, und er stand zitternd an meiner Seite, den Kopf in den Händen vergraben. Dann sank er auf die Knie und lockerte die Schnüre.

„Gott sei Dank ist er tot", murmelte er inbrünstig, während er den kalten Körper und den leblosen Puls spürte und die letzten Fragmente der Verkleidung von Kopf und Gesicht entfernte. „Sie sollten Mr. Carrol besser anrufen, Philip."

Noch während er sprach, füllte schweigend eine kleine, ehrfürchtige Gruppe den Raum, darunter Carrol und sein Sergeant. Aber schließlich wurden sie um ihre Aufgabe betrogen, denn draußen im Mondlicht lag John Francis starr, der Wahnsinn war aus seinem weißen, stillen Gesicht verschwunden und stattdessen herrschte dort die Ruhe des Todes.

KAPITEL LVI.
DAS ENDE.

Wir waren zusammen, mein Vater und ich, im Schatten einer kleinen Olivenbaumgruppe hoch oben in den Bergen. Weit unter uns erstreckte sich die Campagna bis zum Fuß der dunkelblauen Hügel, die die Ewige Stadt umgeben, auf die wir in einer seit langem ungebrochenen Stille geblickt hatten. Schließlich war ich es, der sprach und nach unten zeigte, wo die kahlen grauen Steinmauern eines kleinen Klostergebäudes mit fast verblüffender Plötzlichkeit von einem schmalen Rasenvorsprung über dem Abgrund aufstiegen.

„Ist das dann das Ende, Vater?" Ich weinte bitterlich; „Dieses Gefängnishaus?"

Er drehte sich mit einem Gesichtsausdruck zu mir um, den ich mittlerweile hasste – ein Ausdruck, der ruhig und sanft genug war, aber voller Entschlossenheit, so unveränderlich wie die Berge, die über uns aufragten.

„So muss es sein, Philip", sagte er leise. „Ist es gut, denken Sie, dass ich wieder in das Leben zurückkehren sollte, dessen ich überdrüssig bin, wenn alles, was ich begehre, hier in meiner Hand liegt? Frieden und Ruhe – ich will nichts mehr."

„Und warum kannst du sie nicht in England finden – bei mir in Ravenor?" Ich weinte eifrig. „Und deine Arbeit auch – sie könnte wieder gemacht werden. Wir würden dort allein leben und uns von der Welt und allen darin begraben. Ich könnte dir helfen. Ich könnte dein Amanuensis sein. Das würde mir besser gefallen als alles andere. Denken Sie daran, wie alle Zeitungen die grausame Zerstörung Ihrer Manuskripte beklagten und wie alle hofften, dass Sie sie umschreiben würden. Oh, das darfst du nicht tun, Vater – das darfst du nicht! Du hast kein Recht, dich von der Welt abzuschotten – kein Recht!" Ich wiederholte leidenschaftlich.

Er schüttelte langsam den Kopf, aber leider! ohne Anzeichen von Nachgeben.

„Philip", sagte er leise, „es beunruhigt mich, dich vergeblich so bitten zu hören, denn so muss es immer sein." Ich bin jetzt glücklich; Ich freue mich über die Erinnerung an die gemeinsame Zeit. Ich bin auch glücklich in dem Gedanken, dass ich meine

Tage in Frieden beenden kann, ohne dass störende Geister der Vergangenheit auftauchen und mich heimsuchen!"

Ich schwieg und wandte mein Gesicht den Bergen zu, denn ich hätte nicht gewollt, dass er meine Schwäche sah. Bald darauf sprach er wieder, und dieses Mal lag eine Spur Traurigkeit in seinem Ton.

„Es ist an der Zeit, dass wir uns für eine Weile trennen, Philip. Es gibt noch etwas, das ich Ihnen sagen möchte. Es betrifft Cecil."

„Cecil?" Ich wiederholte vage.

"Ja."

„Sein ganzes Leben lang wurde er dazu erzogen, sich als mein Erbe zu betrachten. Jetzt wird es bei ihm natürlich ganz anders sein. Er ist schwach und leicht zu führen. Ich würde gerne glauben, dass Sie Freunde waren; und wenn Sie die Gelegenheit haben, ihm auf irgendeine Weise zu helfen, werden Sie sie nicht versäumen."

„Das werde ich nicht", versprach ich. „Cecil und ich werden immer Freunde bleiben."

Wir stiegen den steilen Hangpfad hinunter und standen zusammen fast an der Schwelle des kleinen Klosters. Dann streckte mein Vater mir seine Hand entgegen und für einen Moment leuchtete ein sanftes, süßes Licht in seinen dunkelblauen Augen.

„Leb wohl, Philip", sagte er – „Lebe wohl. Gott schütze dich." Und während ich den Griff seiner geschlossenen Finger erwiderte und darum kämpfte, den aufsteigenden Kloß in meiner Kehle zu unterdrücken, verschwand er lautlos von mir, wie eine Gestalt in einem Traum, und die dicke, mit Nägeln besetzte Tür öffnete sich und wurde hinter sich geschlossen ihn.

Dann richtete ich mein Gesicht auf Rom, mit verschwommenem Sehvermögen und einem bitteren Gefühl des Verlustes in meinem Herzen. Ich wollte nach England zurückkehren, um ein großes Erbe in Besitz zu nehmen, aber der Gedanke erfüllte mich nicht mit Freude, sondern nur mit einer unaussprechlichen, unerträglichen Einsamkeit, die mein Herz und meinen Geist bedrückte und mich mit tiefer Depression erfüllte.

Cecil traf mich in London und wir fuhren zusammen nach Ravenor. Es war ein seltsames Gefühl für mich, das Schloss als sein virtueller Besitzer zu betreten, von Raum zu Raum, von Galerie zu Galerie zu wandern und zu wissen, dass alles mir gehörte und dass die lange Schlange der Ravenors, die mich stirnrunzelnd anlächelten, vorbei war Ihre dunklen, wurmstichigen Körper waren meine Vorfahren. Zuerst schien es angenehm – zumindest einigermaßen angenehm –, aber als ich in der Bibliothek stand und in das kleine Zimmer ging, überkamen mich die damit verbundenen Erinnerungen mit so unwiderstehlicher Kraft, dass ich froh war, Cecil zu schicken Weg für eine Weile.

Eine Zeit lang lebte ich ganz allein, abgesehen von Cecils häufigen Besuchen, hielt mich von den Menschen fern, die in der Nähe wohnten, und knüpfte nur wenige Bekanntschaften. Die Tage verbrachte ich entweder zu Pferd oder mit meiner Waffe oder wanderte oft kilometerweit mit einem Buch in der Tasche über das offene Land, wie es in den Tagen meiner Kindheit üblich war. Die Nächte, in denen ich überhaupt keine Schwierigkeiten hatte. Mit einer solchen Bibliothek wie der meines Vaters, die mir zur Seite stand, wurde meine Liebe zum Lesen fast zu einem Teil von mir.

Es gab eine Person, die diese Veränderung mit großer Unzufriedenheit betrachtete und schließlich in offenen Protest ausbrach.

„Ich sage, Phil, du weißt, dass das nicht geht", erklärte Cecil eines Abends, als ich unter irgendeinem Vorwand versucht hatte, mich in die Bibliothek zu schleichen. „Ein junger Bursche in Ihrem Alter, der achtzigtausend im Jahr verdient, hat nichts damit zu tun, sich mit einer Menge muffiger Bücher einzuschließen und wie ein alter Einsiedler seine Zeit zu träumen. Überall fragen die Leute nach dir, und ich werde es langsam leid zu erklären, was für ein Rum-Typ du bist. Das geht wirklich nicht."

„Nun", antwortete ich, „was soll ich tun?"

„Ich möchte, dass du mit mir in die Stadt zurückkommst und dich ein wenig mit meinen Leuten abfinden kannst. Der Mater ist sehr daran interessiert; Tatsächlich sagt sie, dass sie im Herbst hierher kommen wird, wenn du nicht kommst."

Ich lehnte mich in meinem Stuhl zurück und ein Tagtraum stieg vor mir auf.

„Wie ist deine Schwester jetzt, Cis?" Ich fragte plötzlich.

„Trixie! Oh, sie ist ziemlich gut geworden, finde ich!" antwortete er selbstgefällig. „Was für Freunde ihr zwei übrigens mal wart!"

Wir sprachen damals nicht mehr über die Angelegenheit, aber am nächsten Morgen erhielt ich zwei Briefe, einen von Lady Silchester und einen von Lord Langerdale, in denen sie mich dringend dazu aufforderten, London zumindest einen kurzen Besuch abzustatten und gesellschaftliche Pflichten zu erfüllen, was natürlich schien für sie wichtiger als für mich. Ich habe sie sorgfältig durchgelesen und mich sofort entschieden. Aber Lord Langerdales Brief hatte einige alte Erinnerungen geweckt, und ich teilte Cecil meine Entscheidung nicht sofort mit.

„Du bist viel in der Stadt unterwegs, Cecil. Haben Sie jemals etwas von Leonard de Cartienne gesehen?" Ich fragte.

Cecil schüttelte den Kopf.

„Nein, das werde ich wahrscheinlich auch nie tun", antwortete er. „Ich habe jedoch durch einen seltsamen Zufall von ihm gehört."

"Was macht er?"

„Habe einen Dienst in der türkischen Armee erhalten. Seltsame Sache, die ich neulich von einem Mann gehört habe, den ich einmal sehr gut kannte. Er ist jetzt Sekretär der Botschaft in Konstantinopel und fragte mich, ob ich ihn jemals getroffen habe. Scheint, als sei er dort draußen nicht besonders beliebt."

„Er ist ein schlechter Kerl", bemerkte ich.

„Da bin ich mir ziemlich sicher", stimmte Cecil zu. „Niemand außer einem Schurken hätte sich so verhalten wie gegenüber der armen kleinen Milly. Aber über London, Phil?"

„Ich werde gehen", sagte ich. „Wenn Sie möchten, werden wir morgen hier abreisen."

Lady Silchester empfing uns sehr freundlich, und Beatrice schien sich, obwohl sie von den Ablenkungen ihrer ersten Staffel erfüllt war, umso mehr zu freuen, uns zu sehen. Es war seltsam, wie sehr ich in dem großen, schlanken Mädchen, das alle als die Schönheit der Saison bezeichneten, mich an das urige, altmodische Kind erinnerte, dessen herrisches Auftreten und seine naive Rede mich vor ein paar Jahren so bezaubert hatten. Es gab den gleichen Reichtum an rotgoldenem Haar, die gleichen zarten Gesichtszüge und die gleichen zierlichen kleinen Manieren. Alle bewunderten Lady Beatrice, und ich auch.

Mein Aufenthalt in London dauerte bis zum Ende der Saison. Ich feierte mein orthodoxes *Debüt* in der Gesellschaft unter den Fittichen von Lord Langerdale und teilte meine Zeit ziemlich gut zwischen meiner Tante und meinem Onkel und dem Haus am Cadogan Square auf. Als endlich alles vorbei war, kehrten Lord und Lady Langerdale, Lady Silchester, Cecil und Beatrice als meine Gäste nach Ravenor zurück.

Ich schreibe keine Liebesgeschichte. Ich kann das Wachstum meiner Liebe zu Beatrice nicht nachvollziehen, denn sie schien mich mit einem Ansturm zu überkommen; Und doch, als ich mich fragte, wie es dazu kam, kam es mir so vor, als ob es schon immer so gewesen sein müsste. Diese langen Sommertage in Ravenor waren die schönsten, die ich je erlebt habe. Ich habe die Zeit völlig aus den Augen verloren. Stunden, Tage und Wochen schienen alle in einem exquisiten Traum verschmolzen zu sein, in dem das Erwachen im Gegensatz zu allen anderen zugleich der Höhepunkt und der glücklichste Teil war. Für eine Nacht kamen wir Hand in Hand von einem Spaziergang auf den Terrassen unter einem sternenklaren Himmel zurück, und eine große Freude glitt durch meine Adern und pochte in meinem Herzen.

Muss ich sagen, was passiert ist? Beatrice gehörte mir, mir gehörte, und ich war sehr glücklich.

„Kommt zu mir, wenn ihr beide verheiratet seid", war die Botschaft meines Vaters; Und wir suchten leider nach der Wolke, die unser neugeborenes Glück so schnell verdunkelte! Wir kamen gerade noch rechtzeitig an, um an seinem Sterbebett zu stehen.

Wie mir die Szene wieder einfällt! Die Tür und die Fenster seiner kleinen Kammer standen weit offen, und die sanfte, träge Brise, schwer vom Duft wilder Blumen, schlich herein und spielte auf seinem ausgemergelten Gesicht.

Was für ein Gesicht! Von Leidenschaft gezeichnet, aber dennoch gezüchtigt und gemildert durch scharfen körperlichen Schmerz; Die brennenden blauen Augen richteten sich fest, aber mit einem süßen, beständigen Licht, auf den trüben Horizont —

wunderschön nach der höchsten Art spiritueller Schönheit. Die Dämmerung schlich sich von den Hügeln herab, und dann verschränkten wir sanft die Arme vor seiner Brust, und die Beobachter draußen, die genau wussten, was eine solche Aktion bedeutete, wischten sich die Tränen aus den Augen und machten sich langsam auf den Heimweg.

Dann, später, durchbrach der feierliche Gesang der Mönche in einer frommen Prozession die Stille der Bergnacht. Aber ein solcher Tod war kaum ein Tod. Zumindest war der Tod all seiner Schrecken beraubt; unsagbar traurig und doch unsagbar süß. In den einfachen Worten, die grob in das Holzkreuz gemeißelt waren, das, inmitten von ein oder zwei anderen in einer geschützten Ecke unten im Tal, am Fuße seines schmalen Grabes steht, lag eine unbeschreibliche Wahrheit:

„ER SUCHTE FRIEDEN UND FAND IHN.“

Möge es auch bei uns sein!